MEGA SUDOKU

Thinking Panda
1-3 Colebrooke Place
London
N1 8HZ
UNITED KINGDOM

First published 2006

10 9 8 7 6 5 4 3 2 1

Author: William Clarke
Editor: James Jackson
Design and Layout: Alexander Rose Publishing Limited
Production: Carol Titchener & Karen Lomax

Printed and bound in India

ISBN-10: 0-681-57164-0

ISBN-13: 978-0-681-57164-8

How to solve Mega Sudoku

Fill in the grid so that every column, row and 3x3 box contain the numbers 1 to 9.

So your final grid looks something like this!

7	9	2	5	1	4	8	3	6
1	3	6	2	7	8	4	5	9
8	4	5	3	6	9	7	1	2
4	6	3	7	8	2	5	9	1
5	1	7	4	9	3	6	2	8
9	2	8	6	5	1	3	4	7
6	5	4	9	2	7	1	8	3
2	7	1	8	3	5	9	6	4
3	8	9	1	4	6	2	7	5

3	2	6	1	4	7	5	8	9
9	7	1	2	5	8	3	6	4
4	8	5	3	6	9	7	1	2
5	3	9	4	7	1	6	2	8
6	4	8	5	2	3	9	7	1
2	1	7	8	9	6	4	3	5
7	5	3	9	1	2	8	4	6
8	9	2	6	3	4	1	5	7
1	6	4	7	8	5	2	9	3

MEGA SUDOKU EASY

Easy 1

9		3				6		2
4	5	1	6			7		9
		7	5		3			
					4	9	2	5
	3			7			4	
	9				2			
				5		4	8	
1				8				
2	6		3		1			

Easy 2

5	1	3	8			7		6
6			1					
				3	2			
		4		1			8	3
	6				8	4	1	
9				4	5			7
8	3					6	5	
						9		
2	5		7			8		

Easy 3

4		6	9			2		8
	7		1			4		
5	9			3	8	6		
7		3		1				
		5		7		3		
				8	9		4	7
8	3	4					2	
				2		9	6	
2					5			

Easy 4

7	9		1	2		8	3	
							4	
2	4		3		9		6	
	6			3				
	3			4	5	7	2	8
		7			2	3	9	
3					1			
5		4		6	8	9		
	2	9		7		4		

Easy 5

6		5		2	8			9
		7					5	8
	2			7	9	3		
	1						6	
	6	3	4	9	7			1
4	7			6				
9			6					5
	4							
		1		8	2			

Easy 6

3			7			8		2
		6	9		5	4		
							6	
5						6	4	
					2			8
7	4				1	5		
		5		9			7	
9	7		2	6	8	3		
1			5	3		9		

Easy 7

7	1	2	8	9				
4			2				7	3
						9		
8							5	
3		1	6	8	5			
	7	9	3		1			
	3	4		7		1	8	
	6		9			4	2	
2				6				

Easy 8

4	5		3				7	2
								5
	1	3	2		7			4
	7	6		2			1	8
8			4		1			6
		4			6			
2			1			5		3
			6	4	5	8		
						9		

Easy 9

7		4			5	1		3
8		2				5		7
	9		4					
4	7			6		3		
6	3				9			
		5	1	8				
			2			7	3	
	5				7	8	2	
	8			5			6	

Easy 10

3			5	4			1	2
	6		7	8			5	
	7		2	3		6	8	
	2		4	6				
		4	8		3			6
	8		9		2		7	
				7	5		6	
	3							
1		6	3	9		8		

Easy 11

5	3				9		4	
4			1	3	6			2
		6		8			9	
		2	5				1	8
3		4		1				
9			7	4		2		6
			8		7	1		
6		9			4			5
		5		6				

Easy 12

1		4	9				8	
	5			3				4
8	7	9		1				
	1	3	2	4				8
		8	5	7		1	9	
7	9				1			
6					4		3	
	2		3	5				
			8		6	7		

Easy 13

5	4	8	3	6	9			1
		1		7			4	5
7		9	1			3		
6	9	5					2	
								9
				5	7		8	
8	7	6				1	3	
			6				5	
2		3		8		4		

Easy 14

2			9		8	5	7	
4				3	7			
3							2	
5		3	6	9			1	2
6	9				2	8		
	4	2	7					6
7			5	6			3	
9		6				4	5	7
					1			

Easy 15

3	1	5			8	2	4	
			9					5
6			3					
	4	1		2				6
	2	9					8	3
		6		9	7	4		
	5		7	8			2	
					5	8		
	8	3	1	4		5		

Easy 16

7	2				1			
9			2	8	7			6
4					3		1	2
		6			8		5	7
	4		6				3	
	3		9	1			6	
1			7				2	4
					4			1
6	8					3		

Easy 17

4				5		8	3	2
		1					9	4
9	2		7				1	
	3			1				5
1			5	6			4	
5					7		6	
6	7				1	4		9
		4	9			6		
3				8		2		

Easy 18

9			6			2		8
	4			9	5	3		
6		8			4			
	2		3				1	5
	9			2	1			
4		1				9		
		7		8		4	5	
		9		7		8		2
					3		6	

Easy 19

7	3	1				6		
8			5	2	6		1	
2						8		4
9				7			4	5
	4		9	5				8
	2	8		4	1			
3	8		7		9			6
6				8		3		9
	7					5		

Easy 20

5		9					8	
1	8		3			9		6
		4	6	8				1
3				1		4		
		2	5		3			
	1		2	7		3		
7				5		1		4
	4		1		2	7		
6				3		8		

Easy 21

8	1	4			7			6
9	2			3				
3		7	2	4				1
		8	6	1	9		5	
5			8		4		1	
	7					9	4	
7		5			2			
			5	6				7
2						4		

Easy 22

3		8	2		9	4		1
	4	9	3	6			2	8
1	6			5		7		
		3		1				6
	7				6		9	4
5	1		6			9		7
8					7	2		
			8					

Easy 23

5		2				7		4
4								8
		1	4	6			3	5
		4		1	6	3	8	
7			2	3	5	6		
2							7	
					9		5	
	8		5					6
			3	2		9		

Easy 24

3		5	8			6		1
	2	7						5
6			7	3		2		
4	5			7		3		8
		1	2	4		7		
			5	8				6
				9			4	
	9	6				1		3
	8	4			2			

Easy 25

7	6				3		1	
	8		4			5	6	
	5	9	2	1			7	
			5		1	6	4	9
		4	6	7	8	2		5
6			9			7		
1	9			3				
	7	8			5			3

Easy 26

6	4			9				
	2		8		7		5	
5	7	1	2		4			
	5					1		4
	8	3					9	
	1		3		2			
					3	9		
			5			6	8	7
2	9			1				

Easy 27

7	9			1	5	4		
6		8	9				1	3
	1	2		6	4			
			1		7		3	
	2			9	3	6	7	
9							4	
	7							
	5	6		4			9	1
4		1	2	5				

Easy 28

8		5			1			2
				8	2			
	4	6		9				1
					4	9	1	
7	5		9	3				8
1	9	4	2	7			3	5
			3	6				
	3	7				8		

Easy 29

2	9	4	8				7	5
5						1	3	
	7			6	9			4
	1	7	9		8			
	6				3			8
3				7	2			
			7				9	3
		5						
8				1	4		6	

Easy 30

8		6			1	2	9	
7	3			6			4	
	1	5	3					
9			8				3	7
	7	2		1				
		3						6
	6	1	5	9			8	
					2	3	1	
						4		

Easy 31

5					2	6		4
		8	3					1
	4	3				9		
			6			1		
3	9				5	7		
	5	1	7	2				
		6	5	8	4			
4	2			6				
		5		3		4	9	

Easy 32

4		7	6					
		6		1	2		3	8
					3			
8	9		1	7			5	
		3				6		9
2				8		1		
		9	2					
5	2		4			9	1	
6								

Easy 33

6			3	4		5		
5	7	4				6	3	
9	3		7			4		2
7	9	2			1			6
				6	8	7		3
		6			5		1	
	5							7
2			6					
4				2				

Easy 34

7	9	2	6	1				5
3		8		5				
				7	3		2	4
			3				9	
	7					6	1	
2	5	1						
	3		5	4	8		7	9
			9			1		
				6			8	

Easy 35

2	4	7				3		
	6				1	5	9	2
							7	
3	7		8			2		9
			3			6		7
1	9		6	4		8		5
5		4						
	8		7		3			
	3		5	8		9		

Easy 36

3	8			4	9		6	
		6		3	1	7	9	
	9							5
4			8	2				
				7	3	5		4
		3	1				2	
			2					7
		8		5		1		
1	5	7	3		6			

Easy 37

5		9	8				7	6
				1	9		5	8
		3		6	7			
				7	1		6	2
6			4			8		
	3	5						7
	5				2			
8		2					4	1
7		4	1	8			3	

Easy 38

7		4						
8				6		1	3	
9							4	5
				1	2		6	8
				3	9		7	1
	2			5		3		
6	7	5		2	1		8	
	8				7	6		2
	4	1		9	6			

Easy 39

1				5	4			
9			3	6	8			1
	4				7			9
7						8	9	
6						7	4	3
	3	2				6		
	1		7	4		9		
			8		5	3		
5		7	2	9			6	

Easy 40

2	3			5		6	4	9
9				2		5		3
		5				7		
		8		4			2	
6	5		1	9			3	
4			2	8				6
		1		6		2		8
7								
	9		5					

Easy 41

7		1			3	8	2	
		4		8	1			6
5				9	2	7		
3		9		1	6			
			3			6	9	1
				4			3	7
8	1					5		9
9		5		7				
	2		9	3				8

Easy 42

4	5				1			3
	9	7		6			1	
8			4		5	9		
			2	5			6	
7			9	3				
3		9	8					2
5	3	4					8	
		2	1	8		4		

Easy 43

2	1	5		3				7
	8	3	4	9	5	1		
4	9		1		7		8	
		8	5	4	3			
			6					
	5	7	9				6	
		4	7			2	3	9
						4	1	5
		9						

Easy 44

6				4	2			
	4	9		1		6		2
7	1				3	9		
			8			1		7
8	6		7					9
	3			5	6			
	7	3	2	6		4		
		5				3		
					8	2	5	

Easy 45

7					9		4	
6	8	2		1	4			3
	1		8	7		5	2	
8	9					1	5	4
	5	1		9				8
			9		5			
4	6		2	8				
		8	3			2		

Easy 46

9			3			1	7	
		4			9	2		
6	7	8					3	
7	6		1	2				
			7	4				
2		3	8		6		5	
	1	7			8		2	
8		5			1	4		
	9			5		8		

Easy 47

7	8		4		5	2		6
9			7					
		6	3		1		7	
6					4		3	2
	3					8		
		2	5					7
1	9	8	2		3			
	5		9	7			8	
3			1	5	8	9		

Easy 48

5	4	9		2			8	
1			9	7		2	4	
	6		3			9		
3		2	5				6	
6		5			8			7
8	1				3		9	
				5		3		8
	3		1		7			
						4	1	

Easy 49

4	6	2				9		3
	1							
8		3		4	5	1		
			5				1	
	3		8	7				2
6		9	3					
9				3		5	7	1
	8				9			4
7		4		2		8		

Easy 50

7	3	5		4	8		9	1
			5		1			
6				7			4	
			4					
1		2	6			4	7	
		7	9	1		8		
9				2		3	8	
	1			3	4			
2	7					5		

Easy 51

4	3			1	9	7		2
	6					3	9	
8			3			6		1
2							6	8
1	5							4
	8	6		9	2	5		
5		7		4	3			
	2	3	1		8			9
	4						7	

Easy 52

8	3					1	2	
			6			7		3
7					4			
	2				1	8		
	4	7			2	6		
3		8	7	6				1
5			9	8	6			
		1		7			5	6
2				4			8	

Easy 53

9	8		4			6		
			3	6				1
5				7	8		4	
	6		5		1			
7								8
	5	4	6	2				3
	3			5	2			
	9	2	1	4				
4						1		

Easy 54

8	7	4	3		2			
1	9	2	4		6			
	6		7					
	1	7	2			5		
2		8		4				
				1	9	3	2	
7			1	3		8	5	
3	4					1	7	
			9				3	2

Easy 55

9		5			7		8	
			6	1		3		
3		1		8		5		
4			7			6	9	
				6	1		7	4
2	7							3
								8
6	9	3		7				
7				3	2		6	

Easy 56

2				3		1		6
		5	2					
6	7				5	9		3
4	8					2		
			4		7		8	
	3	9		1				4
	4		3	7		6		
	5				9		4	
		7		2	4			

Easy 57

4	1	3	7				6	9
	2	7	1			3	4	
			2	3		7		
7				2	5	6	9	
	4						2	
9	6				1			
			4		3	8	7	
	9	8			7			6
								5

Easy 58

8							3	7
	6	9		1				4
1		7	8		5			
				6	9	2		5
			7			3		
		2		8		6		1
		8		7		5		
7	5	1	6	9			8	2
	9	4						

Easy 59

1		6	7	8	9			3
7		2		1		9		
					6			1
	9		5					7
		5		3		8		
	4	7	1			3	2	
	6	1	9	7	5			
4							6	
		9			4			

Easy 60

5		3	6	7	1			
	1			4	9	2		5
	8	9	5		3		6	
7	4							2
	3					4		
		6		3		7		
2	6	8					4	
1		5	4	6			2	
			1					

Easy 61

1		5			6	8		7
6	4			2				1
			1		9		5	
					2	5	8	4
9				5				
			6	8		2		
2		9				3		
3	1		5			6		
5	6	4			1	7		

Easy 62

8	9		7	1		4		3
	5	7	6	2				1
	2							
5	8				6			4
		9			8		6	2
	7					9	3	
9	1			5				
		3	4		9	1	7	
			2					

Easy 63

9			6	4				
	6	2			3			
	4				2	5		9
8	5			9		4	3	
2			8					6
		7	1			8		
		6	4	8		7		
				2	7		9	
		9				2	8	

Easy 64

3	6			2				
5	9	8	1		3	2		4
			6	8		9	3	
1	8		7					6
	3			4		1		
2			5	6			8	
4		1	3		7			
					8	4		
	2			5				

Easy 65

9	8	4	2			7	3	
7		1	6					
		3		8	4			5
5	9					6		
		2	5	1		3		
				7	9	5	2	
6				2		1		
8	2			3				
1	3					2	9	

Easy 66

1	3	5	8					
6		2						
4	7		9			5		
		6	2	3	4	8	7	
	8	7	1		9			6
9		3	6			1		
		9				6	5	3
8				6			1	2
							4	

Easy 67

4	8	7			3		1	
9				6		3		8
					4	7		
	6	2			5		8	3
					1	4		
7				9			6	
	2	4				5	9	
		3			9			
5	9		7	2		8		

Easy 68

7		4				9		6
	3					1		
8				3	4			
	4	7	9	5			1	
		3			1	8	6	
2	1			4		5		9
1				8	2	6		
					9			5
4		9		6	3			

Easy 69

3	4				8			9
5		7	2			3	8	
			1			4	6	
		5			1		2	6
		9	7	2		8		
					5		1	
1	9			7			4	8
7				9				
8	2				4	6		

Easy 70

3		6	8	2		7	4	
		9					3	
8	1		4				6	
	2			5	1		8	
					2			3
7		1		4		9		
6	8		1					4
2					6			
	3	5		8				

Easy 71

4	5	7			2		8	1
		6	9	7		5	3	
9	8	3					6	
	4		8				2	5
	6						1	
			2		1	3		
			5		4			
1				2	7			
8			1	3				

Easy 72

1								8
		4			2		5	
		9		3	5	2		7
8		6	2	7	3			
				4		6	2	
2	1	3		9	6		8	
3					9			
	2	7				9	6	
5		8		1	7			

Easy 73

4	6		9			5	8	
8				3			9	4
		5			8	7		
				5	3			7
2		6	4			8		
3	9			1	6			5
5					4			6
6	8	4						
	1	3	5				2	

Easy 74

5		1			2		9	4
	2				3		5	
6	3			7				
	8		7	5	4		3	
2			3		1	7		
	6	7	9					
	1						6	
			8				2	
	9		1					5

Easy 75

4	3		2			9	1	7
	6						3	4
1		9				6		
9		6	3	5		1		
				1		3		6
	7				8		5	
6	1	4	8					
5					3			1
	9			6	2			

Easy 76

7				2			3	9
8	1				9			6
9		4		6	8			
				7				
			8			7	4	3
		8	2		6	5		
5	3		4			6		
1		2				3	8	
6		7	5					

Easy 77

8	5			1	3		7	6
	6			2			1	
		4	6			3	5	
1		9		4		2	3	
2	8				7	4	9	
								7
	2				5			8
6	3			8	4			
7			2	6				

Easy 78

9		7			2		6	8
	8			4			7	
		6		8		9		
		5	1		8			6
			2	6			1	
	2	1			5		3	
	3			9	7			
1	7	8	5					
			8			3	5	

Easy 79

1			3	8		7	9	
	7	4		5		8		2
5			2			3		
			1		8			7
6		2			3		4	
			6	9			5	
8	6						7	
2		1			6		8	
	9			1				

Easy 80

4	1		6			2		9
8			3		9	7	4	
6				4	7			1
7		2			3			
9	5		7	6				
			1	8	2			7
	3				5	8		
								3
2	6		9		1			

Easy 81

5					3	6	1	4
8					1		2	
			7		4			3
7			1		9			
9	2	6	8				3	7
1	8		6					5
			3	9				
	1	8	4			9	7	
	5	9						6

Easy 82

3	5	6		8		4		
4		8	9	3	1	2		
	9	1	4				7	
		2	6				8	
			7		4			3
	3						6	
				7				
	4	5	3		2		9	
					5	1		

Easy 83

1	7	5		2	6			8
6			1	4	8			
		2	5				1	
2						4		
								5
	9	1			7			6
		3			1		8	
4		7	3	9		2		1
9		6					5	3

Easy 84

6			7		5	8		
7	1		4		9		2	
4	2			8	1			
	5				6		8	
			5			7		6
	6		1	3		9		
5		2		4			9	8
	3				7			5
	8		9				4	

Easy 85

3			8	1		9		
8		6		2	7		5	
	1		4	5		3		8
4		9			1			2
						8		
5		8			2	4		
				4		5	7	
	3	5	7					
2								

Easy 86

7	1		3					2
		5				7	3	
				7	1		9	
4				8		6		3
	3	7	4					8
	9	1	5	6				
5	2	8		9			7	
9	6	3		2				
			8		6	5		

Easy 87

2		7	3					
6		9			1	2	8	7
8								3
		8	5				1	9
	5			9	3	6	2	
	6	4	7				3	5
	7	6	9	2				
5			6	8				
		2			7	9		

Easy 88

4					7		6	8
5			3	4		1		
7	9						5	
		6				2	7	
9	1	7			8			
	4							6
	2		1	9				
	8	9	7		4			
3				6		4		

Easy 89

7		2	3	9				
5	6	3	8					7
8					7	5		
6				2			5	1
1	2	7			9	4		
		4				2	8	
	3	8	6					
2				5	1			
			7			6		

Easy 90

8		5			6			7
	9			7		5		
	1		2	4			6	
2				5		8		
		1					7	
					3			2
4	8	2	1	9	7		3	
	5		3	2			9	
3					4			

Easy 91

3		7	8				1	
				6	7			9
6		9		2		4	5	
2			6	1	9	7		
		8	2		5			
	9			3				
			3			1	8	
5					1	2		
	6			7		3		

Easy 92

3	2	4	9			7		5
	6		1		7			
		8				9		
1			4		8			
		6		5			7	
8						3	4	9
5	9			6			8	
		3	5			4		
2				9			6	

Easy 93

6	4			9		8	1	5
5	7			3	4			2
		2				3		
		6				5	3	
		8	6			1		4
3	5			7		9		6
					7			3
2				1				
	3	9	2	8	5			

Easy 94

4	2	7	8				3	
5			1	3		9		7
	3		2		5			
1	7						5	6
2			4					9
						3	4	
	5			9	7	4		3
7	4	9	3	2		6		

Easy 95

5			7	4			8	1
	1			8	2			
		2	3			6		7
7		4		5				2
			2				1	8
		6				7		
	6	5		1	3			
3	9		4	7	8			
							3	

Easy 96

1	4		2					9
9		3			6	5		
5			3	7		1		
				3	7	4		
3		4	8	6		9		5
			4				3	
			5	8		6		7
6							4	
	8	1						

Easy 97

9	1				8		2	
		6	4	9				3
4	2	5	1		6			
		9	8				6	5
6				1	5		7	
		7				9		
			3			6	5	4
2			6					
		1	5		4	8	9	

Easy 98

9				1	6		8	4
	8	1	5	2			7	
5		7			8		9	
2					4			
	1	5		8				9
	7				2			
	2		4		1			
8	4					1		6
				9	3	7		

Easy 99

6							4	
		1		7	5		9	
	2	7			6		3	
1		6	2		4		7	8
	8		1					4
						1		
4		2	8			5		
5				9	1		2	
		3				6		

Easy 100

3					7		1	2
	1	4			2		3	
		5	9	1				
		9			4		8	5
6			5			7	2	
8					6		4	
	9	8	3		5			
	3		8				9	
2				4				

Easy 101

8					7		2	5
			1			4		7
2	6					9		
	8	1		9				2
5			3	8				4
	9			4		8		
	3							6
9		8	6					3
		2	4	1			8	

Easy 102

3			2	6		4	8	
8					1		7	9
		9	4	7			2	
1	4				7	3		
	3							
5		6					1	
	6		3				5	7
	8	5						
7			1		4	2	6	

Easy 103

7	9		3			8	1	6
		5		9				
4	6		7		2		5	
				2	8	4	3	
	8		6			7		
		9	5					2
6			1		7	9		
		4			9		7	
				3				

Easy 104

1					4		2	
	2	7						4
8		9	7				5	
		5	8	7				
		6			2		7	
3			5	9		4		
	9		3	1	7	6	4	5
					5	3	8	
				8				

Easy 105

2			7	1	5		3	6
		8		6			2	
3	5					7		
	2			5			6	
4	3			9	2			
9		1		8				4
				2	1	6		
	4		8	3			1	
1		3						

Easy 106

3		4			9		8	
				6			4	9
8			4		5		6	7
2		6		5				
	8	3	9			1	7	
5	7		8					
7	4	5						
	2		5		3			
		1		4		8		

Easy 107

9				2		6	3	
5				8	6		9	
	3		4		7		8	
8		1	5				6	
6	5		8		4	7		
		7		3			1	5
				4				
3	2							
4	6	9	2		8			1

Easy 108

2	3	8	5					9
			2		6	3		
9						2		
	6			3	4			1
	9		1				7	
4	5			7				3
3				1		6	9	
			8		7			
6	1	4					5	

Easy 109

1	2		7	3		9	4	
9				2	1	5		
7		6				1		
5		8			9	2		
			3	5	8		9	6
				4				
3	7							4
		1						5
		2	6	1	3			

Easy 110

2		4			3		5	
							1	4
3						6		
4		7	1				6	
8			2	4	9			
	2		6	5		8		1
	9	2			4			
	3		8	1				2
			9	2		5		

Easy 111

9		2		7			1	
3	1		2	4		5	6	
					1			
	2	1				4		
		4		9		6		7
		8		3				5
	4		3		9			1
			6	5		2		
2			8					

Easy 112

5		6				4	3	
7	9	2	3		5	6		8
		4			9			5
6	2						7	3
	3	9			2		5	
		7	9					
				7				
	6	8	5		4	2		
		3	8		1		4	

Easy 113

6	8	3	9			5	2	1
			5	3	1		6	
9						7		4
7					8		5	
4		2	3				9	
					6	1		
			1	4				6
8	3			2				
		4	8		5		7	

Easy 114

7		1	8			9		
4				6	9	2		
2	5			4				
	7							9
	8	4			6		7	
5		6	7		4			3
				1				
						5	1	
1	4				3			8

Easy 115

7				1			2	
	8		9		4	6		
		1		5			3	8
8	3			9				
	7		3		2		5	9
							7	3
2		7	4					1
	9	8			1		6	7
					8	4		2

Easy 116

7		6	3			8		
3		1	2	5			7	
	9		4			5		
					4	2	3	1
4						9	6	
1		3	7				5	
	3		8		2			
	8		1	7			2	
				3	6			4

Easy 117

8	1			2				6
9				3		4	5	
5		7		9		8		1
			9			7		
		8		7			4	5
	7	3	5				8	
					2	6	9	8
1	6	2				5		3
3								

Easy 118

7	2	6				3		9
			3	1		8		
8			7					
2	3	7			9		4	8
4							9	
	9			3	5		7	
	6			7	1	2		5
			2					
9	8		6				3	

Easy 119

4	3	7		2	8	5		
			1	6	7			9
			3					
5	6			7		4	8	
	8			5			1	
	2		6	8			5	
				9	2			
	1					2		
3			7					

Easy 120

2	4						6	
5				8	9	1	4	
9	1				5			7
	8		4		2		3	5
7		5						
	9		1					
1			5	2	8	4	7	
				6	3	8	9	
		3		1				

Easy 121

7	5		4		9	2	6	
3					6	8		7
6	9					3	4	
	2					7		
4		3		9				
5		9	2		3	4		
2		4			7			8
	6			1		9	7	
	1		5					

Easy 122

6			1		7		9	4
1			9		6	3	7	
		3				5		6
2								
	1	8	7	4	9			2
		7		2		9		
8								
9	4	1	5	6			3	
5		2			1	4		

Easy 123

5	6		9	7	3	1	8	
4	8					7		3
							2	
		8			4	6		7
3					1		9	5
7	1		8					2
	7			5				
2			3					
8	5	4			6	3		

Easy 124

7		1				8		
8	4		3		1	7		
		9			7	1	4	
9				6		3	2	
	1	5		2			7	
2	8					6	9	
			8					4
			1	3	5			
5				4		9		

Easy 125

8	1		4		3	9	2	
		2	1			3	6	
			8	6				
	6			8		4	1	
	8				1			
		7	9		6	5		
			3		4	8	5	
2	9	5						
3				9				

Easy 126

8	2	3	4		5			6
	5			9	7		8	2
	7							5
3						4		
7	4	9	2	3				
2		8						
		2	6		8	9	7	
			7	2		8		
				4	9		5	

Easy 127

1		2		4		8	5	
8	5		3				2	9
6			8					4
7							8	
2	9		5	6	1			3
3					2	9		6
		7	4		8			
	8							2
9		1		5		4		

Easy 128

8			3	6			7	4
6	1			5			2	
	5							3
			4		8			
7		2		9			4	6
	9			2				
		8		7	2			
	4	6	1			9	8	
						2		

Easy 129

9					4			5
	8			5	7			6
		6		8				
4		8					1	3
					6	4	5	
	3			9			8	
3	4		2			7	6	8
7		1	3				4	

Easy 130

2			3			6		
	4	8		2				
7		3	4		8	1		
9	2							7
		1	7	4	2			
4			5					3
8	7	2	6	5				
		9				5		
5				3	1		8	

Easy 131

2		6	3			4		
	4			1	5			8
9	5				6			3
1			2					6
	6	2			9		3	
	8	3		4			9	2
			7	6			8	
	3	9		8	4			
		4	5	9				

Easy 132

9		6	2	1			4	
		7			4	9	5	
	8				6	1	7	
7			9		5	8	6	
		2	1	6	8	5		
		5		4	3			
6							8	
	7			8	9	4		
	3				1			

Easy 133

5					9	1		
8	6			1	4	3	9	
4					7	6		
6		5						
1	2			6	8		4	3
	3			2				
3		6					8	
	4	8	1	5	6			2
	5			7				6

Easy 134

5	3		2	8	7			
		7	9					5
8	1			3				4
6					8	9	3	7
	7						5	
		5			2	8		
9			5	2	4	6		
4		3		6		2	1	

Easy 135

2		7			8		6	
	9		2	6		5		4
3				4	9	2		
		3						5
5	7	4	3	1		9		
9			5	7	2	6		
7	3		9					
						1	3	
	6		4	3	7			

Easy 136

5				7		3		
7			2		5			6
3	9	4		8	1			7
					9	4	2	3
	2		7			5		1
		5		6				
	1	3	5					
6			4		7			
					6	8	9	

Easy 137

7				6	3	1		4
9				7		2	5	
			9	1		6		8
	9			8	4	3	1	
	5	3						6
		4						
4	2		1		6	8		
				3	9	4		1
6								

Easy 138

5					7	2		
	6			9			3	7
	8	9			4	1		
	1		3	2	8			
9					1	6	2	
		3			9		8	
	7	1					6	4
		5	7				1	
4	9		5					

Easy 139

8	7						1	
3	9				6		7	
	5				8		2	3
4	6		1				3	9
		9			4			
5			8		2	4		
6			4	3				
		1		2		8	4	
		7	6					

Easy 140

3		6	8			9	2	
	1	5		4			8	6
							5	
4				6		7		8
5		2			3	6		4
	7		9	1				5
						1		
8			1		9			
		9	6	7				

Easy 141

8	2		4		1	6	9	5
						1		
7	5			9	3	4		2
	6			2		7	4	
	9	4						
5			1					
6	7		8	3		9		
3			5				7	
	8	2				5		

Easy 142

3	1	7			8	4		
				1	6	3		
9								
2					1	7	9	
1	4	5	6			8		
6			2		3			5
	6		7				1	
5	9					2		3
	8			9			5	

Easy 143

7				4	6	1	2	
2					1	9	3	
					3			7
	5			1			9	4
	6	7						
9			7	8				
1		6	2	9			5	
3	4							
	9						1	

Easy 144

7	8	5	3					
3		9		1			5	6
1	2			9		3		
		7	6	2	1		8	
2		1					6	9
						7	2	
				3	7	6	4	
			5	6		1		
		3	1			2		

Easy 145

8		7	3	4			1	5
		4		5		8	7	
2			7		1	3		
	8	5	6					
6					3	2		4
3	1			7			9	
5				3	4			
	6	8						

Easy 146

5	7			8				2
6			1		3			9
	1			4	5			8
3			4					1
	6				2	7		
		7	5					
7	2						9	5
		8	7			4		
4			9		1		6	

Easy 147

9		6						
	8	2	6	1	3			4
1				5				2
2	5	4				8	9	
7			8		6	1		
				4				3
		9	4			5		
8	2	5	7					
			3			2		

Easy 148

6	4	1		7			8	
5		3			9	1	2	6
	9							
4	8	5			7			
		6			4			
2	3				8	4	7	
	6	7	4	3		2	1	
		4	6		2	7	9	
						5		

Easy 149

3		4			5	8		1
					9		2	
9	2			3		4		
6		9						5
	3				7		8	9
7					6			
8			5				4	
	9	7	1			3	5	
	6	3	2				7	

Easy 150

7	5			9	4		1	6
			1		2		5	4
	2		3			7		
						9		7
	7		6	8	3		2	1
				1		6	8	
2		1		4			7	
	9		5				6	
	3	8	2					

Easy 151

7	9	2			4	8	1	
	1	3			9	4		7
	8		3					
						5		
		9	1		6		4	
6		5	2	8			3	1
		7					9	2
	3	4						5
2			9					

Easy 152

7	4	5	3	8				
		1	9			4		
		9	4					6
1		6		9	8	5		4
	8			5	4	6	1	
	5				1	7	2	
6	3			2				
	1	7		4				
4					7			3

Easy 153

6		3	8					2
5	1	4						7
2		9		6				
			3	7	2	6		
7	6				4		2	
					9	4		5
	4			9	5			
1	5		7			9	4	8

Easy 154

6			8					3
4	8	9		6				1
			4	9		5	8	
		5	3	2				
3	4				9			
9	6		1	8		7		5
			2			9		
1		8		4	6			
		4	9	1		8		

Easy 155

2	5		6		3			8
4		8		2				
9	3	1				5		
	1					6		
8		2		4		7		
3				1	9			
		3					6	
7						1	5	3
				8		9		2

Easy 156

1		5	8					
			9		7		2	8
9							5	6
3			1	7	2		8	
	4						7	
	8			9				
	9	2	4			7		
4	5						3	
				6		4		

Easy 157

7				3	6	2		5
			4				8	3
		6			9			
	4	7		6		1	2	
		8	5	1		3		4
	2				4		5	
		5		2				
			9	7		4	3	
2			8		1			

Easy 158

7	2					5	4	9
	4	5	7				2	
8		1				7		6
	6	8		1				2
				2			5	4
	7	4				6	1	
9	1	3		6	5			
			9	8	3			
6								

Easy 159

6				7	2			9
		2	6					5
		8	4	9		6	7	
5	6		2					
	8	4						
	2			4	5	8		3
			8	5	4	9		7
	3	9		6	7	2		
			3		9	1	4	

Easy 160

2		5			6		7	8
		7	4	1	8			2
	6		5			3		4
	5						2	
6			1					
8	3	1		2	4			9
7		3					1	
9	2		7				3	
				9				

Easy 161

9		4	2					
1					6	5		9
			4	8				
		7			1	6	2	3
6			9	7				
5	8	3						
	3					2		
	6				4	1	9	
			5		7	3	6	

Easy 162

6		7					2	
8		4	2					
				4	6	3		
	4				7	8	3	
2	8	6		9	1			5
5			4	2		9	1	
	5	8	6					9
7	6				2	4		
4			7	5			6	

Easy 163

9	2	6		3	7			
3		8						6
5	1		4		2			3
4		9		8				2
2								
	7	3			5	9		4
	6			9				8
				1	4	7		
1	9		2			6		

Easy 164

4		7		3				1
8	5		1	7		6		
		9	8		5			3
					7			8
6	7	1	9			2		
2		5		6		4		
						5		6
			5			9	4	7
		8						

Easy 165

8	1	2			9	6		3
9	4	3				5	8	
5			3		1	4		
1			6	5	7	2		
	2				3		1	
			2					8
7	5			6		8		4
	8			3				
		6		7				

Easy 166

8	2	7	1			6	3	5
4		9		5				1
	1	6	2		7			4
			4			7		
		2	3		1		6	
	7	4	5			9		
6			7	8	5			
	8	5		1	2			

Easy 167

2	3			7		6		1
4		7						9
6		1	2		5			
		9		6	2			4
8		6	4					
3			5		7		1	
5		3	6			8	9	
	2		8					
1		8					3	

Easy 168

9	4		1	2		8	3	
		1			5		7	2
5					9	4		
			3				1	
8			4		1	7		3
	2			9				
						3	5	
6		9						4
7	3	4						

Easy 169

8							1	
3	1	2	6	4	5			
				9	1	2		4
9				1				6
2	3			6		5		
4	7		2			8		
1	6	8	4			9		
5						4		3
	4			2				

Easy 170

7	2					8		3
6		4				7		
	9	3		1			4	
					3		5	2
9			5					
4		7	2	6	9			
	7		6			3	8	
		1			2			7
5	6							

Easy 171

8		4			5		2	7
		2		9		1	3	
		5						
6	9	1	7			8		
			5		1			
2				4		7	6	
		6	2				4	
3							7	8
			3		9			

Easy 172

6	8		7	9		3		
				2	8			
7			4	5				
	3	6	5			9	7	
9					7	1	4	2
	1	2		8			5	6
	9	7					1	
					3			

Easy 173

9			3			1		
	6	4	2					
		8	5		4	9	6	
2					5	7		4
		3	6		7			
4	9	7						
5				6			7	3
	8					4		9
7		1		8		5		

Easy 174

1	4	7					8	2
5		3	1		8	9		7
8					3		1	
		4			6	1	7	
2	5	8		1				4
	7		9	8				
			5			7	3	1
		6			2			
3			8					

Easy 175

7			1		9	2	8	6
4	2							
			7		3		1	
			8			3		7
		3	2	6				
6	7				1	9		4
		4		1				8
	5		4		8		3	
2	8	7			5			

Easy 176

1	5	6			8		4	9
		4			6			
	7		2		5			
	3	2	1				7	
					7		1	5
	9				4			
						3	8	6
		5	4			7		
9	8				2	4	5	

Easy 177

1				6				
2	6		5			4		
		9	8		3			
	4	1		3		8	7	
3				8	2			
7		2	4	1			3	
			1		8		6	
			2				8	9
	7	4					5	1

Easy 178

3		5	6				9	4
	6		1		9	3		
		9	5	7			6	
1		2					8	3
	7	3			2	1		
8				5				
6						4		9
		4	2				1	
	5	8			7			

Easy 179

7	9				5			
			7	9	2	5		
2			8		4			1
1				5		3		8
8	2		9					7
	3		1		8	2		
9	6		3	7	1	4		
3	7						1	2
	8				6		7	

Easy 180

9		5		3		8	4	
	2		7		4	5	6	
6			5				1	
		4		2				
	7							8
	9	6	4	7		3	2	1
				5			8	2
		1	8			7		5
7			1	9		6		

Easy 181

7	4	3		9	5	1		6
		1				2		7
		6				3	4	
3		4		1				
		9	8	2		4		
5			9	6				
				5			3	
			1					
8	1			4				

Easy 182

8					4	1		
5		1		2		9		6
					5	2		7
2	8					6		
6		5					9	
3		4	8				1	
7	4	2	9				5	
9			3		7			
			4	8				

Easy 183

7		1	3		6			4
	9	2	5			6		3
	5			8			2	
1		8		3				
				4	5	7		
			2		8		1	
			7					
	3	9	6			4		
2	4			1			5	

Easy 184

4	1	3		2		8	5	
	9						2	
7	8			1	4	3		
6	3		8	7				1
8	5			3	2	9		
					1			
9				5	7			
							1	8
	2	4	3	6				

Easy 185

7						2	3	
1	6		9			4		
	3	4		5	6	7		
	2	8						5
9							4	
4		6	5	3				9
6			3		7		1	
2				4			8	
				9	2	3		

Easy 186

5	4	8	9					6
9				7			2	
2	6		8		4	9	1	
		5		9	3			2
			4		8	7		
				5				9
	7				1		3	
1	3	2	5			4		

Easy 187

3			4			9	7	
5	6		1			2		
	7	8				1		3
2	1			9		4		
		4	3				9	
					6		1	
7		2					4	
			8	3				
1		5	9	2				

Easy 188

8	1	3			2	6		
4			5	6				3
9		6			8	4		
	9	4	7		3			5
			8		9			
				2			7	
5	7		6				9	
	4					5		
3		8		9			4	

Easy 189

8	1			5		4	3	9
				6				8
	5			8				6
	2	9	3		1	6		
6					4		7	1
		8	5			2		
9							5	
5		2	7		8			4
	8	7				1		

Easy 190

8	3	1					4	7
				3		9	6	
9			1	5		8		
		2	5					4
	1		2	4	9			
	9	5	6	8			3	2
		8		9	5			
			8		2			
6	2						8	

Easy 191

4		3				6		1
	7	6		8				
8			3	4			5	
			7	2				
7			9	6		4	2	
	1		8	3				6
1			2			9		8
9			6		8	7	3	
		5		9				

Easy 192

7	3	1		2	4	9	6	
					6	8		
			3		9	7		
6	8	4					2	
					3			
		7	1	4				
		3			1		9	
8			5				4	
5	4	9			8			

Easy 193

1	2	5		4				
		8		7		4		
4		9		1	5		3	
6	4		1		9			2
				3		7		1
		3			7		8	
	3		2		8	5		
							6	
8			4	5	3			

Easy 194

8						5	7	3
	1	6		7			2	
4	5			2				8
9	4	2	6			8		
5	6					9		
			3	5				
		5		4	6			
	9						5	4
	3		1			6		

Easy 195

2					5		4	
	6	9	2	7		5		
	7	8						
1			6		3		9	
3	8		1	2	9			
6		4		8		1		2
7		2	3			6	1	4
8					6			
	3		4				7	

Easy 196

2		7		8		3		
	9	6			3	4		
	4		5		9		2	8
			3	6	1			2
		8		2	5			
				9			6	
9		5	1		2	8		
6						1	4	
			6	5			9	

Easy 197

7	9	2	5					6
	3					4		9
			3				1	
	6	3	7	8	2	5	9	
	1			9			2	
		8	6			3		
		4		2			8	3
	7					9	6	
				4		2	7	

Easy 198

5			6		3			
4		2		7				1
		7	4	1		5		9
	2	5	8	3				
					9	2	1	
9		1			6			3
	5					1	3	8
		9			4	6		
6						4		7

Easy 199

5	7		6				9	2
8	9	1		4	2			
			5				8	
6		7		2	3		1	
	1		4		6	2	7	
4					8			6
			2		9	5		
7	6		1				2	9
3						7		

Easy 200

6	8	3					9	4
9			6				8	
			2		9		5	
	6				7		1	
3	1	5		4			6	7
			1					
4			7	1		8	3	
						6		
8	2		9					5

Easy 201

2		7	6	8	9			1
					7	5	6	
9			5				7	
1	8				2		5	7
7		6		9		1	2	
					3	8		
5	4		7				8	
					1			3
	7	2						

Easy 202

9							6	
3	8	6					9	2
2	7				8	3	4	
4			3			1		
1	2			6	5		7	3
5			9	1			8	
	4		5	8				7
8	1	5		2	9			

Easy 203

2	6				4			5
9		7				6		
	1			6	7		8	9
1	9							
3		4			8		5	
5			4		6			
	4		7		2			
	5	9	8		3	1		
	2	3		1				

Easy 204

5			9	8			1	
				4				2
	9	4	5				3	
	5				6	9	4	
		8				7		
	1	2	8					
	2		7	9				
7			2	5		4	6	9
8								

Easy 205

7	4	5			2	9		
1	3	6				7		
			3	6			1	5
	7					8	9	
5	6			4	1		3	
		3						6
			1		9			
4	5							
6	2	9		5				

Easy 206

3	5	6		1			9	8
	8	9				5		
1	2			8			6	
	1		9	3			7	
		5		4	6		3	
			1					9
4	9		6			7	8	
			4			2		3
		2		5				

Easy 207

4	1		7		3		2	
		6	8			1		
	7	5			2	6	4	
7			1	9			5	4
			5	8	4		1	
		4		3				9
	6			5	8			
		1					7	
5		3	4					

Easy 208

7		3	9		4		8	5
			2			7		
8		9		6			2	
	8	4		2	6	3	5	
	1	5			3		6	
	6			8	1			
4						9	1	8
		1				5		
				4		2		

Easy 209

1		7		3	8			
	9		6		7		1	
2	6	4						
3	4		1			9	6	
		5		7	9			2
9		2	3				8	1
			7	1			5	
5				2	6			3
		6	9					

Easy 210

7		3			8		5	9
8			2	3			1	
1				6	7			3
	4		3	5	2			
	6	8				9		
		5	8			7		
4			7			2		
		9		2	4		8	

Easy 211

3	1		2			8		
		6	3				5	9
7		4			1			
8	5					9	3	2
4	6		8				7	1
		2			5	4		
5		9	6					
6			9	7				
		7				2		

Easy 212

3						4		
	7	8	9					3
	5		8	2	3			
	9		2	8		1	3	
6	3	7			5			
				4			7	
		5	7		2	8		1
1			6				2	
								9

Easy 213

5	4		6	1			2	9
	6	1		2				
				9	3	1		
	1	7				6		8
8			7	6				2
			3		4		7	
		5					4	
2				7		3		6
3			2		9	8		

Easy 214

1	9	4					3	7
		5			7			4
2				4	9		5	6
	8		9	1	3	2	4	
				5	4			3
					2			
3			7				1	8
8	4				1			
5	6							

Easy 215

1	4	8	9		2			
	9		7	3				8
6	3						2	4
				4			3	9
			2	7		4	5	
	6				9			
4		1					8	2
	8	3	6					
2				5	8	3		

Easy 216

7				6		2		
2		4	5			6		9
3	5				7			1
	3		7			5		2
				8				7
5		7	2	9	3	8		
	4	5		1				
9			4					5
		8				9		

Easy 217

7		6	8	1		9		3
5	8		6	3		1		
1	2				4		6	
2	5					8		
6			9	7				1
			2		1	3		
	7	2	1					
		5	4		7	6		
4								

Easy 218

7	4	8				9	6	3
1					3	4	5	
2				4			8	1
8		2					7	
			7	6		5		8
			9					
			1	8		3		
4		3	2					9
5			3				4	

Easy 219

7		2	4		5	8		
4				6	1	7		3
9	6						5	
		3			6	1		
1	9			4	8		6	
	2	4		5	3			
	8				9			
3		7						
				1			8	

Easy 220

1		4	6			3	8	7
			8		1		6	
5	6							4
	2	1	7	5				
3	4					2		6
						9	1	
		2	3	9				
	7	3			8	6		
			4				3	

Easy 221

3		8		6		2	7	
	7	9		5		3		
1				3				8
		5		7		4		
6		3		2			5	7
					6			3
			7		2			4
8	6				9		1	
9								

Easy 222

9	3			4		5		1
1	5	8	7					3
			1				8	
		1	8		7	2		
3	8		4		2			5
7				5				
	1			7			2	8
				1		6		9
	4	3				1		

Easy 223

6	4		2			7	8	
	5	1	4		3	6		
2								
3		9		8	7			
1	7						3	
	2		1		4		6	
4		2	8		5	3		
	3				1			
				9		1	5	

Easy 224

1			6				2	5
8	4		3	1			9	
	6			8		3		
2		7	1	5				
		6	9	2	7	5		
		1			6			8
						6	5	
	2			4			3	
7		5	2					9

Easy 225

7			2			9		6
5		1	6		3			7
	2				1			
	1	7	9	4	8			
3		6		1		7		9
	9	5	7	3				
			3			6	7	4
						2		1
9		2						5

Easy 226

5			1			9		
	2						5	
7	6	1				8		
3	1	8		4			6	
			9		1		4	
4		6		3		7		
	7		3	5		1		
1							7	
		4	7		8	5	9	

Easy 227

5			6	1	9			
	9	1	7		4			2
						8		
		4	8		7		3	5
6			1	4		9	7	
1	7				3			
	4		9	5		3		7
2						4		
	1				6	5		

Easy 228

8		2	9		4			
							8	2
			8		3		9	1
				8	9	3		
7				6	5	1		9
2	5		3	7		6		
								4
6	7				8		1	
3		8					7	

Easy 229

2		4		6	7		9	1
	5			8	1			7
6	7		9					
4							8	
5		6	3	2			4	9
		8		5				
	3	2	6	9		8		
9							3	6
		5	7		3			

Easy 230

9						5		8
		1		8	9		2	3
		8		1		6		4
	4	7			3	9		
			6			8		2
	1		7			3		6
		6		5	4			
7	9	4	1					
	3			6				

Easy 231

8	4	3	9					7
	9			7	1	8		4
		7		5				3
	5			6	8	9		
7	6						4	
					7	5		6
2		8	6			4		
4					3			5
6					9	2		

Easy 232

5	4	1		8			6	
	8		1			7	4	9
6			2	3				
2	9							6
				4	2	8		
	1			7		9		5
	6					1		4
4		5				2		
		7			5		3	

Easy 233

5	2		8	6		9		
		8		2	7		5	
	1	7	3				2	8
3					6	7	1	
	4			5	2			9
7		2			9			
		4			8	5		6
		5			4		3	
2	7						4	

Easy 234

4	2	7	6	9	8	5		3
3				4	5	7	6	2
1					3	4		
		4	3			8		
		2					9	
	7				9			
	9		8	5	2	3		
				6				
8	6	5	9			1		

Easy 235

1	2				6			7
3		8	4	7				
	9	4		1		6		
	8	6	9			1		
4	1				8		9	
		7		2	1			4
5					4	3	2	8
6		1			5			9
	4				3	5		

Easy 236

4			1				3	
		2		4			5	6
3					7			8
5	7	3						1
	1	4		8		3		
8			3		5	4		
9	6					5	1	2
1		8					7	4
2			6					

Easy 237

6					4			
1	2			9	3			5
	4		1	2				
	5	2	8					
		1	3			5	7	
7	3	4			2	6	9	
	7		2		6			1
5	8		9					
		3		7	5	9	8	

Easy 238

7			2		6	4	9	
6	1	4		3				
8						6		
	7	1		2		8		
		5	6	7	9			
9	3				1		7	
	4	7	3					
					4		2	7
1				8			3	

Easy 239

5		2			3			4
9	3				7			
1			8					
		5		7	8		3	
	1		3				8	
			4		9	5	6	
		3	9			1		
2	7	1	5		6	8		
4	6							

Easy 240

1		8					5	3
6	2	9	3				8	
					1			
2	1	5						9
		3	5		4	2		
	9	6			3			
8	5		9			1	2	
			8	1	7	6		
							9	

Easy 241

4	9	6		1	7	5		
	8	3				9		
				8		7		4
	3	8					4	
6			7		4			2
			2	6			9	
		7	9		3		6	1
	5		1	7	6			9

Easy 242

9	4	6	7		2			3
		7			1		6	
				9		7		5
1		8	4					2
	2							6
4				3	7	5		
	5	4						7
		3		8				
2	8		3			9		

Easy 243

4					7	5		
		9	1	2				
8	1	2	4					
6				4	2			
7		1	9	6			4	5
	4	8			1		3	6
9						8		1
	2		6	8			5	7
						4	2	9

Easy 244

1	7	5	2					
	6				9			
4		2		1	6			
			9		3		7	
	2	4		6		8	9	
6			7				1	
8	4	6				9		
	1						6	
		3			1		4	

Easy 245

4		2				1		8
6	7	9		8			4	5
8	1		9		5	6		
					8			9
		6					1	3
	9			1			5	4
9			7		2			1
2	8		1					
	4			9	6		7	

Easy 246

1	5		9				2	
8					4			7
2		4	3	8				
	1			7		5		3
		5				7		
3			2		1			
7			4			8	3	
4		9						
	6	8	7	3	2		9	

Easy 247

3	8	1						6
5	9	6	1			7		
	4			8	9			
8		9			7	3	5	
7	1	5		9				
	3			1	8			
	7	8		2	1		6	
					5	9	1	
		4			3	2		

Easy 248

6		8		4		7	2	
		7	2	3		6		
1			9					
4		9		7		8		
					2		5	
7	8		5		6	1	4	
	7			2	4		9	
	4						8	5
2								

Easy 249

9		7		3	6	8	2	
	1	6	7				5	
				2			6	
1	6	9	8		2	5		
				9				
4		2	1			7	9	
3				1	7			
						9	4	3
8	2	4			9			

Easy 250

4		3					8	
	7		3		9		4	
6			1			5		7
7		8	4	9				
9		5		2		6		
				6	7			
				7			2	3
8	9		2		4	1		
	4							

MEGA SUDOKU

INTERMEDIATE

Intermediate 1

7	8		2					
	9		6			3		
6		4		8	9		7	
				5				1
	7	3				6	4	
		5	9	3		7		
	4	9		7			6	
3			4			2		9
1	6					4		

Intermediate 2

4	8			5	1		2	
		2						4
3	5	7		8				
7	9				8		6	1
1			2			3	4	
8							9	
		6	1					9
	4			3				2
				6	4			

Intermediate 3

2	8		7	5			3	
3	5		8			4		1
6		1	2		4	7		
					5			
1	4	8	3	6	7			2
				8				
	6	2			8	3	1	
7		9		2	3		8	
								4

Intermediate 4

8	6			1				
	9			2	3			
		5	4			1		
9				8				2
1	2	3				4		
							9	
		2	8		6		7	
	8						1	
3	5	7	1	9		8	4	

Intermediate 5

2		7	5	9				8
1	3	6	4			5		9
		5				3		7
		9	6		1	7	5	4
4					2			6
6						1		
	6		2			4		5
	9			6	7			
7				5		9		

Intermediate 6

1	2	6		9				
		5	7				1	3
			6					
4			5	8		7		9
3	5		4					1
			2	7		4		
	6	3	8				9	
		8				5	7	
				4	6		2	

Intermediate 7

5	3		4	2				9
	4				3		8	
		2			9			5
7					8			6
3			2					7
	6	1				5		
9		6	8	4		1	3	
		7			2			
	8		5		6			

Intermediate 8

5	6		4		9		2	
					1	4	8	
			6	2				5
3	7			9			1	
8		1	5	3				2
					4		3	
6	5					2	4	
		3				7	5	
4		7		1				

Intermediate 9

9	3			4				
1		5		8	7			
	8	7	3		9	1		
		9			4	3		1
4	6	3			5		7	
7	1		9		3		4	
						7	9	5
		6			1			
	9	4				6		

Intermediate 10

3	2	6	7		1	8	9	
1			6				3	
					5			6
	3	1	8		6	2		
					4	7	8	1
7					2			
				9				2
9	1	3			8			
			1	6				

Intermediate 11

8		3	1	4	5	9	6	
				6		1	8	
	7			2			4	
9				1	8		5	
1		5	9				7	6
2					6			
		6	4					
5		2	7		1			9
					3	5		

Intermediate 12

9				8			5	
		3	5	7			9	
	4				9	8		
1	6				7			9
						6	7	
5	9		3		1			4
	8							
			2	5	3	7		
		6	4			3		

Intermediate 13

9	2	5			6			7
3	1	4	5	7	8		2	
	7		3				1	
				8	5	2	4	1
						5		9
		9					6	
		7	4				8	
8	6		2	3	9			
				6				

Intermediate 14

8		9			1			3
		7		4	2	5		
1	2				3	7		
2	4		8			3	5	6
	6		1	3			9	
9				5	8	1	3	
3			2		7		8	

Intermediate 15

9	3	6		5				7
8			2		7			
2	5			4		3		
	4							
1		9	5	8	2		3	
6			3					
		1			6			
3	2		4				6	
4			9	7		2		8

Intermediate 16

9	3	1		4		2	6	8
	2	7		8		3		
			1			4		9
5					1			2
1			2	3	6		4	
			4				1	
6				1				
	9		8					7
2			9		4	8		

Intermediate 17

1		8			4		5	
4			5		9			2
5	7			1	2		4	
2	5		3			8		
		7						
	8	4		5	7			1
7			4	2				9
		5		6		1		
	6				5			

Intermediate 18

2	4		8	3		9		7
	9	6		1				
				4	2			3
	6	3	5		7	1	8	9
8		5	3	6			2	
		9						5
			2			4		1
					1	8		
	8	4		7				

Intermediate 19

2	9	4	8					
		5		9				2
3	7	8	2		4	9		
9			1		7		5	
4			3			6	7	
7				2	6	3		
	6	7				4	9	8
	4				8			3
				4				

Intermediate 20

4	9		7			2		8
	2			3	4	9		5
		7		2			4	
	7	2	6					3
5		4				6		
				7	8		1	
		8	3			7	5	9
7	6		5	4				1
		9						

Intermediate 21

1	3	7		4				9
				3		7	8	
6				7		3	1	
	7		4	2			6	8
8		9						
				9	1	5	7	
7							2	
	2	4	6	8	3		9	
	8		7		2			

Intermediate 22

8	5			4	1		2	3
6		9		8				
				3	9	5		
			1	6		8	3	5
	8			2			7	
4								
	9	3	4		7	6	8	
	4		8					
7					3	1	4	

Intermediate 23

8	1	5	2				3	
9	6					1	8	
					3			6
		8					9	
2	3	6		4				
4			7	6			2	
3			1	5	9			8
5		2				3		
			4			5		

Intermediate 24

9	2		1					
1		5	7				6	
				2			3	4
	6	3		7		8		5
						3	1	
		2	5			7		
				8		9	5	3
7					9			8
	8		4					

Intermediate 25

3				9				
2						3	7	
5	6		2		4			
				1	9	7		4
	3				7	1		
7			4		5		2	
6						2	1	8
	2	3						
4	9		1	6		5		

Intermediate 26

5	6				2	8		
	2		4	5	8	9		6
3				9	7			2
2	5					1	8	
		1			3			7
			1					9
8		6	7				4	
9				2	4			
	3			6				

Intermediate 27

8				2			7	
								9
9	6	2			8	3		
1		8	6	3			9	
5						6	2	
	4	6	1					
			2		7	4	5	
			4					
		9	5	6		8		

Intermediate 28

2		1		4	7	9		
					8		6	7
	6		2	9			3	
	7		5	8				2
5			4				8	1
	1		3	6				
6							9	5
9						4		3
						7		

Intermediate 29

9			4	6		5		3
		4		5		1		2
	5	7		8	3			
		6			8		9	
3		1			4	2		
			1	3		6		
	8							
	1				6	9		
		3	9		7		1	

Intermediate 30

9		6			7	1	4	
	8	2		1		3		
1				8	9		5	7
5		8			4	9		
				6				2
			2		8			
			1		2	4	7	
	9						1	
4	1	5	9		6			

Intermediate 31

6		9		2	8			
	2			1	5		6	
3	5			7	4	2		
4				6				
1				8		6		2
					1	8	9	
					3	7		6
7	4		1		6			
9					7	1	3	

Intermediate 32

4		1		8	9	7	2	
3		5				8		6
8			4					1
	3		5			2	6	
6	4		7	9			5	
	7	8	6	2				
				6		3		
	8			3				2
			9					

Intermediate 33

7		4					5	8
	6		9			1		
	5			7			3	
4		2	6				8	1
1				8	3		6	
3			2					
		8				6		
5			8	6			1	4
		7	3	9	1			

Intermediate 34

8		3	9	1				
		9					6	1
	5			3	6			4
	3		8			2	1	9
2			3				7	5
7		1						
				8	3	7		
6				7		9	4	
		5		4			8	

Intermediate 35

9							5	7
	1		9	3	7	6		
	6			1				
1			2	5			4	9
	8			9	3	7		
2	3		6					
				6			8	
					1	4		
7		1	4				3	

Intermediate 36

2		9	8			6		3
	5			4			8	2
				7		9		
					6		5	1
	9		1	8	2			7
	7	2	4					
	2	7				5		
3			9		4		2	
4	1						9	

Intermediate 37

8			4	9	3		1	6
6	3			1		8		4
					2			
2		8	1			5	9	
5	4					1		7
		1			6		4	
					1			
	2	6	8	4		9		
4		7		3				

Intermediate 38

6	1					2	4	
8			2		4	6		
	9					3		1
9		6	3		8			
		3	7	4			9	
			5					
	6	1		7				
5					2	7	6	
2			9			1		

Intermediate 39

5			6		8		1	3
3		2		1	7			
	4		2	9				7
	6		3			5	7	8
						9	3	
7					6			
6		3			9			
	1			6			9	
9	7	5						

Intermediate 40

7							8	
	5				1	2	6	
8			3	9	2	7		
5					3	1	9	
9				5	4			2
1	8			7			5	
		7				4		9
		8	9		6			
3			2					

Intermediate 41

6	1	9						
7			1	6	4			3
		5				6		
	5				6	9	2	1
	9	7	8	5				
2		4	9		1	7	8	
9						4		
	3		6	9	8	2		
	2		3					

Intermediate 42

6	9	3		2				
				1			8	3
5		1			3	2		
	2		9			1	3	
		8	1				6	
	3		6	8	7	5	9	
	6	9	2	5				
	4			6				1
					8			

Intermediate 43

2	8	4		1	5		9	6
					9			
5			7	8	4	1		
			4		1		6	
3					2		1	
	5		6				3	9
	9	5			7		4	
7							5	
8	4		1					

Intermediate 44

1		6		2	4			
8	4				5		1	
	2					4		
4			1	3		2	5	
2			9		8	1		
5	6			4			9	
3		8				5	7	1
						3	8	4
			3					

Intermediate 45

8		9		2		6		
				4	1	9		7
			6		9	4		
						1		6
	5	4					7	
9	3			5				
				7		2	1	
5	2	3	9					
6	1			8				

Intermediate 46

8			1	6		3		7
	9		3				5	
	5		8		9	2		
9		7			4			5
	3	2		9	6		7	
4								
		8		5		6	3	
5			6		8		4	
				1				

Intermediate 47

4	5		3			7		2
	1		8				3	5
				9				6
1			5					
7	8			1		5		
2			9		6			
5				3	8	6		
8	6	1						
		7			2	4	1	

Intermediate 48

6		2	8	5	3			
							9	2
	7	8	2		4	3		6
			1		6	9	3	
	2						4	7
5	1						2	
		1	4	6				
8			7					1
4			5		9			

Intermediate 49

6					3			
		2		5	6			3
8		4	9	7				2
	2	5		1	7			8
3	4			2	5	9	7	
7	1					6		
				4	2			
		1			8		4	
		7					5	

Intermediate 50

9		3				6		2
4	5	1	6			7		9
		7	5		3			
					4	9	2	5
	3			7			4	
	9				2			
				5		4	8	
1				8				
2	6		3		1			

Intermediate 51

5	1	3	8			7		6
6			1					
				3	2			
		4		1			8	3
	6				8	4	1	
9				4	5			7
8	3					6	5	
						9		
2	5		7			8		

Intermediate 52

4		6	9			2		8
	7		1			4		
5	9			3	8	6		
7		3		1				
		5		7		3		
				8	9		4	7
8	3	4					2	
				2		9	6	
2					5			

Intermediate 53

7	9		1	2		8	3	
							4	
2	4		3		9		6	
	6			3				
	3			4	5	7	2	8
		7			2	3	9	
3					1			
5		4		6	8	9		
	2	9		7		4		

Intermediate 54

6		5		2	8			9
		7					5	8
	2			7	9	3		
	1						6	
	6	3	4	9	7			1
4	7			6				
9			6					5
	4							
		1		8	2			

Intermediate 55

3			7			8		2
		6	9		5	4		
							6	
5						6	4	
					2			8
7	4				1	5		
		5		9			7	
9	7		2	6	8	3		
1			5	3		9		

Intermediate 56

7	1	2	8	9				
4			2				7	3
						9		
8							5	
3		1	6	8	5			
	7	9	3		1			
	3	4		7		1	8	
	6		9			4	2	
2				6				

Intermediate 57

4	5		3				7	2
								5
	1	3	2		7			4
	7	6		2			1	8
8			4		1			6
		4			6			
2			1			5		3
			6	4	5	8		
						9		

Intermediate 58

7		4			5	1		3
8		2				5		7
	9		4					
4	7			6		3		
6	3				9			
		5	1	8				
			2			7	3	
	5				7	8	2	
	8			5			6	

Intermediate 59

3			5	4			1	2
	6		7	8			5	
	7		2	3		6	8	
	2		4	6				
		4	8		3			6
	8		9		2		7	
				7	5		6	
	3							
1		6	3	9		8		

Intermediate 60

5	3				9		4	
4			1	3	6			2
		6		8			9	
		2	5				1	8
3		4		1				
9			7	4		2		6
			8		7	1		
6		9			4			5
		5		6				

Intermediate 61

1		4	9				8	
	5			3				4
8	7	9		1				
	1	3	2	4				8
		8	5	7		1	9	
7	9				1			
6					4		3	
	2		3	5				
			8		6	7		

Intermediate 62

5	4	8	3	6	9			1
		1		7			4	5
7		9	1			3		
6	9	5					2	
								9
				5	7		8	
8	7	6				1	3	
			6				5	
2		3		8		4		

Intermediate 63

2			9		8	5	7	
4				3	7			
3							2	
5		3	6	9			1	2
6	9				2	8		
	4	2	7					6
7			5	6			3	
9		6				4	5	7
					1			

Intermediate 64

3	1	5			8	2	4	
			9					5
6			3					
	4	1		2				6
	2	9					8	3
		6		9	7	4		
	5		7	8			2	
					5	8		
	8	3	1	4		5		

Intermediate 65

7	2				1			
9			2	8	7			6
4					3		1	2
		6			8		5	7
	4		6				3	
	3		9	1			6	
1			7				2	4
					4			1
6	8					3		

Intermediate 66

4				5		8	3	2
		1					9	4
9	2		7				1	
	3			1				5
1			5	6			4	
5					7		6	
6	7				1	4		9
		4	9			6		
3				8		2		

Intermediate 67

9			6			2		8
	4			9	5	3		
6		8			4			
	2		3				1	5
	9			2	1			
4		1				9		
		7		8		4	5	
		9		7		8		2
					3		6	

Intermediate 68

7	3	1				6		
8			5	2	6		1	
2						8		4
9				7			4	5
	4		9	5				8
	2	8		4	1			
3	8		7		9			6
6				8		3		9
	7					5		

Intermediate 69

5		9					8	
1	8		3			9		6
		4	6	8				1
3				1		4		
		2	5		3			
	1		2	7		3		
7				5		1		4
	4		1		2	7		
6				3		8		

Intermediate 70

8	1	4			7			6
9	2			3				
3		7	2	4				1
		8	6	1	9		5	
5			8		4		1	
	7					9	4	
7		5			2			
			5	6				7
2						4		

Intermediate 71

3		8	2		9	4		1
	4	9	3	6			2	8
1	6			5		7		
		3		1				6
	7				6		9	4
5	1		6			9		7
8					7	2		
			8					

Intermediate 72

5		2				7		4
4								8
		1	4	6			3	5
		4		1	6	3	8	
7			2	3	5	6		
2							7	
					9		5	
	8		5					6
			3	2		9		

Intermediate 73

7			6				4	5
1	8	3						7
4		6					1	3
	4				1			2
		9	3		4			1
3		8			9	6		
6	2	5			7			
	7		4	3	6			
			5	2				

Intermediate 74

3		5	8			6		1
	2	7						5
6			7	3		2		
4	5			7		3		8
		1	2	4		7		
			5	8				6
				9			4	
	9	6				1		3
	8	4			2			

Intermediate 75

7	6				3		1	
	8		4			5	6	
	5	9	2	1			7	
			5		1	6	4	9
		4	6	7	8	2		5
6			9			7		
1	9			3				
	7	8			5			3

Intermediate 76

6	4			9				
	2		8		7		5	
5	7	1	2		4			
	5					1		4
	8	3					9	
	1		3		2			
					3	9		
			5			6	8	7
2	9			1				

Intermediate 77

7	9			1	5	4		
6		8	9				1	3
	1	2		6	4			
			1		7		3	
	2			9	3	6	7	
9							4	
	7							
	5	6		4			9	1
4		1	2	5				

Intermediate 78

8		5			1			2
				8	2			
	4	6		9				1
					4	9	1	
7	5		9	3				8
1	9	4	2	7			3	5
			3	6				
	3	7				8		

Intermediate 79

2	9	4	8				7	5
5						1	3	
	7			6	9			4
	1	7	9		8			
	6				3			8
3				7	2			
			7				9	3
		5						
8				1	4		6	

Intermediate 80

8		6			1	2	9	
7	3			6			4	
	1	5	3					
9			8				3	7
	7	2		1				
		3						6
	6	1	5	9			8	
					2	3	1	
						4		

Intermediate 81

5					2	6		4
		8	3					1
	4	3				9		
			6			1		
3	9				5	7		
	5	1	7	2				
		6	5	8	4			
4	2			6				
		5		3		4	9	

Intermediate 82

4		7	6					
		6		1	2		3	8
					3			
8	9		1	7			5	
		3				6		9
2				8		1		
		9	2					
5	2		4			9	1	
6								

Intermediate 83

6			3	4		5		
5	7	4				6	3	
9	3		7			4		2
7	9	2			1			6
				6	8	7		3
		6			5		1	
	5							7
2			6					
4				2				

Intermediate 84

7	9	2	6	1				5
3		8		5				
				7	3		2	4
			3				9	
	7					6	1	
2	5	1						
	3		5	4	8		7	9
			9			1		
				6			8	

Intermediate 85

2	4	7				3		
	6				1	5	9	2
							7	
3	7		8			2		9
			3			6		7
1	9		6	4		8		5
5		4						
	8		7		3			
	3		5	8		9		

Intermediate 86

3	8			4	9		6	
		6		3	1	7	9	
	9							5
4			8	2				
				7	3	5		4
		3	1				2	
			2					7
		8		5		1		
1	5	7	3		6			

Intermediate 87

5		9	8				7	6
				1	9		5	8
		3		6	7			
				7	1		6	2
6			4			8		
	3	5						7
	5				2			
8		2					4	1
7		4	1	8			3	

Intermediate 88

7		4						
8				6		1	3	
9							4	5
				1	2		6	8
				3	9		7	1
	2			5		3		
6	7	5		2	1		8	
	8				7	6		2
	4	1		9	6			

Intermediate 89

1				5	4			
9			3	6	8			1
	4				7			9
7						8	9	
6						7	4	3
	3	2				6		
	1		7	4		9		
			8		5	3		
5		7	2	9			6	

Intermediate 90

2	3			5		6	4	9
9				2		5		3
		5				7		
		8		4			2	
6	5		1	9			3	
4			2	8				6
		1		6		2		8
7								
	9		5					

Intermediate 91

7		1			3	8	2	
		4		8	1			6
5				9	2	7		
3		9		1	6			
			3			6	9	1
				4			3	7
8	1					5		9
9		5		7				
	2		9	3				8

Intermediate 92

4	5				1			3
	9	7		6			1	
8			4		5	9		
			2	5			6	
7			9	3				
3		9	8					2
5	3	4					8	
		2	1	8		4		

Intermediate 93

2	1	5		3				7
	8	3	4	9	5	1		
4	9		1		7		8	
		8	5	4	3			
			6					
	5	7	9				6	
		4	7			2	3	9
						4	1	5
		9						

Intermediate 94

6				4	2			
	4	9		1		6		2
7	1				3	9		
			8			1		7
8	6		7					9
	3			5	6			
	7	3	2	6		4		
		5				3		
					8	2	5	

Intermediate 95

7					9		4	
6	8	2		1	4			3
	1		8	7		5	2	
8	9					1	5	4
	5	1		9				8
			9		5			
4	6		2	8				
		8	3			2		

Intermediate 96

9			3			1	7	
		4			9	2		
6	7	8					3	
7	6		1	2				
			7	4				
2		3	8		6		5	
	1	7			8		2	
8		5			1	4		
	9			5		8		

Intermediate 97

7	8		4		5	2		6
9			7					
		6	3		1		7	
6					4		3	2
	3					8		
		2	5					7
1	9	8	2		3			
	5		9	7			8	
3			1	5	8	9		

Intermediate 98

5	4	9		2			8	
1			9	7		2	4	
	6		3			9		
3		2	5				6	
6		5			8			7
8	1				3		9	
				5		3		8
	3		1		7			
						4	1	

Intermediate 99

4	6	2				9		3
	1							
8		3		4	5	1		
			5				1	
	3		8	7				2
6		9	3					
9				3		5	7	1
	8				9			4
7		4		2		8		

Intermediate 100

7	3	5		4	8		9	1
			5		1			
6				7			4	
			4					
1		2	6			4	7	
		7	9	1		8		
9				2		3	8	
	1			3	4			
2	7					5		

Intermediate 101

4	3			1	9	7		2
	6					3	9	
8			3			6		1
2							6	8
1	5							4
	8	6		9	2	5		
5		7		4	3			
	2	3	1		8			9
	4						7	

Intermediate 102

8	3					1	2	
			6			7		3
7					4			
	2				1	8		
	4	7			2	6		
3		8	7	6				1
5			9	8	6			
		1		7			5	6
2				4			8	

Intermediate 103

9	8		4			6		
			3	6				1
5				7	8		4	
	6		5		1			
7								8
	5	4	6	2				3
	3			5	2			
	9	2	1	4				
4						1		

Intermediate 104

8	7	4	3		2			
1	9	2	4		6			
	6		7					
	1	7	2			5		
2		8		4				
				1	9	3	2	
7			1	3		8	5	
3	4					1	7	
			9				3	2

Intermediate 105

9		5			7		8	
			6	1		3		
3		1		8		5		
4			7			6	9	
				6	1		7	4
2	7							3
								8
6	9	3		7				
7				3	2		6	

Intermediate 106

2				3		1		6
		5	2					
6	7				5	9		3
4	8					2		
			4		7		8	
	3	9		1				4
	4		3	7		6		
	5				9		4	
		7		2	4			

Intermediate 107

4	1	3	7				6	9
	2	7	1			3	4	
			2	3		7		
7				2	5	6	9	
	4						2	
9	6				1			
			4		3	8	7	
	9	8			7			6
								5

Intermediate 108

8							3	7
	6	9		1				4
1		7	8		5			
				6	9	2		5
			7			3		
		2		8		6		1
		8		7		5		
7	5	1	6	9			8	2
	9	4						

Intermediate 109

1		6	7	8	9			3
7		2		1		9		
					6			1
	9		5					7
		5		3		8		
	4	7	1			3	2	
	6	1	9	7	5			
4							6	
		9			4			

Intermediate 110

5		3	6	7	1			
	1			4	9	2		5
	8	9	5		3		6	
7	4							2
	3					4		
		6		3		7		
2	6	8					4	
1		5	4	6			2	
			1					

Intermediate 111

1		5			6	8		7
6	4			2				1
			1		9		5	
					2	5	8	4
9				5				
			6	8		2		
2		9				3		
3	1		5			6		
5	6	4			1	7		

Intermediate 112

8	9		7	1		4		3
	5	7	6	2				1
	2							
5	8				6			4
		9			8		6	2
	7					9	3	
9	1			5				
		3	4		9	1	7	
			2					

Intermediate 113

9			6	4				
	6	2			3			
	4				2	5		9
8	5			9		4	3	
2			8					6
		7	1			8		
		6	4	8		7		
				2	7		9	
		9				2	8	

Intermediate 114

3	6			2				
5	9	8	1		3	2		4
			6	8		9	3	
1	8		7					6
	3			4		1		
2			5	6			8	
4		1	3		7			
					8	4		
	2			5				

Intermediate 115

9	8	4	2			7	3	
7		1	6					
		3		8	4			5
5	9					6		
		2	5	1		3		
				7	9	5	2	
6				2		1		
8	2			3				
1	3					2	9	

Intermediate 116

1	3	5	8					
6		2						
4	7		9			5		
		6	2	3	4	8	7	
	8	7	1		9			6
9		3	6			1		
		9				6	5	3
8				6			1	2
							4	

Intermediate 117

4	8	7			3		1	
9				6		3		8
					4	7		
	6	2			5		8	3
					1	4		
7				9			6	
	2	4				5	9	
		3			9			
5	9		7	2		8		

Intermediate 118

7		4				9		6
	3					1		
8				3	4			
	4	7	9	5			1	
		3			1	8	6	
2	1			4		5		9
1				8	2	6		
					9			5
4		9		6	3			

Intermediate 119

3	4				8			9
5		7	2			3	8	
			1			4	6	
		5			1		2	6
		9	7	2		8		
					5		1	
1	9			7			4	8
7				9				
8	2				4	6		

Intermediate 120

3		6	8	2		7	4	
		9					3	
8	1		4				6	
	2			5	1		8	
					2			3
7		1		4		9		
6	8		1					4
2					6			
	3	5		8				

Intermediate 121

4	6		9			5	8	
8				3			9	4
		5			8	7		
				5	3			7
2		6	4			8		
3	9			1	6			5
5					4			6
6	8	4						
	1	3	5				2	

Intermediate 122

4	5	7			2		8	1
		6	9	7		5	3	
9	8	3					6	
	4		8				2	5
	6						1	
			2		1	3		
			5		4			
1				2	7			
8			1	3				

Intermediate 123

1								8
		4			2		5	
		9		3	5	2		7
8		6	2	7	3			
				4		6	2	
2	1	3		9	6		8	
3					9			
	2	7				9	6	
5		8		1	7			

Intermediate 124

5		1			2		9	4
	2				3		5	
6	3			7				
	8		7	5	4		3	
2			3		1	7		
	6	7	9					
	1						6	
			8				2	
	9		1					5

Intermediate 125

4	3		2			9	1	7
	6						3	4
1		9				6		
9		6	3	5		1		
				1		3		6
	7				8		5	
6	1	4	8					
5					3			1
	9			6	2			

Intermediate 126

7				2			3	9
8	1				9			6
9		4		6	8			
				7				
			8			7	4	3
		8	2		6	5		
5	3		4			6		
1		2				3	8	
6		7	5					

Intermediate 127

8	5			1	3		7	6
	6			2			1	
		4	6			3	5	
1		9		4		2	3	
2	8				7	4	9	
								7
	2				5			8
6	3			8	4			
7			2	6				

Intermediate 128

9		7			2		6	8
	8			4			7	
		6		8		9		
		5	1		8			6
			2	6			1	
	2	1			5		3	
	3			9	7			
1	7	8	5					
			8			3	5	

Intermediate 129

1			3	8		7	9	
	7	4		5		8		2
5			2			3		
			1		8			7
6		2			3		4	
			6	9			5	
8	6						7	
2		1			6		8	
	9			1				

Intermediate 130

4	1		6			2		9
8			3		9	7	4	
6				4	7			1
7		2			3			
9	5		7	6				
			1	8	2			7
	3				5	8		
								3
2	6		9		1			

Intermediate 131

5					3	6	1	4
8					1		2	
			7		4			3
7			1		9			
9	2	6	8				3	7
1	8		6					5
			3	9				
	1	8	4			9	7	
	5	9						6

Intermediate 132

3	5	6		8		4		
4		8	9	3	1	2		
	9	1	4				7	
		2	6				8	
			7		4			3
	3						6	
				7				
	4	5	3		2		9	
					5	1		

Intermediate 133

1	7	5		2	6			8
6			1	4	8			
		2	5				1	
2						4		
								5
	9	1			7			6
		3			1		8	
4		7	3	9		2		1
9		6					5	3

Intermediate 134

6			7		5	8		
7	1		4		9		2	
4	2			8	1			
	5				6		8	
			5			7		6
	6		1	3		9		
5		2		4			9	8
	3				7			5
	8		9				4	

Intermediate 135

3			8	1		9		
8		6		2	7		5	
	1		4	5		3		8
4		9			1			2
						8		
5		8			2	4		
				4		5	7	
	3	5	7					
2								

Intermediate 136

7	1		3					2
		5				7	3	
				7	1		9	
4				8		6		3
	3	7	4					8
	9	1	5	6				
5	2	8		9			7	
9	6	3		2				
			8		6	5		

Intermediate 137

2		7	3					
6		9			1	2	8	7
8								3
		8	5				1	9
	5			9	3	6	2	
	6	4	7				3	5
	7	6	9	2				
5			6	8				
		2			7	9		

Intermediate 138

7		2	3	9				
5	6	3	8					7
8					7	5		
6				2			5	1
1	2	7			9	4		
		4				2	8	
	3	8	6					
2				5	1			
			7			6		

Intermediate 139

4					7		6	8
5			3	4		1		
7	9						5	
		6				2	7	
9	1	7			8			
	4							6
	2		1	9				
	8	9	7		4			
3				6		4		

Intermediate 140

8		5			6			7
	9			7		5		
	1		2	4			6	
2				5		8		
		1					7	
					3			2
4	8	2	1	9	7		3	
	5		3	2			9	
3					4			

Intermediate 141

3		7	8				1	
				6	7			9
6		9		2		4	5	
2			6	1	9	7		
		8	2		5			
	9			3				
			3			1	8	
5					1	2		
	6			7		3		

Intermediate 142

3	2	4	9			7		5
	6		1		7			
		8				9		
1			4		8			
		6		5			7	
8						3	4	9
5	9			6			8	
		3	5			4		
2				9			6	

Intermediate 143

6	4			9		8	1	5
5	7			3	4			2
		2				3		
		6				5	3	
		8	6			1		4
3	5			7		9		6
					7			3
2				1				
	3	9	2	8	5			

Intermediate 144

4	2	7	8				3	
5			1	3		9		7
	3		2		5			
1	7						5	6
2			4					9
						3	4	
	5			9	7	4		3
7	4	9	3	2		6		

Intermediate 145

5			7	4			8	1
	1			8	2			
		2	3			6		7
7		4		5				2
			2				1	8
		6				7		
	6	5		1	3			
3	9		4	7	8			
							3	

Intermediate 146

1	4		2					9
9		3			6	5		
5			3	7		1		
				3	7	4		
3		4	8	6		9		5
			4				3	
			5	8		6		7
6							4	
	8	1						

Intermediate 147

9	1				8		2	
		6	4	9				3
4	2	5	1		6			
		9	8				6	5
6				1	5		7	
		7				9		
			3			6	5	4
2			6					
		1	5		4	8	9	

Intermediate 148

9				1	6		8	4
	8	1	5	2			7	
5		7			8		9	
2					4			
	1	5		8				9
	7				2			
	2		4		1			
8	4					1		6
				9	3	7		

Intermediate 149

6							4	
		1		7	5		9	
	2	7			6		3	
1		6	2		4		7	8
	8		1					4
						1		
4		2	8			5		
5				9	1		2	
		3				6		

Intermediate 150

3					7		1	2
	1	4			2		3	
		5	9	1				
		9			4		8	5
6			5			7	2	
8					6		4	
	9	8	3		5			
	3		8				9	
2				4				

Intermediate 151

5					2	6		4
		8	3					1
	4	3				9		
			6			1		
3	9				5	7		
	5	1	7	2				
		6	5	8	4			
4	2			6				
		5		3		4	9	

Intermediate 152

4		7	6					
		6		1	2		3	8
					3			
8	9		1	7			5	
		3				6		9
2				8		1		
		9	2					
5	2		4			9	1	
6								

Intermediate 153

6			3	4		5		
5	7	4				6	3	
9	3		7			4		2
7	9	2			1			6
				6	8	7		3
		6			5		1	
	5							7
2			6					
4				2				

Intermediate 154

7	9	2	6	1				5
3		8		5				
				7	3		2	4
			3				9	
	7					6	1	
2	5	1						
	3		5	4	8		7	9
			9			1		
				6			8	

Intermediate 155

2	4	7				3		
	6				1	5	9	2
							7	
3	7		8			2		9
			3			6		7
1	9		6	4		8		5
5		4						
	8		7		3			
	3		5	8		9		

Intermediate 156

3	8			4	9		6	
		6		3	1	7	9	
	9							5
4			8	2				
				7	3	5		4
		3	1				2	
			2					7
		8		5		1		
1	5	7	3		6			

Intermediate 157

5		9	8				7	6
				1	9		5	8
		3		6	7			
				7	1		6	2
6			4			8		
	3	5						7
	5				2			
8		2					4	1
7		4	1	8			3	

Intermediate 158

7		4						
8				6		1	3	
9							4	5
				1	2		6	8
				3	9		7	1
	2			5		3		
6	7	5		2	1		8	
	8				7	6		2
	4	1		9	6			

Intermediate 159

1				5	4			
9			3	6	8			1
	4				7			9
7						8	9	
6						7	4	3
	3	2				6		
	1		7	4		9		
			8		5	3		
5		7	2	9			6	

Intermediate 160

2	3			5		6	4	9
9				2		5		3
		5				7		
		8		4			2	
6	5		1	9			3	
4			2	8				6
		1		6		2		8
7								
	9		5					

Intermediate 161

7		1			3	8	2	
		4		8	1			6
5				9	2	7		
3		9		1	6			
			3			6	9	1
				4			3	7
8	1					5		9
9		5		7				
	2		9	3				8

Intermediate 162

4	5				1			3
	9	7		6			1	
8			4		5	9		
			2	5			6	
7			9	3				
3		9	8					2
5	3	4					8	
		2	1	8		4		

Intermediate 163

2	1	5		3				7
	8	3	4	9	5	1		
4	9		1		7		8	
		8	5	4	3			
			6					
	5	7	9				6	
		4	7			2	3	9
						4	1	5
		9						

Intermediate 164

6				4	2			
	4	9		1		6		2
7	1				3	9		
			8			1		7
8	6		7					9
	3			5	6			
	7	3	2	6		4		
		5				3		
					8	2	5	

Intermediate 165

7					9		4	
6	8	2		1	4			3
	1		8	7		5	2	
8	9					1	5	4
	5	1		9				8
			9		5			
4	6		2	8				
		8	3			2		

Intermediate 166

9			3			1	7	
		4			9	2		
6	7	8					3	
7	6		1	2				
			7	4				
2		3	8		6		5	
	1	7			8		2	
8		5			1	4		
	9			5		8		

Intermediate 167

7	8		4		5	2		6
9			7					
		6	3		1		7	
6					4		3	2
	3					8		
		2	5					7
1	9	8	2		3			
	5		9	7			8	
3			1	5	8	9		

Intermediate 168

5	4	9		2			8	
1			9	7		2	4	
	6		3			9		
3		2	5				6	
6		5			8			7
8	1				3		9	
				5		3		8
	3		1		7			
						4	1	

Intermediate 169

4	6	2				9		3
	1							
8		3		4	5	1		
			5				1	
	3		8	7				2
6		9	3					
9				3		5	7	1
	8				9			4
7		4		2		8		

Intermediate 170

7	3	5		4	8		9	1
			5		1			
6				7			4	
			4					
1		2	6			4	7	
		7	9	1		8		
9				2		3	8	
	1			3	4			
2	7					5		

Intermediate 171

4	3			1	9	7		2
	6					3	9	
8			3			6		1
2							6	8
1	5							4
	8	6		9	2	5		
5		7		4	3			
	2	3	1		8			9
	4						7	

Intermediate 172

8	3					1	2	
			6			7		3
7					4			
	2				1	8		
	4	7			2	6		
3		8	7	6				1
5			9	8	6			
		1		7			5	6
2				4			8	

Intermediate 173

9	8		4			6		
			3	6				1
5				7	8		4	
	6		5		1			
7								8
	5	4	6	2				3
	3			5	2			
	9	2	1	4				
4						1		

Intermediate 174

8	7	4	3		2			
1	9	2	4		6			
	6		7					
	1	7	2			5		
2		8		4				
				1	9	3	2	
7			1	3		8	5	
3	4					1	7	
			9				3	2

Intermediate 175

9		5			7		8	
			6	1		3		
3		1		8		5		
4			7			6	9	
				6	1		7	4
2	7							3
								8
6	9	3		7				
7				3	2		6	

Intermediate 176

2				3		1		6
		5	2					
6	7				5	9		3
4	8					2		
			4		7		8	
	3	9		1				4
	4		3	7		6		
	5				9		4	
		7		2	4			

Intermediate 177

4	1	3	7				6	9
	2	7	1			3	4	
			2	3		7		
7				2	5	6	9	
	4						2	
9	6				1			
			4		3	8	7	
	9	8			7			6
								5

Intermediate 178

8							3	7
	6	9		1				4
1		7	8		5			
				6	9	2		5
			7			3		
		2		8		6		1
		8		7		5		
7	5	1	6	9			8	2
	9	4						

Intermediate 179

1		6	7	8	9			3
7		2		1		9		
					6			1
	9		5					7
		5		3		8		
	4	7	1			3	2	
	6	1	9	7	5			
4							6	
		9			4			

Intermediate 180

5		3	6	7	1			
	1			4	9	2		5
	8	9	5		3		6	
7	4							2
	3					4		
		6		3		7		
2	6	8					4	
1		5	4	6			2	
			1					

Intermediate 181

1		5			6	8		7
6	4			2				1
			1		9		5	
					2	5	8	4
9				5				
			6	8		2		
2		9				3		
3	1		5			6		
5	6	4			1	7		

Intermediate 182

8	9		7	1		4		3
	5	7	6	2				1
	2							
5	8				6			4
		9			8		6	2
	7					9	3	
9	1			5				
		3	4		9	1	7	
			2					

Intermediate 183

9			6	4				
	6	2			3			
	4				2	5		9
8	5			9		4	3	
2			8					6
		7	1			8		
		6	4	8		7		
				2	7		9	
		9				2	8	

Intermediate 184

3	6			2				
5	9	8	1		3	2		4
			6	8		9	3	
1	8		7					6
	3			4		1		
2			5	6			8	
4		1	3		7			
					8	4		
	2			5				

Intermediate 185

9	8	4	2			7	3	
7		1	6					
		3		8	4			5
5	9					6		
		2	5	1		3		
				7	9	5	2	
6				2		1		
8	2			3				
1	3					2	9	

Intermediate 186

1	3	5	8					
6		2						
4	7		9			5		
		6	2	3	4	8	7	
	8	7	1		9			6
9		3	6			1		
		9				6	5	3
8				6			1	2
							4	

Intermediate 187

4	8	7			3		1	
9				6		3		8
					4	7		
	6	2			5		8	3
					1	4		
7				9			6	
	2	4				5	9	
		3			9			
5	9		7	2		8		

Intermediate 188

7		4				9		6
	3					1		
8				3	4			
	4	7	9	5			1	
		3			1	8	6	
2	1			4		5		9
1				8	2	6		
					9			5
4		9		6	3			

Intermediate 189

3	4				8			9
5		7	2			3	8	
			1			4	6	
		5			1		2	6
		9	7	2		8		
					5		1	
1	9			7			4	8
7				9				
8	2				4	6		

Intermediate 190

3		6	8	2		7	4	
		9					3	
8	1		4				6	
	2			5	1		8	
					2			3
7		1		4		9		
6	8		1					4
2					6			
	3	5		8				

Intermediate 191

4	5	7			2		8	1
		6	9	7		5	3	
9	8	3					6	
	4		8				2	5
	6						1	
			2		1	3		
			5		4			
1				2	7			
8			1	3				

Intermediate 192

1								8
		4			2		5	
		9		3	5	2		7
8		6	2	7	3			
				4		6	2	
2	1	3		9	6		8	
3					9			
	2	7				9	6	
5		8		1	7			

Intermediate 193

4	6		9			5	8	
8				3			9	4
		5			8	7		
				5	3			7
2		6	4			8		
3	9			1	6			5
5					4			6
6	8	4						
	1	3	5				2	

Intermediate 194

5		1			2		9	4
	2				3		5	
6	3			7				
	8		7	5	4		3	
2			3		1	7		
	6	7	9					
	1						6	
			8				2	
	9		1					5

Intermediate 195

4	3		2			9	1	7
	6						3	4
1		9				6		
9		6	3	5		1		
				1		3		6
	7				8		5	
6	1	4	8					
5					3			1
	9			6	2			

Intermediate 196

7				2			3	9
8	1				9			6
9		4		6	8			
				7				
			8			7	4	3
		8	2		6	5		
5	3		4			6		
1		2				3	8	
6		7	5					

Intermediate 197

8	5			1	3		7	6
	6			2			1	
		4	6			3	5	
1		9		4		2	3	
2	8				7	4	9	
								7
	2				5			8
6	3			8	4			
7			2	6				

Intermediate 198

9		7			2		6	8
	8			4			7	
		6		8		9		
		5	1		8			6
			2	6			1	
	2	1			5		3	
	3			9	7			
1	7	8	5					
			8			3	5	

Intermediate 199

1			3	8		7	9	
	7	4		5		8		2
5			2			3		
			1		8			7
6		2			3		4	
			6	9			5	
8	6						7	
2		1			6		8	
	9			1				

Intermediate 200

4	1		6			2		9
8			3		9	7	4	
6				4	7			1
7		2			3			
9	5		7	6				
			1	8	2			7
	3				5	8		
								3
2	6		9		1			

Intermediate 201

5					3	6	1	4
8					1		2	
			7		4			3
7			1		9			
9	2	6	8				3	7
1	8		6					5
			3	9				
	1	8	4			9	7	
	5	9						6

Intermediate 202

3	5	6		8		4		
4		8	9	3	1	2		
	9	1	4				7	
		2	6				8	
			7		4			3
	3						6	
				7				
	4	5	3		2		9	
					5	1		

Intermediate 203

1	7	5		2	6			8
6			1	4	8			
		2	5				1	
2						4		
								5
	9	1			7			6
		3			1		8	
4		7	3	9		2		1
9		6					5	3

Intermediate 204

6			7		5	8		
7	1		4		9		2	
4	2			8	1			
	5				6		8	
			5			7		6
	6		1	3		9		
5		2		4			9	8
	3				7			5
	8		9				4	

Intermediate 205

3			8	1		9		
8		6		2	7		5	
	1		4	5		3		8
4		9			1			2
						8		
5		8			2	4		
				4		5	7	
	3	5	7					
2								

Intermediate 206

7	1		3					2
		5				7	3	
				7	1		9	
4				8		6		3
	3	7	4					8
	9	1	5	6				
5	2	8		9			7	
9	6	3		2				
			8		6	5		

Intermediate 207

2		7	3					
6		9			1	2	8	7
8								3
		8	5				1	9
	5			9	3	6	2	
	6	4	7				3	5
	7	6	9	2				
5			6	8				
		2			7	9		

Intermediate 208

4					7		6	8
5			3	4		1		
7	9						5	
		6				2	7	
9	1	7			8			
	4							6
	2		1	9				
	8	9	7		4			
3				6		4		

Intermediate 209

7		2	3	9				
5	6	3	8					7
8					7	5		
6				2			5	1
1	2	7			9	4		
		4				2	8	
	3	8	6					
2				5	1			
			7			6		

Intermediate 210

8		5			6			7
	9			7		5		
	1		2	4			6	
2				5		8		
		1					7	
					3			2
4	8	2	1	9	7		3	
	5		3	2			9	
3					4			

Intermediate 211

3		7	8				1	
				6	7			9
6		9		2		4	5	
2			6	1	9	7		
		8	2		5			
	9			3				
			3			1	8	
5					1	2		
	6			7		3		

Intermediate 212

3	2	4	9			7		5
	6		1		7			
		8				9		
1			4		8			
		6		5			7	
8						3	4	9
5	9			6			8	
		3	5			4		
2				9			6	

Intermediate 213

6	4			9		8	1	5
5	7			3	4			2
		2				3		
		6				5	3	
		8	6			1		4
3	5			7		9		6
					7			3
2				1				
	3	9	2	8	5			

Intermediate 214

4	2	7	8				3	
5			1	3		9		7
	3		2		5			
1	7						5	6
2			4					9
						3	4	
	5			9	7	4		3
7	4	9	3	2		6		

Intermediate 215

5			7	4			8	1
	1			8	2			
		2	3			6		7
7		4		5				2
			2				1	8
		6				7		
	6	5		1	3			
3	9		4	7	8			
							3	

Intermediate 216

1	4		2					9
9		3			6	5		
5			3	7		1		
				3	7	4		
3		4	8	6		9		5
			4				3	
			5	8		6		7
6							4	
	8	1						

Intermediate 217

9	1				8		2	
		6	4	9				3
4	2	5	1		6			
		9	8				6	5
6				1	5		7	
		7				9		
			3			6	5	4
2			6					
		1	5		4	8	9	

Intermediate 218

5		1					4	
9	7	3	1	8		5	2	
	3			2	6	8		7
	5	9	7	4				2
6	2					3		
	1				5		3	
		5	9		1			
2			4			1		

Intermediate 219

8					7		2	5
			1			4		7
2	6					9		
	8	1		9				2
5			3	8				4
	9			4		8		
	3							6
9		8	6					3
		2	4	1			8	

Intermediate 220

3			2	6		4	8	
8					1		7	9
		9	4	7			2	
1	4				7	3		
	3							
5		6					1	
	6		3				5	7
	8	5						
7			1		4	2	6	

Intermediate 221

7	9		3			8	1	6
		5		9				
4	6		7		2		5	
				2	8	4	3	
	8		6			7		
		9	5					2
6			1		7	9		
		4			9		7	
				3				

Intermediate 222

1					4		2	
	2	7						4
8		9	7				5	
		5	8	7				
		6			2		7	
3			5	9		4		
	9		3	1	7	6	4	5
					5	3	8	
				8				

Intermediate 223

2			7	1	5		3	6
		8		6			2	
3	5					7		
	2			5			6	
4	3			9	2			
9		1		8				4
				2	1	6		
	4		8	3			1	
1		3						

Intermediate 224

3		4			9		8	
				6			4	9
8			4		5		6	7
2		6		5				
	8	3	9			1	7	
5	7		8					
7	4	5						
	2		5		3			
		1		4		8		

Intermediate 225

9				2		6	3	
5				8	6		9	
	3		4		7		8	
8		1	5				6	
6	5		8		4	7		
		7		3			1	5
				4				
3	2							
4	6	9	2		8			1

Intermediate 226

2	3	8	5					9
			2		6	3		
9						2		
	6			3	4			1
	9		1				7	
4	5			7				3
3				1		6	9	
			8		7			
6	1	4					5	

Intermediate 227

2		4			3		5	
							1	4
3						6		
4		7	1				6	
8			2	4	9			
	2		6	5		8		1
	9	2			4			
	3		8	1				2
			9	2		5		

Intermediate 228

9		2		7			1	
3	1		2	4		5	6	
					1			
	2	1				4		
		4		9		6		7
		8		3				5
	4		3		9			1
			6	5		2		
2			8					

Intermediate 229

5		6				4	3	
7	9	2	3		5	6		8
		4			9			5
6	2						7	3
	3	9			2		5	
		7	9					
				7				
	6	8	5		4	2		
		3	8		1		4	

Intermediate 230

6	8	3	9			5	2	1
			5	3	1		6	
9						7		4
7					8		5	
4		2	3				9	
					6	1		
			1	4				6
8	3			2				
		4	8		5		7	

Intermediate 231

7		1	8			9		
4				6	9	2		
2	5			4				
	7							9
	8	4			6		7	
5		6	7		4			3
				1				
						5	1	
1	4				3			8

Intermediate 232

7				1			2	
	8		9		4	6		
		1		5			3	8
8	3			9				
	7		3		2		5	9
							7	3
2		7	4					1
	9	8			1		6	7
					8	4		2

Intermediate 233

7		6	3			8		
3		1	2	5			7	
	9		4			5		
					4	2	3	1
4						9	6	
1		3	7				5	
	3		8		2			
	8		1	7			2	
				3	6			4

Intermediate 234

8	1			2				6
9				3		4	5	
5		7		9		8		1
			9			7		
		8		7			4	5
	7	3	5				8	
					2	6	9	8
1	6	2				5		3
3								

Intermediate 235

7	2	6				3		9
			3	1		8		
8			7					
2	3	7			9		4	8
4							9	
	9			3	5		7	
	6			7	1	2		5
			2					
9	8		6				3	

Intermediate 236

4	3	7		2	8	5		
			1	6	7			9
			3					
5	6			7		4	8	
	8			5			1	
	2		6	8			5	
				9	2			
	1					2		
3			7					

Intermediate 237

2	4						6	
5				8	9	1	4	
9	1				5			7
	8		4		2		3	5
7		5						
	9		1					
1			5	2	8	4	7	
				6	3	8	9	
		3		1				

Intermediate 238

7	5		4		9	2	6	
3					6	8		7
6	9					3	4	
	2					7		
4		3		9				
5		9	2		3	4		
2		4			7			8
	6			1		9	7	
	1		5					

Intermediate 239

6			1		7		9	4
1			9		6	3	7	
		3				5		6
2								
	1	8	7	4	9			2
		7		2		9		
8								
9	4	1	5	6			3	
5		2			1	4		

Intermediate 240

5	6		9	7	3	1	8	
4	8					7		3
							2	
		8			4	6		7
3					1		9	5
7	1		8					2
	7			5				
2			3					
8	5	4			6	3		

Intermediate 241

7		1				8		
8	4		3		1	7		
		9			7	1	4	
9				6		3	2	
	1	5		2			7	
2	8					6	9	
			8					4
			1	3	5			
5				4		9		

Intermediate 242

8	1		4		3	9	2	
		2	1			3	6	
			8	6				
	6			8		4	1	
	8				1			
		7	9		6	5		
			3		4	8	5	
2	9	5						
3				9				

Intermediate 243

8	2	3	4		5			6
	5			9	7		8	2
	7							5
3						4		
7	4	9	2	3				
2		8						
		2	6		8	9	7	
			7	2		8		
				4	9		5	

Intermediate 244

1		2		4		8	5	
8	5		3				2	9
6			8					4
7							8	
2	9		5	6	1			3
3					2	9		6
		7	4		8			
	8							2
9		1		5		4		

Intermediate 245

8			3	6			7	4
6	1			5			2	
	5							3
			4		8			
7		2		9			4	6
	9			2				
		8		7	2			
	4	6	1			9	8	
						2		

Intermediate 246

9					4			5
	8			5	7			6
		6		8				
4		8					1	3
					6	4	5	
	3			9			8	
3	4		2			7	6	8
7		1	3				4	

Intermediate 247

2			3			6		
	4	8		2				
7		3	4		8	1		
9	2							7
		1	7	4	2			
4			5					3
8	7	2	6	5				
		9				5		
5				3	1		8	

Intermediate 248

2		6	3			4		
	4			1	5			8
9	5				6			3
1			2					6
	6	2			9		3	
	8	3		4			9	2
			7	6			8	
	3	9		8	4			
		4	5	9				

Intermediate 249

9		6	2	1			4	
		7			4	9	5	
	8				6	1	7	
7			9		5	8	6	
		2	1	6	8	5		
		5		4	3			
6							8	
	7			8	9	4		
	3				1			

Intermediate 250

5					9	1		
8	6			1	4	3	9	
4					7	6		
6		5						
1	2			6	8		4	3
	3			2				
3		6					8	
	4	8	1	5	6			2
	5			7				6

MEGA SUDOKU
HARD

Hard 1

3					7		1	
			6	9				8
4	6		1		3			
7				5				3
	4				8		2	
6	8		9	1				5
8						9		
	7		5			3	6	
9				3		2		4

Hard 2

6			7		9			
				8	3			6
2	5						9	3
		5	1	3	6			
	3		2				5	9
8		6				1		
			6		7	3		1
				1		9		
7				5				8

Hard 3

4				7	5		3	
6							7	4
	9	1		6				
			9	4	6		1	3
9		2						
						7		8
5	3	9			4			
				2			5	6
2				8	9			

Hard 4

1						5		
	4	8		3	5		7	
7			4	8	6			
	9	3		1				
4		7						
	1		6	7	8			4
9				5		2		
	8	1				9	5	
	2						1	

Hard 5

7	6		5		2		8	
3		8	1		6	9		
				7	8		4	
4	8		7			5		3
9				2		6		
	3	2						8
				8	7			
6							7	
		9		3	4			

Hard 6

3			4		1	7		
				5	9		1	6
			6			3		8
4	7		1					
		8	9	3				
1	6	9	5				2	
								1
	1	2						9
	9	5	2		3		7	

Hard 7

7	4		8			1		6
			1	6		9		
			3	2		5		
6			7					
2	5	7						1
1				5	2		8	3
		2	5					
	8	9			1			
5	1			3				7

Hard 8

6			3				4	8
			6	9	2		1	
7				4		6		
		6					9	
		1		8	5			2
3	4			2			5	
2		3		6				
		9	1	7			2	
					9			

Hard 9

9	3	8		1		4		6
	7	1	5		9			2
		2			1			
5			7				1	
	6			4				9
6	2		4					
	4			2	3			7
				8				

Hard 10

3							2	
9	1		7	8		3		
2			1	5				
4	6	2		7			9	
		3	9					1
	5		3	4			7	
			4			6		
			5	3	8			7
8	3							

Hard 11

8	9	7	3				1	
	5			7				9
	3		8	9			7	5
	2					1	3	
7							5	4
			5			8		2
9	1				4			8
			2		6			1
5		4						

Hard 12

1					8	2		
7	3	2	9	6		4		
5		9			4			
				4		5		
3	6				5	1		
			8		3	6		
				9				2
9		7					6	5
8			3				7	

Hard 13

7	2		3	5	6		1	8
		6		7				
		8	9			5		
				1			3	
4				3	2		7	
		7						2
	8		6	9				4
5							9	3

Hard 14

9		5	6					
		3					1	5
4	7					6	9	
			9	1				
1	3	2						7
		7			3			
2		4	1			3		8
	5		4	8			7	
		1	5			2	4	

Hard 15

1	4	8				2	5	
7			1	5			4	
	5	6	8					
	9		2				1	
						9		
	2		4	9				
9					3	1		5
	8					6		
		1	7	4		3	2	

Hard 16

4			1	6		5		
	8		9		2			4
		7				6	1	
			5		3			
				1		3	4	
		5			9	8	6	
	4	9		2	6	1	7	
1	7	8				2	9	
		6						

Hard 17

9			7		5			6
1	2						8	
								5
	9	6	1					
4			9			6	1	8
						4		9
2		9		8		7		
5	7	3		1				
8	4		6			3		

Hard 18

2					9			1
		3			8			
			2	3	6		7	
5		4		2		9		8
						1	6	
		2			3	5		
7						6	8	
3	6		4			2		
4	5							

Hard 19

3	4		2			1		9
9	1					8		
				7		3		
7	5							
			3	6	5			8
8		3			7			
4						6		
	8	6		9		2	4	1
			4	2	6			5

Hard 20

8	6		9					
7				3	8		9	
9			2					
1				4	2	7	6	
	3	8				4		9
2							1	3
		6	4		9	8		
3		7	1					
	9					1		5

Hard 21

3	1			5	4		7	
4		7	6		8	9		
	8			1	3			
				6	2	3		
	7		3				5	
2			5			6		
		4				5	2	
8	9							4

Hard 22

4	6				2			3
	7		8	9		1		6
	9				6	4		
2		5	7				8	1
		8		6	5			
1		6	4		3		7	5
				5			1	
3						2		

Hard 23

6		7				2	8	
4			1	2			7	
	1		6					
1	5		2					7
	6	4			1		9	
	7	3				5		2
			7	9		1	5	
	9							
		8				6		

Hard 24

6					7		4	8
		4	6				5	
		5	1	2			7	
	3		2	9	8			
				6		4	8	
	7	2				9		
	6			4	2			
			5				9	
5			9	7	1			

Hard 25

3		6	5		8	2		
	4	7		3			8	6
	2			1	7	9		4
	5				1			8
8							5	
								3
				2		3	1	
		2	9			6		
				6	4			

Hard 26

4	2				6		1	
8				2		3	4	5
5		9						
6		4		3	8			7
	5							2
1			7	4				8
			3	5	1	2		4
							6	
	8		6	9		5		

Hard 27

8		3	9		6	5	2	
				5				3
4		6	7		3		8	
	3							8
9	8	5	2			7		6
1	2	7			9	4		
						8		1
3	6		5					
	7							

Hard 28

6	3		2	4	1			
7				3	6	4	1	
				8				
		6	9			7		
3	1					2	9	
	5				3			
2	8		6					
4	6						7	
			4	1	2	3		

Hard 29

3		6			7			
	4			8				3
7	2				1		4	5
	3	4			6	1		
		1	4	3			2	
9	5	2			8			4
			7			2		9
		7		1				
			8	6	3		7	

Hard 30

1	8		4	5				6
7	3	5			9			
			2		8		3	5
	9		7		2			4
5						6	1	
						8		
		9						
2	5	7	6					
4	6			2	7			

Hard 31

7					4	1	8	
6							5	
	8	3					9	
4				5	2	3		
	7			1	9	4		
8				3				
			3			7		
1	6	4	2		7			
5				6				

Hard 32

7	6		1			9		
9		8				3	1	
	5		6			2		
	7				6		2	3
2			3	7			5	8
	1				8	6		9
	3	1		6	7			
5			2	1				
				9				

Hard 33

6		8		4			7	
	2				7			
	9	1		5			4	2
8	3		9		6		5	
9			8	2				
	6				1		8	9
		6		8				
3					2			
2					3		6	8

Hard 34

3	2	6					5	8
			1			3		2
		5					7	
7	3			6				5
2							6	1
		8						
		3	4	1				
	5				8			
6	4	2		7		8		3

Hard 35

7	8	1	3			5		4
	5							
	3	4			1			2
	1	6		2	3		7	
	7						6	
			8					
8		7						
9	2		4		8		1	
	4		6			8		5

Hard 36

6	9		1				2	
2		7		9	6	4		
	1		5					
5				4		1	6	7
							8	
		2	9			3		4
9				5			7	
3	8	5						2
	7		8					3

Hard 37

9	6		5				8	
		8		2	4		1	
1								
	7	1						8
				5		9	2	
		6	7	8				
		9	2	4	3			
8	5						4	
4			8			3		9

Hard 38

4		6		2	5		3	7
							1	
		8	4					
6		7		9		4	2	
		1			7			
8						6		
			7					5
	8			1				
2	1	3	5		8		6	

Hard 39

5			9	8				
		9					3	4
7	4			2				
		4	1		5			8
1	9		2			4		
					9			
			4	3			2	
3	7					9		6
	2					8	1	3

Hard 40

4	6			8	2			3
7	2		9	1			8	6
	5			4		1		
					3	2		
5					1	3		
1		4	8	2				
	1		5		8			
					9		3	
			2			9	1	

Hard 41

4	1			6			7	
2			7	1	3			
								5
7			6	3	5		9	
	2	6			4			
5					1		8	
	4					2	6	9
6		9	3					
1	5			4				8

Hard 42

6		8	9	2		1		
1				8				4
		2	4					8
3	8		1					7
4	1		7			6		
9					6	8		
	3			7	5		1	
			3	1				
8							3	

Hard 43

8	6		4			9	1	7
		1				2		
							5	
6			5	7			2	
	9	7		6		4		
	8						7	3
	2			3			4	
	5	6	1			3		8
		4		9		5		

Hard 44

8			5			1		4
	3	7		6			5	2
		2	7			3		
	4		2					
			1		6			9
	2			7		5		
1			9	8			2	6
2		8		4			3	

Hard 45

8		7		6				4
			5		4	8		
3			9			7		
	7	8	6					
4		6		2			9	
9	2			4	8			
	5			1				3
1	8					4	6	2
7								

Hard 46

3			5	8	1			
5	6							
8		2		9				
					7		2	6
6	7		9				3	4
9		1			3		7	
				2			1	
1	9		3		5			
	3	4				7		

Hard 47

8		1					3	9
7		3	8					
			1	2				8
	1					6	4	
	7	4	3	9		1		5
3		6				7	9	
1	3		5	6	8			
					2		1	
	4							

Hard 48

1			7			5		
8	3	4		5			1	
	2				3		4	
	7		1	4				2
		9			2		8	
							9	
	6		2	9				
9				7		1		3
		5	6					4

Hard 49

7	5				9			6
			4	3				8
1					8		2	
		1				8		
		3			2	5		
9				4	5			3
6			7		3			2
	9		2					
4								

Hard 50

5			6		3		1	4
1		6	2	4			3	
	4		5			8		
6			8	1	2			9
		7						
8				9			6	
2		8					4	
3	6			5		2		
	1				6			

Hard 51

5	6	9	4					
8				5		7		6
2				8				
9		4			7		6	
		1		2			3	4
	2	5						
			5	6			2	
	3			4	2	5	7	
				1				

Hard 52

7	3					6	2	
		1			7			
2		6	3	8		9		
8					3			5
	2	3		9				
			8				1	
6		9		4			3	
				1	5	8	6	
		4	2					

Hard 53

2			5	7				
						5	6	
	8		9	3				1
	2	4	1	5				
5			3		7	4		2
	1	6	8				5	
		1			5	2	9	
		2	6				7	
		3				8		

Hard 54

3	7		1	8			6	5
	5	9						
		3	5	9	1			8
				2	8	9		
		7	4	3	6		1	
6						4		
	4	1		5			9	
9	3	2	8					6

Hard 55

7			1				6	
			8		5			
3		5		2				
5		9			1		8	
1	3	4	5			9		
8	7			3	9			
	9			1		8		6
	5					2	7	
2		1	7					

Hard 56

7	8	4			5		9	
	1		2			7	8	
2				7			1	
			3		4			2
5						4	3	8
		7		2		9		
8		9	4			1		
1								
			9	6				

Hard 57

3		2		9			1	6
		7	5	6	3			8
	4					7		
6		8	7					
1	5				4			
7					9	1		5
				4		2	3	
		1				6		
		3				9		1

Hard 58

4			5	1				3
		2	9	4	6			8
9		1						5
8			2	6		9		
				3	9			
				5	8		1	
		5		9		4		
1			4		7			
2		9	6					

Hard 59

8		6			4		5	1
	3		6			4		
	4		2	7	8			3
	9	7			5			
	2			6				9
						7	2	
			3	9			8	
7	8				6			
3		4	8			6		

Hard 60

8	9		2	6		3		
7					4			
2		5			3	8	6	
1	5	6			9		7	
						2		5
4		9			7			
			4			6		
	8						2	3
9	1					7		

Hard 61

4		7			8	1	5	
		5	2		4	6		
		3					4	
	8		6	9	3		1	
				7			8	
3	5		8		2			9
	6				9		7	5
2					1	8		
		4						

Hard 62

7								3
	8	1		9		4		
			7	1				8
		8	9	2	4			
	9		3				7	
3		6						
		9	8			3		6
			2	4	6	9		
	5		1					

Hard 63

1				7		5		3
	8	3	6		1		2	4
9							8	
		5	7	4			3	2
				3			4	
2		4			5			
	5			8	4			
7			3					6
		1	2					

Hard 64

5		8	3			4		2
6						1		5
				2				
2	4	9			7		6	3
						2	9	1
			8	9				
4		3	9					
	5	6						4
9			5		6			

Hard 65

9	5			1				
4		8	3	5			6	9
	2				9	4		
3			1			6	7	5
			7		3			
		9						3
		4			1		3	2
8	1					9		
				6				

Hard 66

2	1			3	5			
	7		6					4
		5	4	1				
6	8					3		
7							4	5
4		2			9	8		
9		8				1	6	
1	4				8	9		
	3							

Hard 67

8			5				9	
4	9						2	
6		7		9		5		3
9			6			3		
		8				4		
		3	4		8		5	
				7	1		3	2
	8	2	3	5	6			
		6						

Hard 68

1	3				9		5	
	5		1		2			9
6	8							
3			5		6	4	9	
	9					8		5
					4	1	3	
	6					3		
		1	2				7	
			7	5				

Hard 69

5				7		4		
	1	3		2	4			
		7	3			8		
		1		5			7	
7			9	3				
	9	8	1			6		
	5	4					9	
8				1		7		
9					2			

Hard 70

8	6	3	5		7	9		
					4	3		
1	4				2			8
2	5			7		4	3	
9		1	2			5	7	
						8		
		7	6		1		4	
	2	4	7		5			

Hard 71

9				6	3		1	2
1								4
		7				6	5	
8		1	6	2				3
					8		7	1
	2	9	1		4			8
						4		
			7		5			
			2	9		3		

Hard 72

5			1	2		3	6	
	3		5					9
2		4				8		
9				3		1		
	1	8	2			7		
		7	8	5				
	9	2	3				8	4
	5			8			3	
			9					2

Hard 73

7	5	3						6
				4		2		
						3	8	
		8		3	9		5	1
		6	1	8			9	
				5				
4		1			3		2	
8	7	2						
			6		8		4	

Hard 74

5		8	9	7		6		
9	1		8				4	
			4		5	7		
3					1		7	2
2		6					9	1
4						3		
	9	4	6					
7		3					6	
8				9	3			

Hard 75

5	1						4	7
		6	7		1		5	3
								2
		8	2		7			
			9					5
		9		6		1		
	8	5	6					
7		2		8		4	9	
9				3	2			

Hard 76

7	1			9	4	8	2	
4	6		1			7	9	
		9				1		
2								
	4		9			2		
8			7		3		6	4
9			3	7				
3		8					7	
			5	6	2		8	

Hard 77

4				8				
		5		1			3	
7	9		2			8	4	
	8				1			6
		7		2	8			3
				7		9		
3			7	4				
	1			3		6	7	
6		8					9	

Hard 78

4				8		6		3
5	6		7				4	
	9				6			
					7			2
	2	3		5	9			
	1	5	4			7		
8	4		9	3		2		5
1					4			8
		6						

Hard 79

6	7							5
	9	8		7				
1	4						7	8
7					5		9	3
	6			8	7	5		
5	8	2		3				6
	3				9			
9		1	2			4		
		7		5	8			

Hard 80

7					5			6
					6	3	8	7
6			7				4	
		6		4				5
	7		3	1	9			8
		9	5		2			3
3	1				4			
			9			2		
4		7	2	3				

Hard 81

3		1	9		5		2	4
		6			1	9	8	
	9			3	8			
	4	2	5				3	
7							6	
				8	2			7
					4	1		5
1		4					9	
	3			1				

Hard 82

2					7	6		
5								
		7	4	5		9		
	4		9				2	3
8	1	5			6	4		
			7					8
	6	8			2	7		
1								9
3					1		5	

Hard 83

9		4			6		2	
	8	5	7	3				
1						7		9
		9	4	5		1		
	1	7				2		4
				6				
5	9					3		
7								
	3		5		4			1

Hard 84

4	5	1			2		9	3
2	6				1	8	4	
9		8			7			
	4		9					7
				4				9
		3	1				6	
	1			6	3			4
3					4	9	2	6
						3		

Hard 85

9			5		7	2		8
5		2		4		1		7
	1			6				
6	2	4		8				
	7	1						6
		5	1	2		7	8	
	3					8		
		7	8					
	6				9		5	1

Hard 86

1	2	8	6			9		5
	3	6	8		2			
4						8		
					1			9
		5			3	4	2	
		4						7
				8	7	5		6
	8			9		1		3
				1			4	

Hard 87

3							5	
6	1	8	7					4
7		9					6	
1	2	4					8	
		7	1	4		2		5
8	3				2			9
				8				
2	9	3		6				
				9	7	1		2

Hard 88

9	4	6	2					7
				4				
8	5			9		3		
	2	8	3	5		6		4
3		5	6					1
	6				8			
5			4				6	
	9	4		8	7		3	
	1							

Hard 89

9		6		8	2			3
	1	8	3			2		4
			5				8	9
	7			3				1
				2	5			6
	2			1	8			
		5	8				6	
1	8					3		
				9		5		

Hard 90

8						5		
		2	1		5			9
				4	7			
7	8	9		5			6	
				9				5
4	6						3	
	7				9	1	4	
	3		4	7		2	9	
6				2		3		

Hard 91

6				3	5		4	
7	1	5					2	3
2			8					
8			6		4	9	3	
	4		9				7	
9		3						
3						1		
	9		1					
5				6	8	4		2

Hard 92

2	4		5	6			1	
		8	7					
6	9			2				8
1	3	6	2	5				7
4			6					
				4			5	
							6	
9			8	3		1	4	
3			4	7	5	8		

Hard 93

6			7			3		5
2					9			8
9		5		6	8			7
3		8					2	
				2		6		
1					5			
	1	2			3	7		
		4	1		6		5	
	6				7			

Hard 94

2	5		3					8
7				4		5	1	
4			9					3
		4	1				6	
				6	8		4	
3	8		7			1		
						6		1
				2			8	
	4			1	9		7	

Hard 95

7		6			2		1	
1		4	5	6		7		
5			7					3
	7						2	
3			1			6		
	2			8	4			7
	1		2			9	7	
				1	5			
			4			1		5

Hard 96

8				9			1	5
	4		8	6			9	2
	6	2			1			
		9			3			
4	1							8
	3					7	6	1
			4	3		1	5	
	9	6				4		
				8	9			

Hard 97

3				2	5	9		
	5	2		1		7	8	
9		8	3					
2					8		7	
5		1		9	4			8
			5			2	1	
			4			8	6	
	2		6			3		
1							5	

Hard 98

9	1		7	4		8		3
	7		5			6		1
6		8					4	9
		9	3	5	8	4		
	8			9			7	5
								8
		6		2				
3								
			8	3	1			

Hard 99

1		5	2	8				
4						5		
6	7	9			4	8	3	
				1	2		7	8
			5		8			
	1		3	9			5	
			6		1			
3	6			7				9
	4						1	

Hard 100

3					1	5		8
		4		2			7	
2	7							
						6	1	
	9	8			2		4	
7		3				8		
		6				9		
4				5	9			
			2	3		1	8	

Hard 101

4		1				5		
2								7
	8	9	2		6			4
			6		4			
	9	4		1			2	
5	2		7			3		
1			9		7			
6	7	3		4		8	1	
		2						

Hard 102

1			9					
6			5			9		4
					3			
5		2				1		
3	8		1			2		6
				3	7			
	6		8			3	2	
				6	1	7	4	5
7				9		6	8	

Hard 103

6	5		7		3		1	4
	7	8	2	1				
9			4		8			7
	9					4	5	6
	8	5			9			3
				7				
8				3	1	7		
	4	9					2	
				2				1

Hard 104

1		4			5	6	9	
		6	9	4	7	1		5
7							3	
		7		9		3	1	
	1					5		6
3		5	1					
			3	6	9	4		8
	4	3		5		9		
6								

Hard 105

3	2	6	1			5	8	
				5	8			
4		5	3					
		9			1		2	
6					3			
	1		8	9		4	3	
7			9			8		6
8	9					1		
1		4				2		

Hard 106

4			5			7	1	
		3		6				9
	7				3	2		6
2			1			9		
3		5	8	4	9			
					5			1
			3		1	5		
	5							7
		6	7		8			

Hard 107

2	5		3			6	7	
	6		1			4		
7		4		5				
1		7	4	6	5			
	9	5			8			6
6						7	4	
3	2	1			4			8
						3		
	7		6		1		2	

Hard 108

7	8	5	1		9			
	1			4	8			
4								1
5	7		8			9		3
							2	7
	3	9		6		5		
		7	6	9				
8	5	1						
6			7		1	3		

Hard 109

1		7			2			5
		9					4	8
3	6			9		7	1	
		2	1	5	3			4
		6			4	1		
5					9			
	7		8			5	9	1
		8						3
9			4					

Hard 110

5		2	9	6			7	
	4	9		1		8		6
		8					1	
	5	6		8	9			
					3	6	2	
				2			8	
7					4	2		
			1	5			6	
	8			9				

Hard 111

8				6			1	
6	1	7	5		9		3	
			7	1			5	
					5			9
2			9	7		4		5
	7						2	
4		1	6		7	3		
		5			4	7		8
			3	8				

Hard 112

8	9		1	3		2	4	
6				8				5
			9	2				8
							2	4
	1	7				9		
				7				
			8					9
2	4		3	6	7			
5	7						3	

Hard 113

7	5	3	6			4		1
4					1		6	
	1	6		3	4	5		
	6	4	7			9		
	7	2						
3		5					8	7
		7	8		2			4
2					7	8	9	
				1			3	

Hard 114

2		6		1			5	8
	9			3	8		6	
	8	3	5	2				4
4						1		3
		7		5		4		
		1	7					9
		9						2
		2				6		
6	1					7		

Hard 115

1	9			8	6	3		
2				9				
	4		1					
3		6					9	
		7	3		1		5	6
	1		6					7
5	6			3		4		
		4	8				1	
	3		4					5

Hard 116

6	2			4			9	3
	4		6					
7		1	9		3	6		
8		6	1		7		5	9
4						1	6	
9							3	
				7	9			
		8				7		5
		3			4			

Hard 117

4	5						2	
	7		8			4		
1			9	4	6	7		
			1					
7					4		9	6
2			7	9			1	
	2			7		6	3	
				2			7	4
9			6					

Hard 118

8	4	5	3			9		
2	6			1				
		3			8	2		7
	5			9			6	4
3			6	2				9
			1		5			
4					6	3		1
		9			1	6		
			7					8

Hard 119

5	2	1	9	7				
					1		7	
7	4			6		2	1	
	8		3	9		4	5	
		3	8	1				
						9		8
	3		2	5			9	
		7	1		4	3	6	
		6						5

Hard 120

8	1	4						
					7	8		1
	5			8	1	9	3	
9	8				3			
		7		5		3		
		6		2			8	
1		8			6		9	3
2			4	9			6	8
				1				7

Hard 121

9		5	1				4	7
4								1
6						5	8	
		3		2				
		1			4	7		
2			5			3		
	8						2	
3		4	6	1	2			
5	2		8	3			1	

Hard 122

5		9	6			2		
			5				8	9
2		4	7	3		6		
	2			4	6	7		
		1	8					6
	4							2
	9							
3							9	7
		8	3					5

Hard 123

9	1	8		2				
		5	3			7		9
	7			5			2	
8	3		9				1	
	9		2					3
					8	4		
4				8			7	
6	2				3			
		3			2	5	6	

Hard 124

7	2			8		5		
								8
	9		5					4
				1		2	3	7
	8				3	9	4	
3	7	4			6			
2		9		4		3	5	
	1		2		5	7		
					9			

Hard 125

3		7	8		2			5
6	9							
5				6				3
	1	4	5					
	3		7		8	1		9
	7							
						5		
1			9			7		2
		9	1		3	6		8

Hard 126

1			5			6	9	4
			1					3
3	4				9		8	2
	5	7	4	1				
				3			1	
2				9				6
4					7		2	9
			3					
7	3	8			1			

Hard 127

3				9		8	4	
	5	7				9		2
8				4	1	3		
	7			6				4
					7			3
6			4	1	9		7	
	4		3			2	8	1
				7	2			5
	3							

Hard 128

9			7	8				
5	7	1					8	
2								9
		2	5			6	1	
4		6				9		2
	1	3		6	2			
3			1	5	6	4	9	
6	8		4	3	7	2		

Hard 129

3		7			2	1		
9	1		8	5				
2				1				6
1	9			8		5		
	3		1	7		6		
		8					4	
				9		4	6	5
		3					2	
	4				6	3		

Hard 130

3	7	5		4			8	
	6				2		7	1
					7	9	4	
	8	3	6				2	
			5					
	4	7		1	3		6	
	3			9	6			4
6				8				
	2			3				

Hard 131

9				5	8			2
3	6	2		4	7			
				2		9		
1		6					5	
			5	8	3		1	
	8		1					9
8			2		4		3	6
						8		
	3	4						5

Hard 132

1	6				9			4
7	5			1	8	9		
	9	2		4			6	7
6		1	9	2		8	4	
			4	8				
		8				2		
			8		6		5	
4		5					1	6
2								

Hard 133

7	4	1		5	9			2
						9		3
9			6					7
1	3	9	8					
4						5		
	8	5	4		3			1
	9	2						5
			5		6	8		
6		4		3				

Hard 134

5					4			
			5					
	8	9	6		7		1	
		6		2	9			
1			3			4		
	5				6		3	7
7		4		8		3		
8	6	3						5
	2		4			8		

Hard 135

4	9	6			3	7		2
				4				
		3	6			4	5	
	5	8				2	7	
9		4	1		5	6		
7	3		8					
8				6		3		
		2		7	9		8	

Hard 136

9							2	6
		6			1	7		3
2	7		3		8			1
				5		9	7	8
	6			2				
3	8	7						
	3		9			1	8	
7			1				5	
		2						7

Hard 137

5	6		8				2	
7	3	1			4	6		8
	8		6					
1					8			6
			5				3	
	7	6	1				9	5
8	5		4					9
		3	9	7				
		4						1

Hard 138

3	2	8			9	4	7	
4				1				
7					2		9	
6	3		7				1	
	4		1		3	6		9
			4		8		2	
	5		9				6	
			5			2		
	8							

Hard 139

8	1	6		7		9		4
	3				4			8
		7	8	9			6	
2					6			
3		8	9		7	1		
				4				9
5		3				7		6
		4			5			
			6					

Hard 140

6	4		9					5
1	9	2		6	5	3		
			2				9	
							5	2
	8	7	1					
4	6			9		1	8	
					1		6	9
	3	6	5					
5	2							8

Hard 141

2					5	6	3	
	8			4	6		5	7
						4		
			6	5			7	
	2	1	7	3		8		
	7						1	3
	5							9
8	4	6	3		7			1
		3		8				

Hard 142

6	4	8	3			1		
	5					7		
		3	8		5			
2			1	6	9			
3	1		5				9	
	7	5				4		6
			9		3	2		
					4			
5	2	7	6		1		4	

Hard 143

9	6	2		8				
3					5	4		
	7		6		3			2
				3		1	2	4
8	2					5	9	
				5	9			
7	8		1				5	
		6		7				
	3	9						

Hard 144

2	3	8				5		1
4	1			8				
				2	3		4	
						6	3	
	8				6			2
5	6				7			
6	2			7	8			4
7						1	9	
			5					

Hard 145

1						7		3
	2	3			7	8	4	
	7							
	8			7	3	1		
		7		4	5		3	
	4		2	1				
			9			6	8	
	9				8		2	
8	6			3				

Hard 146

5				8		9		
8		3			4			2
1	4	6			5	3	7	
3		7			2			
	6	4						5
2		8						1
			2	7		6		
		5		4		1		
7					1	2		

Hard 147

3				1	2			
	5	4						
2		1			8	5		3
4				7	1	6		
5		2	8		6	7		9
		7	9				2	
6						9		
	4	9	3					1
			7					

Hard 148

1	2		4	6			5	
9		7					4	8
		5			1	7		2
8	9							5
		3	9	1				
		6		5	8			7
		2		3				
3					9			
			2				3	

Hard 149

6		1	4				2	
	9				2			
4		2		6	5			
7	4					3		9
	8			3		2		7
				7				
9						5		
	6	4				9	8	3
	5	7	8	2		1	6	4

Hard 150

9	5	8	3		1	4		
	1			7	4	6		
6				5		9		
	3		8				2	
		6				1	8	
	8							
		3			9			5
	6		7	2	3	8	9	
8		7	4		5			6

Hard 151

2		1					4	
	5		9		6	2	7	
			4	8				5
7			8		1	4	9	2
						7		
				5	9			3
5		3				8	2	
	6						3	9
9			5	4	3			

Hard 152

6		4			9	7	5	1
			1		4			
7	8			3				9
9	4						6	
8			6					2
					3		8	
	9		8		2			4
1								3
	6			1				

Hard 153

9	3					1		
	5				6			
	8	2				5	7	
		9		5	1			3
		8	3		9			4
	2	6						5
			1	3		8		
	4	3		7			9	
2	6			8				

Hard 154

9		8	1	6	5			
					8			2
	6				4	8		
	8		3					
2	4	3	5		7	6	8	
6			4					
4			6			7	1	
7		1				9	5	
	5		9			2	3	

Hard 155

4	6	3						1
7				4	2	3		
			8			4	6	
	2	4				5		
5		1		3	4		9	
				5				
			3				4	
2	4	6	1	8	7			
						8		

Hard 156

8	1		5	6				
	7		4				6	
	5							
			8	1			4	
6		7	3		5	2	8	
						9		
			1	2	7	4	3	
							2	
9				3		1	7	

Hard 157

7			3			4		
4	9	2		7		6		
8							5	7
	2	8		6	1		3	
9	1		2		7	8		
6							9	
			7	2	3			
			4			3		
				1	5		4	

Hard 158

7		5	9				4	8
3	8				4			2
			1			3		
1						7		
5				4	1		3	
	3	2		5				
9		8				4		
	6	7			9			
4	1		8					

Hard 159

7		3			5	2	4	
			9		6			1
				7				5
2			1					
1			4			8		3
8						9		
3			5		1		2	
5		4		2		1	3	
		2			7	6		

Hard 160

4		8		5	9	3		1
		7			1	5		8
		6	2		3	9		7
2	6	1		9				
							9	
5							3	2
3	7	4						
								4
			6	1			5	

Hard 161

9		1			2			3
	2				4	6		
			1	5		7		
	9	6		1		2		
	4							9
3						1	5	
6					7	3		
	8			9				7
4				6			8	1

Hard 162

7		4		1		8	3	
2		6	7	4			5	1
	3		6				4	
					7	5		8
				3				
					2		1	4
	5		9			7	8	3
			1				9	
		2						

Hard 163

6			1			8	4	
	1	4				5		
3		7	6					
9		2	5	7			8	
	7	3		6				
					2		3	
7		5				4		8
	4							
2		8	7		9	6	5	

Hard 164

6	2	4		1	8		3	
				9			1	2
8			7			4		
		7					2	
		8	9			6		
	5		3					
4		3				2	6	
	7			3	6			8
	1			4	5	3		

Hard 165

8		1		7	3	9		4
			1			8	3	
7			8				6	
	7	9	4			2		3
			3		7	1		9
	1			8			7	6
6		3		1				
	5				4			
	4	7						

Hard 166

1					9	8		
3			2			5		
	8	9		4	1		2	
8				5			1	
2		1		9	7	3		
		7			3		4	
		5			8			
	1			7	2		6	
				1		2		9

Hard 167

2	3				6			9
		6		8		7		3
	5	7	1					
			2	6	3			
							9	2
4	6			5				8
5	7						1	
				2				7
8		4					6	

Hard 168

8	3		6				9	
4	7		5				2	3
1							8	4
5				3				2
				6				8
			7	4	5		3	
		5			8			
2	6				7			
		1	2					

Hard 169

9		8				1		
		2	7				4	9
5		6					7	
	2			5		4	6	
		1			4			
8	3		1					7
		7				6		4
			6		8		1	5
			2					3

Hard 170

1	7				4	3		6
9				1		8		
	5			7		4		
	6			4	9			8
				8	5			
		9			6		2	
6					1		3	
		5				1	8	
		2	3	9				

Hard 171

7		9				3		5
	3				8		1	7
						4		2
3	7		6			2		9
4					2		7	
8	9		7		4			
5				2				
	2		5	1	6	7		
			9		7			1

Hard 172

2		3	8		5		1	
5		7	9				2	
6	8							
		8		4	9	5		
	6			3		7		
3	1		6	7	8		9	
	3		7					6
	7	6	3				4	
				8				

Hard 173

3			1				5	8
2	8				4			3
	4			6	8		1	
	5	4				2		
8					6			
			4	8				
		9						6
		7		1	2		9	
			9			5		

Hard 174

3				9		4	7	
4	5	7	1					9
	1		7		6			
5							8	
7	8		9					2
		4	6		3	5		
					5		4	3
6	7			1		8		
		5				9		

Hard 175

8		2						
9	6		5		7			
7		1	8	2				
	8	4			5	7		
2			6	3	4	5		
			7					
				5			6	
3						8	4	9
6	9			4		1	7	

Hard 176

3	2				6	9		
5					1		3	8
6		1					5	
7						5		4
	3	2	4	5				
			8		9		7	
9			7	3	5	8		
		5						
	8			6			9	

Hard 177

8				1				
4				7		1		3
		2	5	8		4		
					1		7	6
5	3				6			4
						9		
1	2	9			7	3		
		4	2	5		7	1	9
		5						

Hard 178

9		3				1	5	
1								8
	6			4			2	
		4	8		7	5		
			2	3				
3	8	1		5	4	9		
8	7		3	9				
					1			
		5						

Hard 179

4			3	8				
			1		5			8
	9		7			1		
	3	6						1
	7				1			9
8				7	2			
		3		1		6		
9	4	5		6	3			
				4		9		5

Hard 180

9	6				7		3	8
		2	6	9			5	
	7	5			2		9	1
5	3		7		4			
6				2				9
2					1			
		6	1					
7	9				8		6	
	5	1					2	

Hard 181

5		4	6	8				3
		9	5	7				6
8			4			7		
4		7						
	3		7		5		6	
		2	1			4		
		6			4		5	7
							8	
	2				6	9		

Hard 182

7			9	4	5	8	2	
		8						7
5								4
			3			6		8
8		4	7	2		9	1	
6				8	9	2		5
1	9				8		5	
	7	2						9
						4		1

Hard 183

4			5				6	
	8	1	4	6				
3					2			8
		4	2		5	7		6
		9						5
			6	4		3		1
5		3	1	9		2		
6								
					4			3

Hard 184

1	8	5	7	2		6		4
					4			
	9	2	5	3				
	2			4	7		6	3
			9		3		4	
	3						7	
2			4					
	6							
3				1		5		

Hard 185

8	1		7		4			
		4	9	5		3		8
	7					1		
7			4			6		
4				3				
9	6		8					3
3		7				5	4	
			2					
		6	3		5			

Hard 186

2						8	9	
3				6		1	4	
	9	1		8		2	5	
6		5					2	
	7				2			9
8								
				4	8	9		1
		7			5	4		
	8	4	9	3		5		

Hard 187

9			8			1		
6					5		9	2
7						3		5
		2		6	3	5		
				5	8	4	1	9
						2		
8					2			
1	6	3						
		9	1				8	

Hard 188

8	9			1				7
5	6				4	9		
4			8		3		1	
		9	7				3	
		8			2			9
				4	8			
3	5					1		
7						3		6
	1			8	5			

Hard 189

1	2		9				4	
	3				5			7
8	7		1	2				9
2		7			4	9		
			2	7			6	1
			5			2		8
	9	3						
6					1			
7	1	2			9	5		

Hard 190

6		9	5			3		
	4		6	8		7		
				2	4	1		
	9	6			7		4	2
7						6	8	
				5				7
9			2					
		1			5			9
	7	8	3					1

Hard 191

7	2		9		6	1		5
	8	3	7					
6	9			4			8	
		2	8		7			6
4	6		5	2				
8	5							1
			6			2		
			2	7				9
	3					4		

Hard 192

5						3	1	
1			9					8
4		8			3	9		
		4				1	2	
6	2		1			7		
			4		5			
	5	7	6				3	
		6				8	9	1
				9	2		6	

Hard 193

2	5				8	4	7	
3				5		8		
6		7	1					
	4	3				5		
				1	7			
	9	2			6			
			6					7
	3		2				8	
				8	1	3		4

Hard 194

9			2					
					9	8		
3	2	8	6				4	
				9	2		7	
	3			1	7	6		9
	9	7					5	3
	4	5					3	6
2	1		7	6				
					3		2	

Hard 195

1			4			2	3	
		9		6	1			
		8		7			6	
2			6		5		4	
5	8						9	
6		7		9				
4		5	2					6
					6	4		2
							5	3

Hard 196

8			5			9	2	
4	2			3	7		8	
					2		4	
				7	9		5	
	4	7	1			8		
1							9	
7	8				5	6		
	6	2				5		
		1		8				

Hard 197

4	8	1		6	9	3	7	2
	6					5		
2		5		8		9		6
					5			
6								
	1		7	3	4	6		
		3				7	1	
		7		2	1			
	4		8	5			3	

Hard 198

8	7	2	9		3			
	6		5		1			
	3							
5	8			9		3		
			2					
7		1	3		4			
	1					8		4
9				2	5		7	
		6		8				2

Hard 199

1	9		5	4			6	
		2		9	3		7	
		6				8	9	
		8				4		
9		4	1					7
	6		7					
	4						5	
8			3	1	9			
2	3	9		5				

Hard 200

5			6	9			4	
	9						6	5
				8				
1	3	8				4		7
6			5	7				8
	2		8			3		
	7		2	4	1			
								4
		3				2		

Hard 201

9			6			1		
3	5		2			4		
6					1		7	8
		7		6	8		3	1
5	3	2		7	9			4
8					4		9	
	6							7
	4							2
2	8							

Hard 202

4			7			5		
5				9	1			2
9	1		6					8
					6			7
6					2			
2	8	9	4					
					9		2	
8				3			9	
3				8	4			5

Hard 203

1	5		6					9
	8			4				6
	3		1		2			
		3		1			9	
		1		7	3		5	4
	7						8	
2		5	4	8		9	6	
		4	5				2	

Hard 204

4	3		9			2	6	
						9		
9		7			8	1		
		6	5		2			
		9				3	5	
1	4			6				
7							2	
		8		1				
2		3	7	9	6	8	1	

Hard 205

8			9				4	
				1	6			8
3					7	2		
5								4
		2				5		
4	7				3			
	8		7		1		3	
	5	7		6			8	
	9		4	5	8		1	6

Hard 206

7			5		8	6		
1	3		6				8	4
8			1		4			5
5			2		3	7	1	
							5	6
	9			8			2	
		3	8	7				2
2	5				1	9		8
						1		

Hard 207

5	9	6	1		7	8		3
3							9	
				6				5
9								1
			5	2		3	8	
	2		7	9			5	
					3		1	
1		5		7				
4			2			7		

Hard 208

1						2		
		2		6				8
		7	9		3			
	5			8				4
7		3	6		2		5	
	2	1		4	5		9	
				3	9			
5							3	
3	1		2					

Hard 209

7		4			5	9	8	6
	9		7				2	
6			4					
	3				8			2
1	2					7		
				3				1
8							7	
			5	1		6		
3	6			7	2	4		

Hard 210

7			1			8		
		9	7				6	1
6			4	9	2	3		
			6	5		4		2
8	4				7		5	
			9	2				
	7				6			
5	3	8				9		

Hard 211

8	9	3					1	5
		4					3	
			7			9	6	
		6			3	1		
5					7			6
	1	7	5			8		
	3		9	5			2	
2								3
		1		8		6		

Hard 212

4	1	3				9		7
2					9			
		8		2	3	1	4	
	8						9	3
	4			6	1	8		
					2			
6	3		5				7	1
			6				8	9
				1	7			

Hard 213

2							9	
	4				2	1		
		5		8				6
	2		1			9		5
1		9			8	6		4
	8			6				
4	3			7			2	
	5	7	9		4			
	6			1	5	4		

Hard 214

7			1					
			5		3	4		
3				7		9		
9	5	7			6		4	
4				3				
1			9		2		7	8
	7	1	3	8			5	
	3					7		9
		8		5			2	

Hard 215

1	2			3			4	
	5	6			8	1	9	
		8	6		1			5
2		7						
			2			3	6	9
	8				4			
7		5			9		2	
		2						
	1			7		8		

Hard 216

8			9			4	2	
	7	9						1
3	4	5						
	1				4	8		6
					1			
5			2	3		9		4
		8		2			6	3
								8
1	9	3			8	2		5

Hard 217

1			8					
7	3			4	2		1	
8	4	2	1					
				7		9		2
9	6					3	7	1
			3	9			5	
			2				3	4
		9				7		
4	8	1		6	3		2	

Hard 218

6		1				5		3
2		3	5			8	6	
				7		9		
	4		3	2	7			9
		5	4					
								6
		8		9			2	
			7	6			9	
	6		2					8

Hard 219

3			9			4		6
4			1		5			
				8			1	2
6	9				7	5	3	
		8		5	9		2	
7			3		8			
		7				8		3
9	1							5
	6							4

Hard 220

5	6			7			1	
			1	4		6	3	
9			5			2		
			2					4
	7			5	4			
3			6	9			8	
4				1				
	5	7					9	
	1	2		8			7	

Hard 221

7					5			6
			9		6	4	2	
	2			8	7	5		1
8	7		2			6		
			3	5				2
3	5		6		8			
				9	2			
		1						
	6		8	1		3		

Hard 222

7					3			
	8					1	7	5
2	4					6		
	7	4	6	1				
6			8					1
			2	4		7		
3		9		6			2	
		7			8			
	1		9	7		5	4	

Hard 223

7		3		1		6	2	4
9		4			6	1	3	
1			2	3				7
	1							
	5	7	6	8	3			1
		2						
5		6		2	1	3		
	3		5	6	7	2		

Hard 224

5	7			8	4			
	4		6					1
		9		2	3	4	8	
8		4		7	6		1	
3			9			8		7
6						9		
	3	6						
7		5			2	6		
			3			7	4	

Hard 225

1	4		2			8	7	
5	6				3			
					7			3
					4		3	
3						6	9	2
	9						1	
	2	8		3		5		
7	1	5	4		6			
6			8		1			

Hard 226

3					8		4	
7				4	5		9	6
1	9							
8	3			5				1
6			2			8		7
		7	3			9		
	1		4	6	7		5	3
4				1				
	7		8					

Hard 227

4		1			7			2
		7	9			8		4
	9	5					7	
						4	2	
				4	2			
		8	6	7		9		5
		4		1		7		3
3	7	2		5				
1								8

Hard 228

1	3		8	2				
	8			1	3		2	4
6		7					1	
				3			6	
		6			4		3	5
	4				5			7
8				7		3		
	5	1	6		2			
		2		9				

Hard 229

1			2	7		3	6	
8				5				
7	2				6		9	1
4				1			2	7
	7	2		9		1		
			3			4		
6	4						1	9
	1				8	6		5
						7		

Hard 230

8					2	5	7	3
4				6	8			
2		3		5				
3		2			4			
			2	7				
	7	8		3	9			
		6	9			8		
	3			4	5		6	
1					7	3	5	

Hard 231

2					7	4		
	7			8			3	
		8	2		6			7
	2		3		8	5		
				9		8		2
			4	5				6
8						9	1	
9	5							3
1			6	2			8	

Hard 232

6			2					
	7	1		3			8	
2	8		6			5		7
1					5			
	5			1		4	6	2
	9		4	6			7	
					7	6		
5		8			6			3
				5			9	

Hard 233

5				7		8		
				6	1	5	9	
2			8				7	
4		2		9				
		3						5
7	1		2	5	8			4
				1			3	6
		5			4	1	8	
	2		7					

Hard 234

8		5		1		6		
2	6		4					
7		4		2		5		
6					4	7		5
5			6	3			4	
		7			2	9	6	
		2	3		8		5	
1		3					8	7
				7	1			

Hard 235

6		5	4				2	8
	7	1			2	6		5
		9	5	6				
		3		2	9			1
	8	2		4				9
					5			
1		7		5			9	
2				8	4	1		3
	9		1	7		2		

Hard 236

4	2			3		1		
			7				9	4
9		7	8					3
			2	5				
8	7	1						
		2	6				4	
	6	5		2	7			
		9		6	3	2		
		3					7	

Hard 237

8	6		9		3	1		
1		9	2					
2				1				9
6	5						9	2
		1						5
	8	3				4	7	
	9		8		5			
4	1	2	6	9			3	
					2		4	

Hard 238

2		8	9					6
	4	7	5			9	8	
								4
4						6		5
9	3		4	1		8		
					8			
6	5				9		7	
7						4		8
	9		3	7				

Hard 239

3	6	4			8		7	9
				1		5		
			6	7			2	4
		8	3		1		5	2
			7			9		8
5	4							
				6		2		
		9	4					3
8	1		2					

Hard 240

3	6	4			8		7	9
				1		5		
			6	7			2	4
		8	3		1		5	2
			7			9		8
5	4							
				6		2		
		9	4					3
8	1		2					

Hard 241

9				2	6		8	7
4				3				
	8		1					
3	2		5	8				
				4	2			3
5		6		7			1	
8							3	4
			8	6	9			
	7	1					9	8

Hard 242

3	7	5					8	
	8	4	3	1				
9		2		7	8			4
			4					3
2		8			5			7
	5	9	6					
	9					1		8
1		7				2		
						4		

Hard 243

9		8					4	
	1				8		7	
2	4	5		9	1			
6	3				4			
			8			9		
5		1		2				
		3	6			8		
	6		2		9			
4					7	6		

Hard 244

1			5				3	9
3				2			5	
5	7				4			6
		2	4	5				3
				7				
4	9		3		1	2		8
				9	5		1	
2						7		5
				1	2	6		

Hard 245

8	1		9	2				5
				5	3			6
	4			7	8	9		
2		9			6			
	5							
				3	5			
4						5		
5		8		1		6	2	
6	3	2		8			9	4

Hard 246

1	9					5		
2	3						6	7
4		8	1	5				3
7			9	2	4			
5	6	4	7		1	2		
6	8		5	1		7		
			8					
		7	6			8		

Hard 247

3	1	6		2				
		4			7	3	2	
				9	5	6		
2			6	8			9	
	8	9	7				4	
	3	7					6	
4		2		1				7
5	9							
			5					

Hard 248

4	5		3	8		2		1
8	3			2		9	4	
6					7	8		5
9					6			
3			5	7			9	
		6	1					
	8							
		9		4		5	2	
				5	1			3

Hard 249

2	7		9		4			8
8			5		3			
								4
						2		
1	4		2		7	3		5
6	5		3	4			7	
			1					2
			8					7
	8	5		2		1	9	

Hard 250

3	1	7	6			8		
			3	5				2
	5	6			8		1	
		2	5	3	4		9	
	6			2		3		
4		3			6		5	
							7	
6			7					1
8		1		4				

MEGA SUDOKU
EXTREME

Extreme 1

2								1
			5		9		7	2
4	9			3		5		
5					4			
	1						4	
	8			5	1	2	6	
	3		7		5	6		9
9				8				
	4			9			2	

Extreme 2

1	6			8				
2							7	1
3		5					9	2
8	2	6		4	5			
5			3			1		
			8		6		5	
6		1						7
		2	5			9		
9	8				1	5		

Extreme 3

7						2		5
4	9				8	3		
		3	9					4
						6		
	1	6	5				7	9
			8				1	
	6		2			8	5	
					4		3	
2			3					

Extreme 4

9	8	6	3		1	7		
					7			
						6		
	5			7	4			
		3				5		
		7	2	5		8		
6	1						8	
	2	8					6	
	7		6	2			3	

Extreme 5

7			2	8		9		6
			3	1				
2		6	9					
	7		4					
6	2						7	
		9		7			1	
	4	1		9			8	
		7	1	3	8			
						7		

Extreme 6

3	5	7	9	6	1			
6			7			3		
		2		4			9	
	8				6		2	
	2					1		
1		3			2			
				5			3	
	6	9	1	7		2		
5				8			6	9

Extreme 7

4				6	3	7		
				5				
9					8			
	6			4		9	7	
3	8		6			4		5
5	7		3					6
		3		7			4	8
		1	5	8				2
8			9					

Extreme 8

4		7					8	2
6	8	1	5				9	
				6				
	1	8		7		3		
2	4					1	6	
			9				4	
	6							
3		4				2	1	6
			3					

Extreme 9

8		1				9		6
9		6	5	1		7		
	3							
					9			
		4				3		1
	7			2		4		
4			3	5			7	
6			7				4	
7			6				8	5

Extreme 10

4			3	6	8			1
	2		9	4		3		
8		1						
		8	5	7				
	9		6		2			
6		7					9	
9		2		8			6	
				2				
3		5			6	7		

Extreme 11

7	8		4				2	
		9	3	8		4	5	
			2		7	6		9
							1	8
				7		9		
		3	8				4	6
	2	7		3			6	4
								2
4	1		9	2	5			3

Extreme 12

5					4	7	8	
		7		5		2		3
8							9	
			2					4
9		1		6	5	8		2
	5	8						7
7								6
		4		9				
3		6		1		5	2	

Extreme 13

4						8		
		1		5	6	7		
	2		8	9				5
9	1	4			7	5		
			6					
	7		1			3		
	3			6	1	9		
8		9			2			

Extreme 14

5			2	7		4		3
1	2					5	9	
			8				1	
						9		
4			9		3	8		5
	8	1		2	5		4	
2	9			8				
		5		9				
		3			7			

Extreme 15

7		9				6	8	
							1	
1		5	6			7	9	
2			7			9		4
		4	1				3	
	6		3		4			1
			2		1			
3		8	4					
	9			7		5		

Extreme 16

5					8			9
	8			6				
1					4	5		
				7	1			
8			3			9	2	
3								1
9		5	2				8	
	7					2		
		2	5			4		

Extreme 17

1			2	9	5			
				6		8	5	
	7	9	3					
3	5				9	2	7	
	9		4	8	2			
	2							
						3		
			7	2	4	9	1	6
					1	5	2	

Extreme 18

8		5				2	4	
			7				5	3
7	1					9		
1					8		7	9
	9	8		6				5
	6		4		2			1
4	5			2			9	
6		3				8		

Extreme 19

2		8					7	
	7		6			8	2	4
1								6
				9	1		4	
4		6						2
		2				3	9	
6	5		8	7		4		
3		1	9	5				
		4			3			

Extreme 20

7					6			9
		3			7		4	
	5						3	
	4			1	5			
9	6	2	3					
1			2			3		
	7							
6				8				2
	3	8		5	4		9	1

Extreme 21

3		8		7			5	
			8		6	7	4	
		6	2		4			
	5			4			7	3
				1		9		6
		3			2		1	5
						1		8
		2		6	8		3	
		4			5			

Extreme 22

8	2	6						5
			2	8				
	4	5	1					2
				2			6	7
	3				6	8		1
	7	9				4		
							4	6
		7			1	3	5	
			7					

Extreme 23

6			4				2	
				6		8	1	
				9	3	6		
7	9		6	1				2
							8	1
5			2				6	
	1					4	3	6
	2		8					
9				5	4			

Extreme 24

9	4	8		7			2	
						4		7
	3							
	8	5	6					
	9		5		8	3		6
				1		2		
6					5	1	8	
7		9	8	6		5		
				9	4			

Extreme 25

7	5				9		6	
		3					5	7
		2	5		1			
	2		6		4		3	
				9		2		4
	7		2				1	5
				6	3			
	6		1				4	
5	1			4				

Extreme 26

2								
	9	7	5				1	
		6	7		8		2	
8				4	9		5	
4						3		
	6	9				8		
			9				7	3
		4				6	9	
		1		7		2		

Extreme 27

2			6		1	7	3	
	3							
	5			4			2	1
	9					3		6
	1		9		8	4	7	
		4			7			9
1			8	7	6			
8	6					2		
			2	1	3	6		

Extreme 28

9	1			2		5		
		2	5			8		
4		8		6	7		2	
		9		1	2	6	3	
			6			1		2
					3	4		
				4	8			
							8	
8				3	5	2	9	

Extreme 29

8	4			9				
			3		2		6	5
6				7				4
			6	5	9	7		
		9					3	
2	7	4						
3			2		1			
	8	1					5	
7								

Extreme 30

1				6	3			5
8	3						7	9
				8				7
	4	7		2	5			
		6			7	1		4
3		8	7		6	9		
6			2		9			
				5				3

Extreme 31

7	9			2	6		3	
6		8			4	9		
	3	4		8			7	1
		1				5	4	
				4				7
			3		7		2	
1			9					
		6				7		
9	2							

Extreme 32

6	5			2				
	7	1				9		2
9		3	1			8		
1			5				8	
			8		6		3	
8		4		9				
						2	1	
	8	9					5	3
		2			5			

Extreme 33

8	5		1		3			4
	7							1
	4		6					8
			8				9	
5					1	7		2
		8	5			3		
2		7		8		6		
	3	6	7	2				

Extreme 34

7	3	5						1
		2						
	9		3		7		6	
			2	5	1			6
4					9			2
	2		8					5
2		9	1		8	7		
5			7		2			
				3	5	8		

Extreme 35

2	3						6	
5			1		3			4
7								
1						3	9	
					8			7
	9		6		5			
	8			4		5		3
	2	3	8				7	
				9		8		1

Extreme 36

5			1	4				7
	8			9				
	3	4			7	5		
		8	2		1	6		
	7							
	9			6	8			1
		5	7		6		2	9
						4		6
	2	9		3				

Extreme 37

5	2	8		4	1	6	7	
		1						
6		4		7				
				9				
7			2			1	5	
			8			4		6
		7	3				8	
3	1							
4		9					1	

Extreme 38

5		1	7		3	6		
		4	1			5		
	7	9	4					
		3		9		7		
	9						3	
8	1	2			5			9
				8		3		
2		5	6				8	1

Extreme 39

4		2				6	7	
8				9		5	1	
					1			4
					3			
2	9							
6	7	8	2			4		
7		9		6			4	
			1	2			9	
	8				7			

Extreme 40

1					6		8	
3	5		7		1	4	6	
						5		2
	3	7	1	6		2		
5	8			3				
2				4	8	7		
					3		7	
7	1		6					
		3	8		5			6

Extreme 41

4				6				9
5	9				7	1	3	
				8		4		
			3	9				6
	6	9				8		
		4		1		9		2
			7		1			
	3	2	9					
	5		8			2		

Extreme 42

6		8		4	3	9		
9	7						3	
	3			1		5	6	
			3				2	9
	6							7
	9		4		6	1		
		3		8				
	4				9			3
			7			4		

Extreme 43

4						2	6	
			2					7
		2	7	1	4	5	3	
	1		4	2			5	
9			5		7			
3			9				2	
					9			
	4	6				9		5
			8			3		

Extreme 44

6			3					
4		2						3
1	3		4			2		9
	2		6	7			9	
5	4			2				
		8			5			
8				5		3	7	
	6	7	2		3	5		
								8

Extreme 45

3		5	4					6
							2	
			9		3			
	4						6	9
5		3	2	7		1		
	1	8			6	7		
		6	3		7			5
7				9	4		1	
			1	5				

Extreme 46

2			4	7	1			
7		4				6		
			2					9
	4	3	5					
	2	6					3	
5				2			1	
	5					7		
	8			3	7		5	
			1		8			

Extreme 47

6	5	8			9	3	4	
	4							
7				6	8			
		3		1				
8			6				9	
5			7			8		3
		4		8	6			2
		2	5				8	
			9	4	2		6	

Extreme 48

6	5	8			9	3	4	
	4							
7				6	8			
		3		1				
8			6				9	
5			7			8		3
		4		8	6			2
		2	5				8	
			9	4	2		6	

Extreme 49

4	9							5
8			9	6	1			
7			2				9	8
2								
	1	6				5	2	
	4					7		6
	8		3	1				2
6	3		7			1		
				5			3	

Extreme 50

6	7		4					
		8				4		
9		2			3		8	1
7	1			2				9
		9			1		3	6
							2	
4		3		1		2		
8					6	9		
		5		7				

Extreme 51

3	7	6			8			
1		5						
2			5		6		7	
	9				7	1		4
				2				
			3		5			9
	5	4	1	9			3	
		1					4	6
9		8						5

Extreme 52

9							3	7
5		3		6				1
		8	2				5	9
					6	1	7	4
		2		7				
3			5		1	9		
				4		7		
	5							
	8	9	6	5				

Extreme 53

1			6					9
4						5	1	
			8					7
		6		1	2	9		
		1				6		
2			7	3				
3			9			2		1
6		9	2	8				5
	5			4	3			

Extreme 54

8	1	4	6		3	9		
	7						1	
5	6					2	3	
						5	6	
			2		6		9	3
			1	5	7			
7							5	6
	5		3			8		
2	3		5					

Extreme 55

1	2		7				4	
9	8		1					
3			2		5			
7								
				6		2		
6			3			8		5
		3	4	1	7			
		7		2		9	1	
5		8			3	7	2	

Extreme 56

7	2	8						
			4			6		
					9		2	
	5	1		7				
	6		3		5	9		
	7		6			4		1
	8	2		3			9	
				5	1			
6		7					8	

Extreme 57

4	7			5		8	9	
	2				7			
6			8	1			5	7
	4	7			9			
9		3	1			4		
2				7	3		1	
	8							
		2		8	6	9		
			3	4	1	5		2

Extreme 58

2	3			9				
4							7	3
5				1				9
			4	8	1			
			9	6		3		
9	1					2	8	
			2	3		4		
7		4				6		
1					8			

Extreme 59

3			6		5			8
	2			1	3		4	6
8			2	7		1		
2	7						5	
						7		1
	5				4		2	9
5					2			
	1	2	4	3				
9					7	4		

Extreme 60

3	7				9			
	6							
8	9	2				1	6	
		6	7	5				
	4		9		1		5	6
1	2			6			4	
					7		3	
		3	4		2	8		
								1

Extreme 61

5	3		6			4	8	
	2				5		7	
						2		5
1	4	3			7		9	
				1				7
	8	5	9					
	9	6	7	5	4	8		1
				6				
8	5				9			4

Extreme 62

2				3	8			
6		1			7	2		
8			1			7		9
					3	6		
	7							4
9		6	2	5				
		9			6			3
		5	4	1			7	
4	1					9	5	

Extreme 63

3	1	6			7	2	4	
	5					9	7	
	9			8				
			7	3				2
9	4	2	5			7		
5								
		5			8			
1			2				5	
	3			9		8		4

Extreme 64

1					6			
6	9	7	1					
			9	7			1	
5	6			9		8		4
9				6			7	
4			2	1		5		
			3				8	2
	1	5		4	7		6	
	8							

Extreme 65

8			4					
9	3		2	7			4	8
					3	5		
2		5		9				
3	9		5				7	4
	7			1				9
4			7			6	2	
				4				
	8						9	

Extreme 66

8	6				5		3	
		1		7				
	7				9		5	
			5		8		4	
1		9	7			8		
4			1	2	6	3		
7		2					9	
			8					
3						6	8	

Extreme 67

4				5				
	2	3	9				1	
6			2	7	1	4	5	
								7
2						1		
	7		8	2				
	3	6		8		9	4	
9	4		6			8		
		8	7		9	6		

Extreme 68

4	7					9		
5	9			3			7	6
	1					2		
		4		9	1			
		7			2	4		
	6		5		4		2	3
			6	2	9		8	
6		8	7		3			9

Extreme 69

2		4			6			7
		9		4				
3		8			1			4
9		1		3	4	5	7	
						1		
				5	7	3		
	9		2					5
			9	7	5	2		
		2					9	1

Extreme 70

1		5		2	3			
	3	6			5			
		2					8	
6		8					4	5
7					2	3		
			6	1			2	
	5						1	9
		9	2	4				7
	4							

Extreme 71

7		8					9	
		9	4		2	1		
	2		5		9	7	4	
2	5					3		
	9		7			6		
							1	9
	7		1				8	
	1	2		4		9		
		6	9		7	2		

Extreme 72

5	7	1		8		6		
8	2		9			3		
			7			5		8
3		2	6					
6	4			2	5			
			3	4		8		
								5
		6	5			7		1
7	8						6	

Extreme 73

4			3					1
7			6				3	
	9							8
		9	7			8		3
8	2		9			7		
				8	4		9	
6	4				9	2		
	7	2		6				5
1								

Extreme 74

2		3	4	8			1	
	6	5						
						6		
							7	
8	2				5		9	
6	9	4				3	8	
				9				3
1	8				3		5	4
	5	2	8			9		1

Extreme 75

6		4		1				2
3			6		2	8		
8	7					6		
	9		2			5		
				4	6			
		5	7	8		1		
			8				9	
7	2		9		3			1
				2				6

Extreme 76

9	1					8		
7		6	5			9		
	8		6		1		4	
		4			3	1		
3	7				2		6	
	2			5				3
1							7	
		9	8		7			
				2				

Extreme 77

3		1	5	2				9
			6			7		3
		2			7			
					2	6		
4		6				8		
	2				4	3		
		9	4		1			
				5				8
2	8						3	5

Extreme 78

6		1	7		4		2	
	9	2	8		5			
3	4		1	9				8
8		3	9		1	4		
	7	4				3		9
		8			9			6
4				2		8		
	6			1		2		3

Extreme 79

8			3	1	5		2	6
			8	6		1		
			7	4				
			4	7	8		5	
9		7	5					3
6		8					4	
				5	3			7
2		3	1	8		4	6	

Extreme 80

8						6		2
				7	8		1	5
					2		4	
9	1		6	5	3			4
		4						
6	7			9				3
	3			1	9			
		8						6
		9						

Extreme 81

6		2			3		1	
		4						5
	3	5	4		6	8		
	4		7			3		
3	5	7						8
8						4	6	
		9			2			
	1	3	9	5	7			
				6			4	

Extreme 82

8	7		6	1		9		
		5	3				6	
	3					2		
	9		8		3			
3								
	1	8		4				2
		3		6	4			
			1			6	8	
6	5		9		8		3	4

Extreme 83

1								7
6				4			5	9
7	9			5				
5	8	3	6	9			1	
			4			8		
	4			3				5
		7	5			3		
3		9		8				6
	6					1	9	

Extreme 84

1				9			2	
	3		4		7		8	
			5	6				
								9
4	7					2		8
		2	7	1	6		4	
	1	3				7	9	
7		4	3					2
		6						

Extreme 85

8						1		5
	1				3		8	
			8			3	4	
	3				9			
1	2		3					4
			1	8		9	2	
		2		6	5			9
4	6	7					3	8
5	9		4			6		

Extreme 86

4	8			6	1			3
9		7				1		
6				4	7			
			6					1
7	3			9	5	2		
				3	2			
1	6	5		2	4			
		9					7	
								4

Extreme 87

9		4	1			5		
1				3	8		9	7
			6				1	2
		8			9	7		
		1		5		2		
2				8			3	9
8				1				
							7	
	6		4		3			

Extreme 88

1	5	4						
					4	1	5	
			5				6	
					5		4	9
	2	6	3		9		8	
	4				8			3
							7	6
5	8			9			3	2
	7			8	2			

Extreme 89

1	2			8		5		
	4	6		5		9		
		9		6				8
				9	8	1		6
	9						2	3
7		1	2					
	6		8					1
3	8				4			7

Extreme 90

9		8			5			
							5	
6	3		7	8			9	
	6	4			8	3		
		3	5					1
7			3	4				9
				1	9		4	
		6						
				7		2	8	

Extreme 91

9	2			6	4			5
							1	
4	1	3	2					9
	9	6				8		
7	8							
2		4					6	1
	5			9				
			6		7	3		
3			8			4	5	

Extreme 92

6				1			2	8
	8	9		3			4	
				6	9			
		1	2	4				7
8		6	1					
	5				8		1	
9	7			2			6	5
4			7			8		2
								1

Extreme 93

3	5		4		1	9		
9	6			7				
			2			5	6	
8							2	
2			3	8	6			
4	7				9			
		1				2		
	8					3		1
7		9					5	

Extreme 94

2		5		8			4	
		6			7	5	1	
			2	9				
				3	8	9		4
			5			7		6
5								
4	8		7		3	1		
		1	9			2		7
		9		2				

Extreme 95

9				5		3		1
6			7				9	
3	5	8		6				
5	2	9					7	
	6	1	9			4	2	
	8						5	
					6	2	3	
2	9				3			
					2			6

Extreme 96

3	4		2					1
	1	5	3		8		2	
		8	1	9			3	6
4							9	
	5	3		7				
9			8	2	4		6	5
1	8	6		5				
	9		6					
					1			

Extreme 97

1	7					3		
8		2				9		
6			4			8	5	
				9		4		
9			5	4	7			
			6			1		9
2		7				5		
				6		2		
	3		8	1			6	

Extreme 98

4					2			5
			8		9	2	7	
	8	2		3		4		
		6					5	4
						8	1	
		7		1				
	5	8		6	7			9
	6			8				2
3								

Extreme 99

2	4			1				
				8	3	9	2	
		9	2	4			7	
			8			2	6	
	1		9	6		3		
	5							1
1				2	4	5		
		8			6			
								7

Extreme 100

7	9				2		4	
4		5		9	6			
		2				5		
			9	6		3		
5		9						
	7			8	3			1
			6	7			3	2
9		7	4			6		
				1	9	4	7	

Extreme 101

7		6			1		8	
8			5					
4	9			8	3	6		
		9	3		7		6	
	3					7	9	5
2								
			1				7	
				7	8		5	9
5		7			4		2	

Extreme 102

8	2					4	5	
	3	7			1			6
		9			8			
		8	5			9		1
	9	2				3	6	
				3	9		8	
	1			8	2			4
		6	1	4	3			
			7				3	

Extreme 103

7	9			1				
					5		3	
	1							4
		9		5	4	1	7	
				2	7			
		4	9				6	
					8	5	4	
2		1		4		3		
	3		7			6		

Extreme 104

7	8	3	1					
4	9			3			5	
2		1	8	4			3	
					1	3		2
	1		9					5
		7			6			4
	3			9	2			
9		5						
		2	3					6

Extreme 105

4	3			6				
					8	4		
1	2	6			4	5		
8						7	5	
					6	8	1	
	4	7						
		4		5			8	7
9					7			2
		1	4	8				

Extreme 106

1			4	3		2		
	3		5					
9		2						7
			7					8
		9			8			
2	1			6		4		
8	4		3				9	
3				4	2		1	

Extreme 107

6	7						3	
	9		8		6			7
5		3	7			2		
			3			1		2
2					1			4
	5					7	8	
8	2							
	3		6	4				
							9	

Extreme 108

1				3	6	7		
			1					3
		2						6
			2		7	5	6	
2	8						4	
	4		9					1
3					4		7	
		7		9	8			2
				1			9	

Extreme 109

6	3		7					
4	1	8				7	3	
	7			4				
		4		6	2		1	
7	6		5				9	
9		5	8					
			4			6		5
				9		3	2	
		6				8		

Extreme 110

4	8			9		3		
9			1		3		6	
		3		2				4
6				7			2	
		4	8			9		
		1				4		
2					5	6	7	
		7	6		9		4	5
					7		8	

Extreme 111

7								
8	6		9	4		2		3
1	3		2			5		
	7		3	8		6		
2	8	6		9				4
4				2				1
3	4		6					
								7
6	1				5	3		2

Extreme 112

2			7		1			
7	6	3		2	4	9		
	8	5						
8				3		1		7
9	4			6				
							2	
3	5		6		7		9	
		8					6	
	1							2

Extreme 113

5	9		7	1	3			
6		3			2	9		
		1	4					2
				2			4	8
	1		3					6
		4	6			1		
			9	3			6	
							1	7
	5	8	1	6			9	

Extreme 114

7			8					
		2	5	9		7	3	
				6			8	
		1				4		
3	5			2		1		
4	6				5		9	8
1			9					
5	7			3	4	8		
8		3		5				9

Extreme 115

5			6			4	1	
		9		2				
		2		4				
9				6				1
3				9			8	
	8				5		3	
1					2	8		7
		5	4		7	2		
			3					9

Extreme 116

3								
		1			2	7	6	9
		8	6			3		
							9	
	7	6	2	1	3	8		
1					9		7	
		5				4		
8	9			5	6			
2	3		1		8			

Extreme 117

5	4	7			8			1
			5					8
	3	9	7					6
6	5							
			3			5		2
	7	4		1			3	
			1				8	7
		5		8	2	9		
4		1						

Extreme 118

8	1	4	6					
				7	8		3	
					4			5
		3	7		9	5		4
5			3		2	7		
	7			1		2		
	4			6			7	2
6				5				1
		1						

Extreme 119

7	9		5		6		2	
8			7	2		9		1
	2	3		8				7
	3		6		4			
4				5				
5		8		3	1			
	7						3	8
			1	6				
		5		9				4

Extreme 120

5	2	8			4	6		1
	6	7		8	1	2		
		4					7	
	9	5			6			
			7	9			6	
4						3	5	
3	8					4		6
7				4			3	

Extreme 121

2							4	6
	9			8		1		
6	7						5	
4		3	1	2				
	2			5			8	
	1	5					7	
			9					3
	6		5	4				
1	5	9	8		3	6		

Extreme 122

1							5	7
2				3		9		
				5	7		1	
6		4			5	2	7	
	3	7	6	8	2			
9								
	5		8		4		6	
8	9							
4					6	5		

Extreme 123

8		4						
		9	1	7	4	2		
			5					
6			7	9	5	3		
			2	1				4
2								1
1		5		2			6	
3	8							9
	2		6					

Extreme 124

8						1		
			4	5				
5	1		7	8		9		4
6	9						1	
7		8					9	3
			2				8	
	8		3			5		1
	3					7		
1	5	2	6		7		3	

Extreme 125

6		2	5	1			7	4
					8	9		6
					6		2	
	5	8			1	4	3	
			8					1
				3		7		
	8	3				5		
								7
9			4	2		3		

Extreme 126

6	7	9	1	8		4		3
			6		4		7	
		5			7			
2		8						
		4						
			2		3			6
4			9	2				
7		6		4	5	9	1	
		2						

Extreme 127

7			8		3			
5		6	7				9	
8	9						2	
		3					6	
1	6		5		4			9
			6					1
		5		6	1	4		
		9		7				
6	1	2		4			5	

Extreme 128

5		3		6	7		2	
	1		8					
4	6				2			1
				4				
						4		7
	2				5			
2			9			3		
8				5	1	2		
	5		2			8		

Extreme 129

7			3		1	8		
				8	2	1		
	9	1						4
2				1	4	3	8	
	5	3						
	6				5			
				5			2	
	4	5			8			
3				7				

Extreme 130

7	2	3		9	6		8	
					4			3
6		5					7	
					7		2	8
	3	8		2				4
		7	4					9
	1		7	6	8		5	
	6			3	1			

Extreme 131

9		5		3			4	
	2				1	6		
8				2			7	
1			3	5				
		4		6		5		
				7	9			2
	5	7			4	8	1	
	8							7
6		1	5			4		

Extreme 132

3	4	1		7	6			8
6	2					1		
		5					9	
9	1						8	
8		6		5	9			
	5				8			
			5		7		3	6
								2
		3	2	4	1			

Extreme 133

1			2	8				
						8	1	
6			4				2	3
			6		2			5
9	4			1			6	8
				9	4			
2	6				3	1		
	9		7	5				
8								

Extreme 134

4	7	5					2	
				3	5	4		
8	2		7			5		
		7			8			5
		1		6	3			
						9	8	
					1			2
	3	9	4	8				1
7								

Extreme 135

9					4		6	8
8		1		6			9	
		6					7	
1	3			2				
4			6	1		3	8	
		2				7		
		4		8			2	
		3	1					
7						9		4

Extreme 136

9	2		1		7			8
5						4		
			9			6		
		5				7		
8	3				6			
		7		9	1	8	2	
				3		2	7	
			4					
	6	2		5	8			9

Extreme 137

4		9			1	5		
5	7	2				9		
	3			9				7
			3			6		
				4		8	9	
	5							4
3			4				5	
	8						4	
7	9			8			2	

Extreme 138

3		9			1	4	8	
7		2						
		8		3	5	6		
5					9	7		4
		1	3					
4		6		7				1
				2			4	7
	9				7		6	
6								5

Extreme 139

4			3		1			2
				4		3		9
	3			8			6	
		6	2			9		
	7							3
1	5	3		9				
		1	4		6			
			9			1		6
		7	5					8

Extreme 140

3			5			7	8	
1	2			7				5
				9			6	
2				4			1	
9	3	7			6			8
		1			2			
4		5				8		
			3	8	9			4
6								

Extreme 141

8	6				2		9	3
9						6		
3		7	8					
7	9							6
2			7					
	1	5		3			8	2
5	3							1
					4		6	
		4			8	2		9

Extreme 142

2	7		4		6			3
	8	3	9	7				
1		9	2				4	
					4			
7					2	3	6	1
	3		7					
						5	8	
		2			7	1		
	1		3			6		4

Extreme 143

7	5							
			1				3	5
1	6		4	5				
6				2				9
	7						8	
5	8					6		
4	1	5	7		2			
	2			4	3		5	
9				1	5			6

Extreme 144

5			6					
3	7	1	5		8		2	
	9	4				8		
7		5						3
2			3		7			4
				2				
8		3		1		9	7	
			7			6		1
								5

Extreme 145

8	4		5					
9	2			3	6			
		1	9					
7		8	4	6			5	
		9	7				6	
		4		5		7		8
	8					4		
	1		6				7	
				4	1			2

Extreme 146

1	9			7		6	2	
					6	8		4
				3	5			
		2						
	3				9		7	2
	6					1	8	
9	7		3			4		
3	8	4		9			5	
		5					6	

Extreme 147

4	1	3	5		7		6	8
	7					9	1	
			6		3			
			7.	2				6
				3				
	4	8						7
5	6	9				1		
			4					
			1			8		

Extreme 148

5	2	9	4					1
		8		6	2			
			1	8			5	
	7							
			9	1		8		7
2			3	5			4	
3					6		1	
			8					
						3	9	

Extreme 149

3				7	2			
	9		1		5		2	
	5			9	4			3
	4				3	9	1	2
		2					5	
				1				
		9		6			8	4
8			4					
		5				7	3	1

Extreme 150

8		1				5		
5		2					7	
			3					
		3		8	7		2	1
		7	6					5
	6			1	3		8	7
	9							4
	1	5		4				
4				9	1			6

Extreme 151

2		6	1			9		7
9	5		2	4		6		
			5					
					4			
1						3	9	
	8				3	4		6
3		8		2	5	1		
4	9							2
		2	6					4

Extreme 152

6			9	2		7	1	
		5				4	6	
	7			5	6			
2			3					8
				4			9	
	3			7	8			
			4				7	
		6	7	9			8	
		4			2	5		

Extreme 153

9		8			4			
			7	8				
5				6	9			4
		5	9		3		4	
3	4				5	7		
			8					6
		6					3	
7		1		3	8	2		
8		3	2					7

Extreme 154

9							2	7
	1	6		5		9		3
8		4						
		8	2			1	7	
2				6			8	
		3		8				4
			5				1	
			6		7			
		1						5

Extreme 155

5			6				4	3
		9		4	1	5		
	1							2
	8	5	4					
			8			6		
		3	9	6	2	8		
3		4		5				6
							7	
9	5	7						

Extreme 156

9		8						3
	7				5	2	8	
		4		1	9			7
	1							
	2			5	4			
	6		7		8			4
				4		6		
6	8		3					2
7			2			9		

Extreme 157

6		3		5		8		
	8		4				5	9
		1			3		2	
1		9				2		
	3	5		7	1	6	4	
3					2		1	
					7			
			8					

Extreme 158

2		5			6		4	
6	8		7	2				5
		1	3			2		6
4			5				1	3
	6	2		7				
	5				8		7	
					7	8		
				5	1			9
		7	8					1

Extreme 159

2	9		8			7		
7				6				5
		8			3		2	
		7	4				6	
4			6		1	8		2
	1							
		5		2			4	
6		2		3				1

Extreme 160

4		3			6	8		
	7		3	2	5	9		
	2	5	8					
	3				9		7	
1							6	
7		2		5		3	9	
								1
					3			
3	8		9	6	1			

Extreme 161

7	3	4		1		9		
5			2					7
			7	9			6	
4				2	1			
2					9	5		
1	7		6		5			4
	2				7			1
3						6		
		7				4		

Extreme 162

5	3	4			8		9	
8	9							
2	7				6			8
				4		9		6
9	2							3
			5		7			
	8					3		
			1		9			5
6			2	7		1		

Extreme 163

5		2						
6			8		7		2	
9		7						6
				8	4			5
8		5		1				
	2				9	3		
	6			3	1			9
		9			5	4	8	
4		1		9				

Extreme 164

4	8			3				6
		6	8			3	7	1
9								
3			2					
	9		4	1		6		
		2			3	1		
7						9	1	
						7		
	2	4	6	9		5		

Extreme 165

4		2						3
1		5		2			9	
		9		1			4	
					9	6		4
		1				5		
3			8		6			
2					3	1		
8		3	2		5			
	7							

Extreme 166

4	2		8					3
8				4		2		
3		9	1					5
7		5		9			6	
					5	7		
9	1			7			5	
			3		9			
5								
	3					1		9

Extreme 167

7			4		5			
1	8		2	3				7
2						8	5	
6		3						
4		8	1		2	3		
			5	6				2
8			6	1	9		2	
	9		8					

Extreme 168

3	5	8	4		1	7		9
7			8		9			3
5				3	6		7	
		7	2	1			5	
1					7	9	8	
	9				5			1
		3						
4						6		

Extreme 169

2					9			1
		7	1	2	6			
	9		4			2		
	1		2		5	3	8	9
		9						
3								6
4						1		
		3				6	7	2
1	7	8	9			4	5	

Extreme 170

8			3	6		2		
	5	9					1	
					5			8
4				2			3	7
1						9		5
		7		3				
9		2	1					
	7	5	2			1		
		4		5		3	9	

Extreme 171

6		1			3			
	7	2		1	4			
	5			7				2
	4					3	7	8
	8	5				6		
					2			
	3	7	2		5			
4					6		9	
		9						

Extreme 172

3					9			
6		7		5				
8		1	7	3				
		2		6	1			
	8			4				7
1			8				4	3
7			4					5
				8	2			6
2	6	8	5				1	9

Extreme 173

9		5		4		6	7	
		4	9					5
3		1						4
	9			2	5			
	6			7			8	
4			1	6			3	
					8	2	6	
					6			
				1			9	

Extreme 174

3		5		4	6			
	6	8				9		5
7								
5		2	8				1	4
	4		7	1				
							7	
			1	8		4	2	
9	1	3		2				
2				3		1	5	

Extreme 175

3	2							
	4			2		6		
5		1		3	8			2
9		7	4			2		
2	3			8			9	
6								
			3			7	1	9
7	6	5	9			4		

Extreme 176

1		5						7
		2	7	1			6	
	3					4		1
			1		2	6		
		4		9		7		2
		1		4				
4	7		6					9
						3	4	6
3			9			5		

Extreme 177

3		9		4			5	
							7	9
7			3					4
8		2		5		7		
					2			5
			1	8	6	9		
	4	8	5					
5	6				7			1
2							3	

Extreme 178

2						9		
9				2	8	5	6	
			4		6			
			9	3				5
	6				5	3	8	4
				8	1	7		
	8	7	1					9
		1						
5					2	4		

Extreme 179

5		1	6					
		2	4		8			
	4					6		
		9	2	4				
				5	7		3	6
	5			8		2	1	
	6			1				
	9	5				3		
	1	7	3	2	9	5		

Extreme 180

8			6				5	
	2		8					7
4			9	1				8
		4		2	8			
	7		4	5		6		
3								
5			1				2	
		8		4				
2	6			9			1	

Extreme 181

1		3	4		8	6		
6							1	4
							5	
	6		5	2	3	1		
		4	6					
	7	1	9					
				5	9			
	4		2			5	6	
			7				9	1

Extreme 182

4	6		8				2	
			7		3	4		
9			2			5		
	8	4						7
5				3	2		4	
2						9		
			6					
		5	9		7	3	1	
		8		4		6	9	

Extreme 183

8		1	9					
					4	5		
7		9						
	6		2	3		9		
9	1		4		6			
	8	4			7			2
	9				5			
1					3			
						7	6	4

Extreme 184

3	2							
4				1			6	
		8	5		9	2		4
				6	7	3		8
1			2		4		9	
	6		1					2
7					6			
					3	9		6
	5					7		

Extreme 185

8	9	1			5			
			4	1				6
6			2		9		3	
		4					8	
5						2		4
7		9			8	3		
9							1	
3			9			7		
	7			2			5	8

Extreme 186

1	2	4		5		8		
							2	
	9		1		6		5	
7		9		6	2			
6			4	3				
	1				9			3
3	7	1					6	
	4				3	7		
		6					9	

Extreme 187

7	3	6		5		4		
		8		6				
		2	9					
					1	9		5
6					9		3	
		1	3			7	6	2
			4	2	6	3		
	6	3	8					
1							8	

Extreme 188

3		1						5
4		6		2	8			
7	8		5	6		2		4
		2			7		5	
8	7	5		4				
9							6	7
2	4			5		9		
					1			6
	1	7						

Extreme 189

8	2			9				
4	9						8	
7		6	3	4			1	
9		7		2	4	5		
		5			7			
					5		4	1
				6	1	8	9	4
						2		
							7	

Extreme 190

5	4					3		
		2	6				1	
						4		
2				3			7	1
7		6			9	5		
		8		5	7		3	
8								3
	9	7	3		8			6
			1			7		

Extreme 191

4		7	2					
		1						2
				8	3	7		
	7			5			4	6
5	9				7			
		6						9
			1	7			8	
7	5	8			6		9	
	3	2					6	

Extreme 192

3		7		8	2			4
	9				5	8		7
8					3	5		
7								5
	8		5	6	1	2		
				4		6		
2	3		8					
5		9	2					
				3				

Extreme 193

8		4		3	6		5	
	2				7			
1			5	8		6	9	
		6	4	1				2
3	7			6				1
				5		7		
	6	9					3	
	4		8		3			

Extreme 194

4	2		5					
				3		8		
	8	7	9	1			3	
	9	6						
3	1					6	2	
		5		7				1
					5			2
				9	2	5	6	
	6			8			9	

Extreme 195

9		8	1		4	5		
	1			8	2	3		
		5		6	3		8	
5	8			9				
4								
	7						4	
				2		9	3	
3					6			7
6								

Extreme 196

8		4		9				6
	5	7	8					
9				6	7	3		8
3			5		9			1
				1	3	2		
	4							3
		5		7		4		
	7							
	9	8			4	1		

Extreme 197

3		6						
					3		8	5
2					1		6	
4		7				2		
			9	8	7			
				3				
					2	3		9
	5							
		9	1	6		7		

Extreme 198

1				4		9		
	7			9				
	3	4					8	
4			6			8		5
					7		6	
		7		8	9			4
				2	5			
2		9	7				1	6
5		3			1		2	

Extreme 199

1			9	4	6	2		
		6						
8				2		1		4
			2		7		5	
	6			3				
		3	6		5			2
				9			2	3
	8	1	3				7	9
		5						

Extreme 200

6	8		7			5		4
		4						9
3			6					
4			2	5	9	8		
9	1	8	4					3
	2			6	4			
		6	9		3			
	5	9	8	2				

Extreme 201

4	8				2		6	3
	2	3			6			
						1		
	5			7	9		8	
			6			9		
2			4	5				
			3	1	4			5
	4	7	5					
				6			4	

Extreme 202

5				8			9	4
		2				1		
4			7	5	1			3
9			3					
	4							
2		6	4	7	9			1
3					6		5	
			2					
7		8	5	9	3			

Extreme 203

4								
9	7			1	3		6	4
	8		9		6		2	
7				9			4	8
6				5		3		
	1	5	7			2		
2							7	9
	9							
	6							5

Extreme 204

7	2			1	4	9		
6		4	2	7				
						4	2	
	4		1	8				
3	5	9						
8				5	9			
	8			9			5	2
	6	1			5	3		
						6		9

Extreme 205

1						5	6	8
		4		9		3	2	
	5							
4						7	1	
			1	8		2		
	1	5			6			
3	7		4			8		5
	9		3			6		
5			8	7				

Extreme 206

2	5	8		6			3	
					2		7	
		1				5		6
				9		1	8	
4	6		3					7
	1		2				9	
			6					
3	4		8	7			6	
5				3				

Extreme 207

3	8	9		1		5	4	
					8			
	1			3				9
9				8		4		
5		4		6		2	3	
				7				1
2			4		6			
		7					6	
				5		8		

Extreme 208

8	4				3	6	2	5
	1							
		7		5	6			4
					9	7		6
1	6		3		7	2		9
	9				8			
	3			8		1		
4							6	
		1			4			8

Extreme 209

5	9		6					
	3						6	8
7		6						3
					6			9
			7		8	1		
	8		3	9		4		
	5		9		3		2	
2				5				
3		4	2	6			9	

Extreme 210

8		5	9	7			6	4
	1	6			8			
	7						8	
					9			
2				6		3		
	6	3		8	1		2	
5		9	6				3	2
					7		4	
		1					5	

Extreme 211

9				3			4	
1	4		2		9			8
3					1		9	2
				2	8			
	5						1	
6			9		4			5
	6				2	7	8	9
		4		8			2	6
	3		6			4		

Extreme 212

3	8	5					7	2
		9			7		8	
				6	8	9		5
7		6		3				
			4			1		9
4					2			
5		8	6					4
								6
9			5	1				3

Extreme 213

3	1			9	5	8		
			8	3			7	
	6		4					
8	7		9			6		
			1					2
	2				8	3		
6			5		1		9	
9							3	1
				8			6	

Extreme 214

6			5				9	1
7		8				2	5	
	1						7	8
	4	1			2		6	
2								
5			9	4			1	
			3	6		4	2	
	7		4					
	8							

Extreme 215

4	7	8					5	2
				4			7	
		2			9		8	
6			7		2			
8	2	5	9					4
	1				3			6
9			3			2	1	
				2			4	
						3		8

Extreme 216

4	5			6	2		7	
8					1			6
9		7					4	
	7	2						
1	3				7			
6	4			1	8			
	8				4	6		
						7	2	
			2	5	9			4

Extreme 217

6					2		5	
9	7	8		4		6		
		5	6					1
		1	2					
	2	3		5				
		6			9		3	7
						8	6	
5	6							9
			5		6	1		

Extreme 218

4	9	3	1		6			7
		1	7			3		9
		7				1		
3				9	7			
	1	2		5			9	
7	4					8		
			9	2			1	
							3	4
		6						

Extreme 219

1		7						4
8					7	5		
4	3							
	4							5
	6			4		1		7
3		9			5		8	
	8	5	2		9	7		
	2	3				6		
			7			8	3	

Extreme 220

7		9				1		
			4			7		
	6	8			1	5		
8			3		5			
		1	2				4	
2		6	9	1				
		4	8	3				
6				2				9
1	9					8		

Extreme 221

8			9	7			5	
				3				7
	2	9					1	
1	4		2					
			6			3		4
9		7	5				8	
		8			4			
3			7					
		1		2	9	6		

Extreme 222

9			6	5			1	
1		5	2			8		6
		7	8					
			7		5	6		4
	4			9				5
		6	3					1
	1			2		4		
	5				8		2	
			5		1			

Extreme 223

3	4						9	
			4		9			
	7					4		2
	6	7	2	4	1	9		
			5			6		
9		3		6				
		4			6		7	9
				1				6
8	2	6		5				3

Extreme 224

7	8						9	
		1						2
	3		9		7	5		
		7	4			2		
							1	
	9	6		1		7		
		9		8				6
8	4							
	1		5		3			

Extreme 225

8	3	4						
9				1	7	4		8
5	7			4		2	3	6
1			4				6	
			1		9		8	
		3				1		
	6	5					2	
			7		1			5
		8		2				

Extreme 226

8		1			5		3	
6			1		7	4		8
		7	2			1		
2	4					7		
		3						
				3	6			
						2		4
			4			6		
			9				7	1

Extreme 227

3					2		5	
	7					3	6	
	8							
	1	2	7			6		
		9			4	8		
7			5					
			6	3	9		4	
	5			7	1			
	6		2			7		

Extreme 228

7								
			9		8		5	
		5	7		4			
		6		7				5
			4	8			6	
4	2		5			3		
8	4				5			7
1			2	3		5	8	
2					9		1	

Extreme 229

1					3	5		
	9	8			4		6	
				7			1	2
	5				1	8		3
			8		6			
		9		4				
			2	3				
	2					7	3	
		1	6				5	

Extreme 230

1		5	3	8	7			
	6	3	9	2	4			
		9				7		
4	2				9		7	
					2		6	5
			4					
	1		8				9	
		8			5	3		
		2	7					

Extreme 231

9					4			
	1		8				3	
2	6		1					9
	7		9			1		
			6			7		4
1		2			5	9	6	
		9	3		2		7	
								6
	4	8	5	1				

Extreme 232

9		7			8	4		
2		6						
		8		6	7	3		1
8	6							
5		1	6	7			8	
	7		1					
6		3	8		4		2	
		5		2				
				9		6		3

Extreme 233

7								
				5		6		3
	5	1		7	9		8	
8				2	4	9		6
9								
	7							
		2	5	3			9	7
3	9		8					
1		5		9				8

Extreme 234

4						5	7	
		1			7		9	3
		8			6			2
5	4	3			2			
				1		6	3	9
	1							
8		5		7				
2	9				3			5

Extreme 235

3		8				6		
7	6	4	1					
		2				4	8	5
6	3			8	5			
8				7		2		9
							3	6
				9		5	2	
		3		1				
5		7				1	4	

Extreme 236

6							8	
1							9	
5		8		6		1		
	8		6					
		3	4		9			6
9		4	5	2		3		7
8		7					5	
			2	9	7			
	9			3		2		

Extreme 237

4		3				9	2	
			6	9	4			7
				2				
8		1				3	6	
	3			8	6	7	9	
	9		3				8	1
9		4			1			
7								
	1	2		6	8		7	

Extreme 238

6				2				5
7	4		1					
8					7	1	3	
3	2							
4		9	3		1			2
					8	6		
9	8		4					
			5			7		
					9			1

Extreme 239

1		8		2				4
		6	8					
9			5		6			
	1					7	9	
5		2	9			1		3
	8							
4		5	1			3		8
				7		9		
8		1				4		

Extreme 240

6								4
	7			2	1	9		
5	9	1			7	8		
				1		5	3	2
8			2		6			
		3						
	3				4	2		
1			3	8				9
	4	9					6	

Extreme 241

4			5	8			7	2
	3						5	1
						9		
		4						7
				7	6	3		
		9			4		2	
1	4	2		3				
7		5			1		8	
	8			5	2			

Extreme 242

3	5		2			7		1
6		1	7		3		8	
7		4				9		5
		7	8		2			
1								
			3	1		8	2	
			9				7	6
	7	5	1					
9			4					

Extreme 243

7	9			2		8		
						4		
	2		8		5			9
3			4					
		5					8	3
	8							7
6			7		8		1	2
				3	1			
			9		4		5	

Extreme 244

7							4	
6	2	5			9	7		
	3			7	8			
	7	1		8			3	
		3			4		7	
	8							4
8			1	2	6			
2	1				3	8		
	4						1	

Extreme 245

6	4			1				
8	5		4		2		3	
	1					8		6
9		1		2	3			
	6						9	
		4			7	6		1
				4	6	3		8
3				9				2
						9		

Extreme 246

1	9							
	4		7	8				
2		7			4			
		9						2
5			8		6		7	
8	3					9		
					3		1	
			5	1	2	6	4	
6	2						9	

Extreme 247

3	6		1	2	9	5		
		4		3				
5							2	3
	3			4		7		
	4	1		5		3		6
		8			7		5	
			7		1			
			4			6		
4			5					1

Extreme 248

8				4				6
	9			8	3	7		4
3			9				2	
			5		4			1
1					2		8	
		3			1	5		
	1				6	4		
	6			5				
4					8	9		7

Extreme 249

4					8		3	
	2	1	9				6	
		9	2	6			7	1
2		8			1			
7			3					
	1				2	9	4	
	4	6		7	3			
	3	5				4		

Extreme 250

8					5		3	7
		5					4	6
	7	2	3		4			
2		3	7				6	5
				6				2
			2	5				4
4							7	
				3			1	
	5	7		9	8			

Extreme 251

7	5				2			3
8		1		4			9	
	9	3						
					3	8		
		5						
4		2		6	7			
	2			3	4	1		
			9			2		
6	4				1	3	7	9

Extreme 252

7	8					3	5	1
	5	9	7			6		
	2					4	7	
8	3			4				7
						5		
		1	8		2			
				1	4			
3		7						
	6		2	8				

MEGA SUDOKU ANSWERS

8	3	4	1	7	6	5	2
5	1	6	2	8	7	3	9
2	7	5	9	3	8	1	4
1	6	8	3	4	9	2	5
3	2	9	7	5	1	4	6
9	4	1	6	2	3	7	8
7	9	2	5	6	4	8	1
4	5	7	8	9	2	6	3
6	8	3	4	1	5	9	7

Easy 1

5	1	3	8	9	4	7	2	6
6	9	2	1	5	7	3	4	8
4	7	8	6	3	2	1	9	5
7	2	4	9	1	6	5	8	3
3	6	5	2	7	8	4	1	9
9	8	1	3	4	5	2	6	7
8	3	7	4	2	9	6	5	1
1	4	6	5	8	3	9	7	2
2	5	9	7	6	1	8	3	4

Easy 2

4	1	6	9	5	7	2	3	8
3	7	8	1	6	2	4	5	9
5	9	2	4	3	8	6	7	1
7	4	3	5	1	6	8	9	2
9	8	5	2	7	4	3	1	6
6	2	1	3	8	9	5	4	7
8	3	4	6	9	1	7	2	5
1	5	7	8	2	3	9	6	4
2	6	9	7	4	5	1	8	3

Easy 3

9	6	1	2	4	8	3	5
8	3	7	5	6	2	4	9
4	5	3	8	9	1	6	7
6	2	9	3	7	5	1	4
3	1	6	4	5	7	2	8
5	7	8	1	2	3	9	6
7	8	4	9	1	6	5	2
1	4	2	6	8	9	7	3
2	9	5	7	3	4	8	1

Easy 4

6	3	5	1	2	8	7	4	9
1	9	7	3	4	6	2	5	8
8	2	4	5	7	9	3	1	6
2	1	9	8	5	3	4	6	7
5	6	3	4	9	7	8	2	1
4	7	8	2	6	1	5	9	3
9	8	2	6	3	4	1	7	5
3	4	6	7	1	5	9	8	2
7	5	1	9	8	2	6	3	4

Easy 5

3	9	1	7	4	6	8	5	2
2	8	6	9	1	5	4	3	7
4	5	7	8	2	3	1	6	9
5	2	8	3	7	9	6	4	1
6	1	3	4	5	2	7	9	8
7	4	9	6	8	1	5	2	3
8	3	5	1	9	4	2	7	6
9	7	4	2	6	8	3	1	5
1	6	2	5	3	7	9	8	4

Easy 6

1	2	8	9	3	5	6	4
9	5	2	1	6	8	7	3
8	3	4	5	7	9	1	2
2	6	7	4	9	3	5	1
4	1	6	8	5	2	9	7
7	9	3	2	1	6	4	8
3	4	5	7	2	1	8	6
6	7	9	3	8	4	2	5
5	8	1	6	4	7	3	9

Easy 7

4	5	8	3	6	9	1	7	2
7	6	2	8	1	4	3	9	5
9	1	3	2	5	7	6	8	4
5	7	6	9	2	3	4	1	8
8	3	9	4	7	1	2	5	6
1	2	4	5	8	6	7	3	9
2	4	7	1	9	8	5	6	3
3	9	1	6	4	5	8	2	7
6	8	5	7	3	2	9	4	1

Easy 8

7	6	4	8	2	5	1	9	3
8	1	2	9	3	6	5	4	7
5	9	3	4	7	1	6	8	2
4	7	8	5	6	2	3	1	9
6	3	1	7	4	9	2	5	8
9	2	5	1	8	3	4	7	6
1	4	6	2	9	8	7	3	5
3	5	9	6	1	7	8	2	4
2	8	7	3	5	4	9	6	1

Easy 9

3	9	8	5	4	6	7	1	2
2	6	1	7	8	9	3	5	4
4	7	5	2	3	1	6	8	9
5	2	9	4	6	7	1	3	8
7	1	4	8	5	3	2	9	6
6	8	3	9	1	2	4	7	5
8	4	2	1	7	5	9	6	3
9	3	7	6	2	8	5	4	1
1	5	6	3	9	4	8	2	7

Easy 10

5	3	8	2	7	9	6	4	1
4	9	7	1	3	6	5	8	2
1	2	6	4	8	5	7	9	3
7	6	2	5	9	3	4	1	8
3	8	4	6	1	2	9	5	7
9	5	1	7	4	8	2	3	6
2	4	3	8	5	7	1	6	9
6	1	9	3	2	4	8	7	5
8	7	5	9	6	1	3	2	4

Easy 11

1	3	4	9	6	5	2	8	7
2	5	6	7	3	8	9	1	4
8	7	9	4	1	2	3	6	5
5	1	3	2	4	9	6	7	8
4	6	8	5	7	3	1	9	2
7	9	2	6	8	1	4	5	3
6	8	7	1	2	4	5	3	9
9	2	1	3	5	7	8	4	6
3	4	5	8	9	6	7	2	1

Easy 12

5	4	8	3	6	9	2	7
3	6	1	8	7	2	9	4
7	2	9	1	4	5	3	6
6	9	5	4	1	8	7	2
4	8	7	2	3	6	5	1
1	3	2	9	5	7	6	8
8	7	6	5	9	4	1	3
9	1	4	6	2	3	8	5
2	5	3	7	8	1	4	9

Easy 13

2	6	1	9	4	8	5	7	3
4	5	9	2	3	7	6	8	1
3	7	8	1	5	6	9	2	4
5	8	3	6	9	4	7	1	2
6	9	7	3	1	2	8	4	5
1	4	2	7	8	5	3	9	6
7	2	4	5	6	9	1	3	8
9	1	6	8	2	3	4	5	7
8	3	5	4	7	1	2	6	9

Easy 14

3	1	5	6	7	8	2	4	9
4	7	8	9	1	2	6	3	5
6	9	2	3	5	4	1	7	8
7	4	1	8	2	3	9	5	6
5	2	9	4	6	1	7	8	3
8	3	6	5	9	7	4	1	2
9	5	4	7	8	6	3	2	1
1	6	7	2	3	5	8	9	4
2	8	3	1	4	9	5	6	7

Easy 15

7	2	5	4	6	1	9	8
9	1	3	2	8	7	5	4
4	6	8	5	9	3	7	1
2	9	6	3	4	8	1	5
8	4	1	6	7	5	2	3
5	3	7	9	1	2	4	6
1	5	9	7	3	6	8	2
3	7	2	8	5	4	6	9
6	8	4	1	2	9	3	7

Easy 16

4	6	7	1	5	9	8	3	2
8	5	1	6	2	3	7	9	4
9	2	3	7	4	8	5	1	6
7	3	6	8	1	4	9	2	5
1	8	9	5	6	2	3	4	7
5	4	2	3	9	7	1	6	8
6	7	8	2	3	1	4	5	9
2	1	4	9	7	5	6	8	3
3	9	5	4	8	6	2	7	1

Easy 17

9	3	5	6	1	7	2	4	8
1	4	2	8	9	5	3	7	6
6	7	8	2	3	4	5	9	1
8	2	6	3	4	9	7	1	5
7	9	3	5	2	1	6	8	4
4	5	1	7	6	8	9	2	3
3	6	7	1	8	2	4	5	9
5	1	9	4	7	6	8	3	2
2	8	4	9	5	3	1	6	7

Easy 18

7	3	1	8	9	4	6	5
8	9	4	5	2	6	7	1
2	5	6	1	3	7	8	9
9	6	3	2	7	8	1	4
1	4	7	9	5	3	2	6
5	2	8	6	4	1	9	3
3	8	5	7	1	9	4	2
6	1	2	4	8	5	3	7
4	7	9	3	6	2	5	8

Easy 19

5	6	9	7	4	1	2	8	3
1	8	7	3	2	5	9	4	6
2	3	4	6	8	9	5	7	1
3	9	5	8	1	6	4	2	7
4	7	2	5	9	3	6	1	8
8	1	6	2	7	4	3	5	9
7	2	3	9	5	8	1	6	4
9	4	8	1	6	2	7	3	5
6	5	1	4	3	7	8	9	2

Easy 20

9	5	7	3	2	6
1	3	8	5	7	4
2	4	6	8	9	1
6	1	9	7	5	2
8	7	4	6	1	3
3	2	5	9	4	8
4	8	2	1	3	9
5	6	3	2	8	7
7	9	1	4	6	5

Easy 21

3	5	8	2	7	9	4	6	1
7	4	9	3	6	1	5	2	8
1	6	2	4	5	8	7	3	9
4	9	3	7	1	2	8	5	6
2	7	1	5	8	6	3	9	4
6	8	5	9	3	4	1	7	2
5	1	4	6	2	3	9	8	7
8	3	6	1	9	7	2	4	5
9	2	7	8	4	5	6	1	3

Easy 22

5	6	2	1	8	3	7	9	4
4	7	3	9	5	2	1	6	8
8	9	1	4	6	7	2	3	5
9	5	4	7	1	6	3	8	2
7	1	8	2	3	5	6	4	9
2	3	6	8	9	4	5	7	1
1	2	7	6	4	9	8	5	3
3	8	9	5	7	1	4	2	6
6	4	5	3	2	8	9	1	7

Easy 23

8	2	9	6	7	1
1	6	4	8	3	5
7	3	5	2	9	4
9	7	6	3	1	8
2	4	3	7	5	9
5	8	1	4	2	6
6	9	8	5	4	2
4	5	7	1	8	3
3	1	2	9	6	7

Easy 24

7	6	2	8	5	3	9	1	4
3	8	1	4	9	7	5	6	2
4	5	9	2	1	6	3	7	8
5	2	6	3	4	9	1	8	7
8	3	7	5	2	1	6	4	9
9	1	4	6	7	8	2	3	5
6	4	3	9	8	2	7	5	1
1	9	5	7	3	4	8	2	6
2	7	8	1	6	5	4	9	3

Easy 25

6	4	8	1	9	5	7	2	3
3	2	9	8	6	7	4	5	1
5	7	1	2	3	4	8	6	9
7	5	2	9	8	6	1	3	4
4	8	3	7	5	1	2	9	6
9	1	6	3	4	2	5	7	8
8	6	5	4	7	3	9	1	2
1	3	4	5	2	9	6	8	7
2	9	7	6	1	8	3	4	5

Easy 26

8	1	5	4	2	6
9	7	2	5	1	3
3	6	4	7	8	9
1	2	7	9	3	5
4	9	3	6	7	8
5	8	6	1	4	2
6	3	1	8	5	4
7	4	8	2	9	1
2	5	9	3	6	7

Easy 27

8	7	5	6	4	1	3	9	2
9	1	3	7	8	2	4	5	6
2	4	6	5	9	3	7	8	1
3	6	2	8	5	4	9	1	7
7	5	1	9	3	6	2	4	8
4	8	9	1	2	7	5	6	3
1	9	4	2	7	8	6	3	5
5	2	8	3	6	9	1	7	4
6	3	7	4	1	5	8	2	9

Easy 28

2	9	4	8	3	1	6	7	5
5	8	6	4	2	7	1	3	9
1	7	3	5	6	9	2	8	4
4	1	7	9	5	8	3	2	6
9	6	2	1	4	3	7	5	8
3	5	8	6	7	2	9	4	1
6	2	1	7	8	5	4	9	3
7	4	5	3	9	6	8	1	2
8	3	9	2	1	4	5	6	7

Easy 29

8	4	6	7	5	1	2	9	3
7	3	9	2	6	8	5	4	1
2	1	5	3	4	9	6	7	8
9	5	4	8	2	6	1	3	7
6	7	2	9	1	3	8	5	4
1	8	3	4	7	5	9	2	6
3	6	1	5	9	4	7	8	2
4	9	7	6	8	2	3	1	5
5	2	8	1	3	7	4	6	9

Easy 30

5	1	9	8	7	2	6	3	4
2	6	8	3	4	9	5	7	1
7	4	3	1	5	6	9	8	2
8	7	4	6	9	3	1	2	5
3	9	2	4	1	5	7	6	8
6	5	1	7	2	8	3	4	9
9	3	6	5	8	4	2	1	7
4	2	7	9	6	1	8	5	3
1	8	5	2	3	7	4	9	6

Easy 31

4	3	7	6	5	8	2	9	1
9	5	6	7	1	2	4	3	8
1	8	2	9	4	3	5	6	7
8	9	4	1	7	6	3	5	2
7	1	3	5	2	4	6	8	9
2	6	5	3	8	9	1	7	4
3	7	9	2	6	1	8	4	5
5	2	8	4	3	7	9	1	6
6	4	1	8	9	5	7	2	3

Easy 32

6	2	8	3	4	9
5	7	4	8	1	2
9	3	1	7	5	6
7	9	2	4	3	1
1	4	5	9	6	8
3	8	6	2	7	5
8	5	3	1	9	4
2	1	9	6	8	7
4	6	7	5	2	3

Easy 33

7	9	2	6	1	4	8	3	5
3	4	8	2	5	9	7	6	1
6	1	5	8	7	3	9	2	4
8	6	4	3	2	1	5	9	7
9	7	3	4	8	5	6	1	2
2	5	1	7	9	6	3	4	8
1	3	6	5	4	8	2	7	9
4	8	7	9	3	2	1	5	6
5	2	9	1	6	7	4	8	3

Easy 34

2	4	7	9	5	8	3	6	1
8	6	3	4	7	1	5	9	2
9	1	5	2	3	6	4	7	8
3	7	6	8	1	5	2	4	9
4	5	8	3	9	2	6	1	7
1	9	2	6	4	7	8	3	5
5	2	4	1	6	9	7	8	3
6	8	9	7	2	3	1	5	4
7	3	1	5	8	4	9	2	6

Easy 35

3	8	5	7	4	9
2	4	6	5	3	1
7	9	1	6	8	2
4	1	9	8	2	5
8	6	2	9	7	3
5	7	3	1	6	4
6	3	4	2	1	8
9	2	8	4	5	7
1	5	7	3	9	6

Easy 36

5	2	9	8	3	4	1	7	6
4	7	6	2	1	9	3	5	8
1	8	3	5	6	7	9	2	4
9	4	8	3	7	1	5	6	2
6	1	7	4	2	5	8	9	3
2	3	5	6	9	8	4	1	7
3	5	1	7	4	2	6	8	9
8	6	2	9	5	3	7	4	1
7	9	4	1	8	6	2	3	5

Easy 37

7	3	4	1	8	5	9	2	6
8	5	2	9	6	4	1	3	7
9	1	6	2	7	3	8	4	5
4	9	3	7	1	2	5	6	8
5	6	8	4	3	9	2	7	1
1	2	7	6	5	8	3	9	4
6	7	5	3	2	1	4	8	9
3	8	9	5	4	7	6	1	2
2	4	1	8	9	6	7	5	3

Easy 38

1	7	8	9	5	4
9	2	5	3	6	8
3	4	6	1	2	7
7	5	4	6	3	1
6	9	1	5	8	2
8	3	2	4	7	9
2	1	3	7	4	6
4	6	9	8	1	5
5	8	7	2	9	3

Easy 39

2	3	7	8	5	1	6	4	9
9	8	4	7	2	6	5	1	3
1	6	5	9	3	4	7	8	2
3	1	8	6	4	5	9	2	7
6	5	2	1	9	7	8	3	4
4	7	9	2	8	3	1	5	6
5	4	1	3	6	9	2	7	8
7	2	6	4	1	8	3	9	5
8	9	3	5	7	2	4	6	1

Easy 40

1	5	6	3	8	2	4
4	7	8	1	9	5	6
8	4	9	2	7	1	3
9	2	1	6	4	8	5
2	3	5	7	6	9	1
6	8	4	9	2	3	7
3	6	2	4	5	7	9
5	1	7	8	3	6	2
7	9	3	5	1	4	8

Easy 41

4	5	6	7	9	1	8	2	3
2	9	7	3	6	8	5	1	4
8	1	3	4	2	5	9	7	6
1	4	8	2	5	7	3	6	9
7	2	5	9	3	6	1	4	8
3	6	9	8	1	4	7	5	2
5	3	4	6	7	9	2	8	1
6	7	2	1	8	3	4	9	5
9	8	1	5	4	2	6	3	7

Easy 42

2	1	5	8	3	6	9	4	7
7	8	3	4	9	5	1	2	6
4	9	6	1	2	7	5	8	3
6	2	8	5	4	3	7	9	1
9	4	1	6	7	8	3	5	2
3	5	7	9	1	2	8	6	4
5	6	4	7	8	1	2	3	9
8	7	2	3	6	9	4	1	5
1	3	9	2	5	4	6	7	8

Easy 43

8	9	4	2	7	1	3
9	5	1	7	6	8	2
2	6	8	3	9	4	5
4	8	3	9	1	6	7
1	7	2	4	5	3	9
7	1	5	6	8	2	4
3	2	6	5	4	9	8
5	4	9	1	3	7	6
6	3	7	8	2	5	1

Easy 44

7	3	5	6	2	9	8	4	1
6	8	2	5	1	4	9	7	3
9	1	4	8	7	3	5	2	6
8	9	6	7	3	2	1	5	4
2	5	1	4	9	6	7	3	8
3	4	7	1	5	8	6	9	2
1	2	3	9	6	5	4	8	7
4	6	9	2	8	7	3	1	5
5	7	8	3	4	1	2	6	9

Easy 45

9	5	2	3	8	4	1	7	6
1	3	4	6	7	9	2	8	5
6	7	8	5	1	2	9	3	4
7	6	9	1	2	5	3	4	8
5	8	1	7	4	3	6	9	2
2	4	3	8	9	6	7	5	1
3	1	7	4	6	8	5	2	9
8	2	5	9	3	1	4	6	7
4	9	6	2	5	7	8	1	3

Easy 46

3	4	9	5	2	1	6
1	7	6	2	3	5	8
6	3	8	1	4	7	9
9	8	1	4	5	3	2
5	6	2	7	8	9	1
2	5	3	9	6	4	7
8	2	4	3	7	6	5
4	9	7	6	1	8	3
7	1	5	8	9	2	4

Easy 47

5	4	9	6	2	1	7	8	3
1	8	3	9	7	5	2	4	6
2	6	7	3	8	4	9	5	1
3	7	2	5	1	9	8	6	4
6	9	5	2	4	8	1	3	7
8	1	4	7	6	3	5	9	2
9	2	1	4	5	6	3	7	8
4	3	8	1	9	7	6	2	5
7	5	6	8	3	2	4	1	9

Easy 48

4	6	2	1	8	7	9	5	3
5	1	7	9	6	3	2	4	8
8	9	3	2	4	5	1	6	7
2	7	8	5	9	4	3	1	6
1	3	5	8	7	6	4	9	2
6	4	9	3	1	2	7	8	5
9	2	6	4	3	8	5	7	1
3	8	1	7	5	9	6	2	4
7	5	4	6	2	1	8	3	9

Easy 49

7	3	5	2	4	8	6	9	1
4	2	9	5	6	1	7	3	8
6	8	1	3	7	9	2	4	5
8	9	6	4	5	7	1	2	3
1	5	2	6	8	3	4	7	9
3	4	7	9	1	2	8	5	6
9	6	4	1	2	5	3	8	7
5	1	8	7	3	4	9	6	2
2	7	3	8	9	6	5	1	4

Easy 50

4	3	5	6	1	9	7	8	2
7	6	1	8	2	4	3	9	5
8	9	2	3	5	7	6	4	1
2	7	4	5	3	1	9	6	8
1	5	9	7	8	6	2	3	4
3	8	6	4	9	2	5	1	7
5	1	7	9	4	3	8	2	6
6	2	3	1	7	8	4	5	9
9	4	8	2	6	5	1	7	3

Easy 51

8	3	6	5	9	7	1	2	4
4	1	5	6	2	8	7	9	3
7	9	2	3	1	4	5	6	8
6	2	9	4	3	1	8	7	5
1	4	7	8	5	2	6	3	9
3	5	8	7	6	9	2	4	1
5	7	4	9	8	6	3	1	2
9	8	1	2	7	3	4	5	6
2	6	3	1	4	5	9	8	7

Easy 52

9	8	3	4	1	5	6
2	4	7	3	6	9	8
5	1	6	2	7	8	3
3	6	9	5	8	1	2
7	2	1	9	3	4	5
8	5	4	6	2	7	9
1	3	8	7	5	2	4
6	9	2	1	4	3	7
4	7	5	8	9	6	1

Easy 53

8	7	4	3	9	2	6	1	5
1	9	2	4	5	6	7	8	3
5	6	3	7	8	1	2	9	4
9	1	7	2	6	3	5	4	8
2	3	8	5	4	7	9	6	1
4	5	6	8	1	9	3	2	7
7	2	9	1	3	4	8	5	6
3	4	5	6	2	8	1	7	9
6	8	1	9	7	5	4	3	2

Easy 54

9	2	5	3	4	7	1	8	6
8	4	7	6	1	5	3	2	9
3	6	1	2	8	9	5	4	7
4	1	8	7	2	3	6	9	5
5	3	9	8	6	1	2	7	4
2	7	6	9	5	4	8	1	3
1	5	2	4	9	6	7	3	8
6	9	3	1	7	8	4	5	2
7	8	4	5	3	2	9	6	1

Easy 55

2	9	4	7	3	8	1
3	1	5	2	9	6	4
6	7	8	1	4	5	9
4	8	6	9	5	3	2
5	2	1	4	6	7	3
7	3	9	8	1	2	5
8	4	2	3	7	1	6
1	5	3	6	8	9	7
9	6	7	5	2	4	8

Easy 56

4	1	3	7	5	8	2	6	9
5	2	7	1	6	9	3	4	8
6	8	9	2	3	4	7	5	1
7	3	1	8	2	5	6	9	4
8	4	5	9	7	6	1	2	3
9	6	2	3	4	1	5	8	7
1	5	6	4	9	3	8	7	2
2	9	8	5	1	7	4	3	6
3	7	4	6	8	2	9	1	5

Easy 57

8	2	5	9	4	6	1	3	7
3	6	9	2	1	7	8	5	4
1	4	7	8	3	5	9	2	6
4	8	3	1	6	9	2	7	5
9	1	6	7	5	2	3	4	8
5	7	2	3	8	4	6	9	1
2	3	8	4	7	1	5	6	9
7	5	1	6	9	3	4	8	2
6	9	4	5	2	8	7	1	3

Easy 58

1	5	6	7	8	9	2
7	8	2	4	1	3	9
9	3	4	2	5	6	7
3	9	8	5	4	2	6
2	1	5	6	3	7	8
6	4	7	1	9	8	3
8	6	1	9	7	5	4
4	7	3	8	2	1	5
5	2	9	3	6	4	1

Easy 59

5	2	3	6	7	1	8	9	4
6	1	7	8	4	9	2	3	5
4	8	9	5	2	3	1	6	7
7	4	1	9	8	6	3	5	2
9	3	2	7	1	5	4	8	6
8	5	6	2	3	4	7	1	9
2	6	8	3	9	7	5	4	1
1	7	5	4	6	8	9	2	3
3	9	4	1	5	2	6	7	8

Easy 60

5	3	4	6	8	2	7
7	8	2	5	9	3	1
3	1	7	9	4	5	6
6	9	1	2	5	8	4
2	7	5	4	1	6	3
1	6	8	3	2	7	9
9	4	6	8	3	1	5
8	5	9	7	6	4	2
4	2	3	1	7	9	8

Easy 61

8	9	6	7	1	5	4	2	3
3	5	7	6	2	4	8	9	1
1	2	4	8	9	3	6	5	7
5	8	2	9	3	6	7	1	4
4	3	9	1	7	8	5	6	2
6	7	1	5	4	2	9	3	8
9	1	8	3	5	7	2	4	6
2	6	3	4	8	9	1	7	5
7	4	5	2	6	1	3	8	9

Easy 62

9	1	5	6	4	8	3	7	2
7	6	2	9	5	3	1	4	8
3	4	8	7	1	2	5	6	9
8	5	1	2	9	6	4	3	7
2	3	4	8	7	5	9	1	6
6	9	7	1	3	4	8	2	5
1	2	6	4	8	9	7	5	3
4	8	3	5	2	7	6	9	1
5	7	9	3	6	1	2	8	4

Easy 63

4	9	2	5	8	1	7
8	1	7	3	2	6	4
2	6	8	4	9	3	5
9	7	3	2	5	4	6
5	8	4	9	1	7	2
7	5	6	1	3	8	9
1	3	9	7	6	2	8
6	2	1	8	4	5	3
3	4	5	6	7	9	1

Easy 64

9	8	4	2	5	1	7	3	6
7	5	1	6	9	3	8	4	2
2	6	3	7	8	4	9	1	5
5	9	8	3	4	2	6	7	1
4	7	2	5	1	6	3	8	9
3	1	6	8	7	9	5	2	4
6	4	7	9	2	8	1	5	3
8	2	9	1	3	5	4	6	7
1	3	5	4	6	7	2	9	8

Easy 65

1	3	5	8	4	6	2	9	7
6	9	2	7	1	5	3	8	4
4	7	8	9	2	3	5	6	1
5	1	6	2	3	4	8	7	9
2	8	7	1	5	9	4	3	6
9	4	3	6	7	8	1	2	5
7	2	9	4	8	1	6	5	3
8	5	4	3	6	7	9	1	2
3	6	1	5	9	2	7	4	8

Easy 66

7	9	5	3	2	1	6
5	2	6	7	3	4	8
6	8	1	4	7	5	9
2	4	7	5	9	8	3
9	6	8	1	4	7	2
8	3	9	2	1	6	5
4	1	3	8	5	9	7
3	5	4	9	6	2	1
1	7	2	6	8	3	4

Easy 67

7	2	4	8	1	5	9	3	6
5	3	6	2	9	7	1	4	8
8	9	1	6	3	4	2	5	7
6	4	7	9	5	8	3	1	2
9	5	3	7	2	1	8	6	4
2	1	8	3	4	6	5	7	9
1	7	5	4	8	2	6	9	3
3	6	2	1	7	9	4	8	5
4	8	9	5	6	3	7	2	1

Easy 68

3	4	1	6	5	8	2	7	9
5	6	7	2	4	9	3	8	1
9	8	2	1	3	7	4	6	5
4	3	5	9	8	1	7	2	6
6	1	9	7	2	3	8	5	4
2	7	8	4	6	5	9	1	3
1	9	6	3	7	2	5	4	8
7	5	4	8	9	6	1	3	2
8	2	3	5	1	4	6	9	7

Easy 69

3	5	6	8	2	9	7	4	1
4	7	9	6	1	5	8	3	2
8	1	2	4	3	7	5	6	9
9	2	3	7	5	1	4	8	6
5	4	8	9	6	2	1	7	3
7	6	1	3	4	8	9	2	5
6	8	7	1	9	3	2	5	4
2	9	4	5	7	6	3	1	8
1	3	5	2	8	4	6	9	7

Easy 70

4	5	7	3	6	2	9	8	1
2	1	6	9	7	8	5	3	4
9	8	3	4	1	5	2	6	7
3	4	1	8	9	6	7	2	5
5	6	2	7	4	3	8	1	9
7	9	8	2	5	1	3	4	6
6	2	9	5	8	4	1	7	3
1	3	5	6	2	7	4	9	8
8	7	4	1	3	9	6	5	2

Easy 71

1	5	2	7	6	4	3	9	8
7	3	4	9	8	2	1	5	6
6	8	9	1	3	5	2	4	7
8	4	6	2	7	3	5	1	9
9	7	5	8	4	1	6	2	3
2	1	3	5	9	6	7	8	4
3	6	1	4	2	9	8	7	5
4	2	7	3	5	8	9	6	1
5	9	8	6	1	7	4	3	2

Easy 72

4	6	1	9	7	2	5
8	7	2	1	3	5	6
9	3	5	6	4	8	7
1	4	8	2	5	3	9
2	5	6	4	9	7	8
3	9	7	8	1	6	2
5	2	9	3	8	4	1
6	8	4	7	2	1	3
7	1	3	5	6	9	4

Easy 73

5	7	1	6	8	2	3	9	4
9	2	8	4	1	3	6	5	7
6	3	4	5	7	9	8	1	2
1	8	9	7	5	4	2	3	6
2	4	5	3	6	1	7	8	9
3	6	7	9	2	8	5	4	1
7	1	3	2	4	5	9	6	8
4	5	6	8	9	7	1	2	3
8	9	2	1	3	6	4	7	5

Easy 74

4	3	5	2	8	6	9	1	7
2	6	7	5	9	1	8	3	4
1	8	9	7	3	4	6	2	5
9	4	6	3	5	7	1	8	2
8	5	2	4	1	9	3	7	6
3	7	1	6	2	8	4	5	9
6	1	4	8	7	5	2	9	3
5	2	8	9	4	3	7	6	1
7	9	3	1	6	2	5	4	8

Easy 75

7	6	5	1	2	4	8
8	1	3	7	5	9	4
9	2	4	3	6	8	1
4	5	1	9	7	3	2
2	9	6	8	1	5	7
3	7	8	2	4	6	5
5	3	9	4	8	1	6
1	4	2	6	9	7	3
6	8	7	5	3	2	9

Easy 76

8	5	2	4	1	3	9	7	6
3	6	7	5	2	9	8	1	4
9	1	4	6	7	8	3	5	2
1	7	9	8	4	6	2	3	5
2	8	6	3	5	7	4	9	1
5	4	3	1	9	2	6	8	7
4	2	1	9	3	5	7	6	8
6	3	5	7	8	4	1	2	9
7	9	8	2	6	1	5	4	3

Easy 77

9	1	7	3	5	2	4	6	8
3	8	2	9	4	6	5	7	1
4	5	6	7	8	1	9	2	3
7	9	5	1	3	8	2	4	6
8	4	3	2	6	9	7	1	5
6	2	1	4	7	5	8	3	9
5	3	4	6	9	7	1	8	2
1	7	8	5	2	3	6	9	4
2	6	9	8	1	4	3	5	7

Easy 78

1	2	6	3	8	4	7
3	7	4	9	5	1	8
5	8	9	2	6	7	3
9	3	5	1	4	8	6
6	1	2	5	7	3	9
7	4	8	6	9	2	1
8	6	3	4	2	9	5
2	5	1	7	3	6	4
4	9	7	8	1	5	2

Easy 79

4	1	7	6	5	8	2	3	9
8	2	5	3	1	9	7	4	6
6	9	3	2	4	7	5	8	1
7	8	2	5	9	3	6	1	4
9	5	1	7	6	4	3	2	8
3	4	6	1	8	2	9	5	7
1	3	9	4	7	5	8	6	2
5	7	4	8	2	6	1	9	3
2	6	8	9	3	1	4	7	5

Easy 80

9	8	3	6	1	4
5	6	1	7	2	9
7	2	4	8	5	3
1	3	9	2	6	8
8	4	5	1	3	7
6	7	2	4	9	5
3	9	8	5	4	1
4	5	6	9	7	2
2	1	7	3	8	6

Easy 81

3	5	6	2	8	7	4	1	9
4	7	8	9	3	1	2	5	6
2	9	1	4	5	6	3	7	8
5	1	2	6	9	3	7	8	4
6	8	9	7	1	4	5	2	3
7	3	4	5	2	8	9	6	1
8	2	3	1	7	9	6	4	5
1	4	5	3	6	2	8	9	7
9	6	7	8	4	5	1	3	2

Easy 82

1	7	5	9	2	6	3	4	8
6	3	9	1	4	8	5	7	2
8	4	2	5	7	3	6	1	9
2	5	8	6	1	9	4	3	7
7	6	4	8	3	2	1	9	5
3	9	1	4	5	7	8	2	6
5	2	3	7	6	1	9	8	4
4	8	7	3	9	5	2	6	1
9	1	6	2	8	4	7	5	3

Easy 83

7	2	5	8	1	4
4	6	9	5	2	3
3	8	1	6	7	9
2	7	6	4	8	1
5	9	8	7	3	6
1	3	4	9	5	2
6	4	3	1	9	8
8	1	7	2	6	5
9	5	2	3	4	7

Easy 84

3	5	4	8	1	6	9	2	7
8	9	6	3	2	7	1	5	4
7	1	2	4	5	9	3	6	8
4	6	9	5	8	1	7	3	2
1	2	3	6	7	4	8	9	5
5	7	8	9	3	2	4	1	6
6	8	1	2	4	3	5	7	9
9	3	5	7	6	8	2	4	1
2	4	7	1	9	5	6	8	3

Easy 85

7	1	9	3	5	8	4	6	2
2	8	5	6	4	9	7	3	1
3	4	6	2	7	1	8	9	5
4	5	2	9	8	7	6	1	3
6	3	7	4	1	2	9	5	8
8	9	1	5	6	3	2	4	7
5	2	8	1	9	4	3	7	6
9	6	3	7	2	5	1	8	4
1	7	4	8	3	6	5	2	9

Easy 86

3	6	8	5	9	1
4	5	1	2	8	7
2	7	9	4	6	3
5	4	6	7	1	9
8	9	3	6	2	4
7	1	2	8	3	5
9	2	5	3	4	8
6	8	4	1	7	2
1	3	7	9	5	6

Easy 87

4	3	2	5	1	7	9	6	8
5	6	8	3	4	9	1	2	7
7	9	1	2	8	6	3	5	4
8	5	6	4	3	1	2	7	9
9	1	7	6	2	8	5	4	3
2	4	3	9	7	5	8	1	6
6	2	4	1	9	3	7	8	5
1	8	9	7	5	4	6	3	2
3	7	5	8	6	2	4	9	1

Easy 88

7	4	2	3	9	5	8	1	6
5	6	3	8	1	4	9	2	7
8	9	1	2	6	7	5	3	4
6	8	9	4	2	3	7	5	1
1	2	7	5	8	9	4	6	3
3	5	4	1	7	6	2	8	9
9	3	8	6	4	2	1	7	5
2	7	6	9	5	1	3	4	8
4	1	5	7	3	8	6	9	2

Easy 89

8	2	5	9	3	6	1	4	7
6	9	4	8	7	1	5	2	3
7	1	3	2	4	5	9	6	8
2	3	7	4	5	9	8	1	6
5	4	1	6	8	2	3	7	9
9	6	8	7	1	3	4	5	2
4	8	2	1	9	7	6	3	5
1	5	6	3	2	8	7	9	4
3	7	9	5	6	4	2	8	1

Easy 90

3	5	7	8	9	4	6	1	2
1	2	4	5	6	7	8	3	9
6	8	9	1	2	3	4	5	7
2	3	5	6	1	9	7	4	8
7	1	8	2	4	5	9	6	3
4	9	6	7	3	8	5	2	1
9	7	2	3	5	6	1	8	4
5	4	3	9	8	1	2	7	6
8	6	1	4	7	2	3	9	5

Easy 91

3	2	4	9	8	6	7	1	5
9	6	5	1	2	7	8	3	4
7	1	8	3	4	5	9	2	6
1	7	9	4	3	8	6	5	2
4	3	6	2	5	9	1	7	8
8	5	2	6	7	1	3	4	9
5	9	1	7	6	4	2	8	3
6	8	3	5	1	2	4	9	7
2	4	7	8	9	3	5	6	1

Easy 92

6	4	3	7	9	2
5	7	1	8	3	4
8	9	2	5	6	1
7	1	6	4	2	9
9	2	8	6	5	3
3	5	4	1	7	8
1	6	5	9	4	7
2	8	7	3	1	6
4	3	9	2	8	5

Easy 93

4	2	7	8	6	9	5	3	1
5	6	8	1	3	4	9	2	7
9	3	1	2	7	5	8	6	4
1	7	4	9	8	3	2	5	6
2	8	3	4	5	6	1	7	9
6	9	5	7	1	2	3	4	8
8	5	2	6	9	7	4	1	3
3	1	6	5	4	8	7	9	2
7	4	9	3	2	1	6	8	5

Easy 94

5	3	9	7	4	6	2	8	1
6	1	7	5	8	2	9	4	3
8	4	2	3	9	1	6	5	7
7	8	4	1	5	9	3	6	2
9	5	3	2	6	7	4	1	8
1	2	6	8	3	4	7	9	5
2	6	5	9	1	3	8	7	4
3	9	1	4	7	8	5	2	6
4	7	8	6	2	5	1	3	9

Easy 95

1	4	7	2	5	8
9	2	3	1	4	6
5	6	8	3	7	9
2	1	5	9	3	7
3	7	4	8	6	2
8	9	6	4	1	5
4	3	2	5	8	1
6	5	9	7	2	3
7	8	1	6	9	4

Easy 96

9	1	3	7	5	8	4	2	6
8	7	6	4	9	2	5	1	3
4	2	5	1	3	6	7	8	9
1	3	9	8	4	7	2	6	5
6	4	2	9	1	5	3	7	8
5	8	7	2	6	3	9	4	1
7	9	8	3	2	1	6	5	4
2	5	4	6	8	9	1	3	7
3	6	1	5	7	4	8	9	2

Easy 97

9	3	2	7	1	6	5	8	4
4	8	1	5	2	9	6	7	3
5	6	7	3	4	8	2	9	1
2	9	8	1	5	4	3	6	7
3	1	5	6	8	7	4	2	9
6	7	4	9	3	2	8	1	5
7	2	3	4	6	1	9	5	8
8	4	9	2	7	5	1	3	6
1	5	6	8	9	3	7	4	2

Easy 98

6	3	5	9	2	8
8	4	1	3	7	5
9	2	7	4	1	6
1	5	6	2	3	4
2	8	9	1	5	7
3	7	4	6	8	9
4	9	2	8	6	3
5	6	8	7	9	1
7	1	3	5	4	2

Easy 99

3	8	6	4	5	7	9	1	2
9	1	4	6	8	2	5	3	7
7	2	5	9	1	3	4	6	8
1	7	9	2	3	4	6	8	5
6	4	3	5	9	8	7	2	1
8	5	2	1	7	6	3	4	9
4	9	8	3	2	5	1	7	6
5	3	7	8	6	1	2	9	4
2	6	1	7	4	9	8	5	3

Easy 100

4	9	6	7	3	2	5
9	1	2	8	4	6	7
7	5	3	4	9	1	8
1	7	9	5	6	3	2
6	3	8	1	7	9	4
3	2	4	6	8	5	1
5	8	7	9	2	4	6
8	6	5	2	1	7	3
2	4	1	3	5	8	9

Easy 101

3	5	7	2	6	9	4	8	1
8	2	4	5	3	1	6	7	9
6	1	9	4	7	8	5	2	3
1	4	8	6	2	7	3	9	5
9	3	2	8	1	5	7	4	6
5	7	6	9	4	3	8	1	2
4	6	1	3	8	2	9	5	7
2	8	5	7	9	6	1	3	4
7	9	3	1	5	4	2	6	8

Easy 102

7	9	2	3	5	4	8	1	6
1	3	5	8	9	6	2	4	7
4	6	8	7	1	2	3	5	9
5	7	6	9	2	8	4	3	1
2	8	1	6	4	3	7	9	5
3	4	9	5	7	1	6	8	2
6	5	3	1	8	7	9	2	4
8	1	4	2	6	9	5	7	3
9	2	7	4	3	5	1	6	8

Easy 103

3	9	6	4	8	2	7
7	1	5	8	9	3	4
9	7	2	3	1	5	6
5	8	7	6	2	9	3
6	4	3	2	5	7	1
2	5	9	1	4	6	8
8	3	1	7	6	4	5
1	2	4	5	3	8	9
4	6	8	9	7	1	2

Easy 104

2	9	4	7	1	5	8	3	6
7	1	8	9	6	3	4	2	5
3	5	6	2	4	8	7	9	1
8	2	7	1	5	4	3	6	9
4	3	5	6	9	2	1	7	8
9	6	1	3	8	7	2	5	4
5	7	9	4	2	1	6	8	3
6	4	2	8	3	9	5	1	7
1	8	3	5	7	6	9	4	2

Easy 105

3	6	4	2	7	9	5	8	1
1	5	7	3	6	8	2	4	9
8	9	2	4	1	5	3	6	7
2	1	6	7	5	4	9	3	8
4	8	3	9	2	6	1	7	5
5	7	9	8	3	1	4	2	6
7	4	5	1	8	2	6	9	3
6	2	8	5	9	3	7	1	4
9	3	1	6	4	7	8	5	2

Easy 106

4	1	2	5	6	3	7
2	3	8	6	1	9	4
6	4	9	7	5	8	2
1	5	7	2	4	6	3
3	8	1	4	7	2	9
7	6	3	9	8	1	5
8	9	4	3	2	5	6
5	7	6	1	9	4	8
9	2	5	8	3	7	1

Easy 107

2	3	8	5	4	1	7	6	9
1	7	5	2	9	6	3	4	8
9	4	6	7	8	3	2	1	5
7	6	2	9	3	4	5	8	1
8	9	3	1	5	2	4	7	6
4	5	1	6	7	8	9	2	3
3	8	7	4	1	5	6	9	2
5	2	9	8	6	7	1	3	4
6	1	4	3	2	9	8	5	7

Easy 108

1	2	5	7	3	6	9	4	8
9	3	4	8	2	1	5	6	7
7	8	6	4	9	5	1	3	2
5	4	8	1	6	9	2	7	3
2	1	7	3	5	8	4	9	6
6	9	3	2	4	7	8	5	1
3	7	9	5	8	2	6	1	4
8	6	1	9	7	4	3	2	5
4	5	2	6	1	3	7	8	9

Easy 109

2	1	4	7	6	3	9	5	8
6	7	9	5	8	2	3	1	4
3	8	5	4	9	1	6	2	7
4	5	7	1	3	8	2	6	9
8	6	1	2	4	9	7	3	5
9	2	3	6	5	7	8	4	1
5	9	2	3	7	4	1	8	6
7	3	6	8	1	5	4	9	2
1	4	8	9	2	6	5	7	3

Easy 110

9	6	2	5	7	3	8	1	4
3	1	7	2	4	8	5	6	9
4	8	5	9	6	1	3	7	2
6	2	1	7	8	5	4	9	3
5	3	4	1	9	2	6	8	7
7	9	8	4	3	6	1	2	5
8	4	6	3	2	9	7	5	1
1	7	9	6	5	4	2	3	8
2	5	3	8	1	7	9	4	6

Easy 111

5	8	6	1	2	7	4	3	9
7	9	2	3	4	5	6	1	8
3	1	4	6	8	9	7	2	5
6	2	1	4	5	8	9	7	3
8	3	9	7	6	2	1	5	4
4	5	7	9	1	3	8	6	2
9	4	5	2	7	6	3	8	1
1	6	8	5	3	4	2	9	7
2	7	3	8	9	1	5	4	6

Easy 112

6	8	3	9	7	4	5
2	4	7	5	3	1	8
9	1	5	6	8	2	7
7	6	1	4	9	8	3
4	5	2	3	1	7	6
3	9	8	2	5	6	1
5	7	9	1	4	3	2
8	3	6	7	2	9	4
1	2	4	8	6	5	9

Easy 113

7	6	1	8	5	2	9	3	4
4	3	8	1	6	9	2	5	7
2	5	9	3	4	7	6	8	1
3	7	2	5	8	1	4	6	9
9	8	4	2	3	6	1	7	5
5	1	6	7	9	4	8	2	3
8	2	7	9	1	5	3	4	6
6	9	3	4	7	8	5	1	2
1	4	5	6	2	3	7	9	8

Easy 114

7	5	6	8	1	3	9	2	4
3	8	2	9	7	4	6	1	5
9	4	1	2	5	6	7	3	8
8	3	5	1	9	7	2	4	6
6	7	4	3	8	2	1	5	9
1	2	9	6	4	5	8	7	3
2	6	7	4	3	9	5	8	1
4	9	8	5	2	1	3	6	7
5	1	3	7	6	8	4	9	2

Easy 115

7	5	6	3	9	1	8
3	4	1	2	5	8	6
8	9	2	4	6	7	5
5	7	9	6	8	4	2
4	2	8	5	1	3	9
1	6	3	7	2	9	4
6	3	7	8	4	2	1
9	8	4	1	7	5	3
2	1	5	9	3	6	7

Easy 116

8	1	4	7	2	5	9	3	6
9	2	6	1	3	8	4	5	7
5	3	7	4	9	6	8	2	1
4	5	1	9	8	3	7	6	2
6	9	8	2	7	1	3	4	5
2	7	3	5	6	4	1	8	9
7	4	5	3	1	2	6	9	8
1	6	2	8	4	9	5	7	3
3	8	9	6	5	7	2	1	4

Easy 117

7	2	6	5	4	8	3	1	9
5	4	9	3	1	6	8	2	7
8	1	3	7	9	2	4	5	6
2	3	7	1	6	9	5	4	8
4	5	1	8	2	7	6	9	3
6	9	8	4	3	5	1	7	2
3	6	4	9	7	1	2	8	5
1	7	5	2	8	3	9	6	4
9	8	2	6	5	4	7	3	1

Easy 118

4	3	7	9	2	8	5
2	5	8	1	6	7	3
6	9	1	3	4	5	7
5	6	9	2	7	1	4
7	8	3	4	5	9	6
1	2	4	6	8	3	9
8	7	6	5	9	2	1
9	1	5	8	3	4	2
3	4	2	7	1	6	8

Easy 119

2	4	8	3	7	1	5	6	9
5	3	7	6	8	9	1	4	2
9	1	6	2	4	5	3	8	7
6	8	1	4	9	2	7	3	5
7	2	5	8	3	6	9	1	4
3	9	4	1	5	7	6	2	8
1	6	9	5	2	8	4	7	3
4	5	2	7	6	3	8	9	1
8	7	3	9	1	4	2	5	6

Easy 120

4	3	9	2	6	1
1	5	6	8	9	7
7	2	8	3	4	5
8	4	5	7	3	9
6	9	1	5	8	2
2	7	3	4	1	6
9	6	7	1	5	8
3	1	2	9	7	4
5	8	4	6	2	3

Easy 121

6	8	5	1	3	7	2	9	4
1	2	4	9	5	6	3	7	8
7	9	3	2	8	4	5	1	6
2	5	9	6	1	8	7	4	3
3	1	8	7	4	9	6	5	2
4	6	7	3	2	5	9	8	1
8	7	6	4	9	3	1	2	5
9	4	1	5	6	2	8	3	7
5	3	2	8	7	1	4	6	9

Easy 122

5	6	2	9	7	3	1	8	4
4	8	9	6	1	2	7	5	3
1	3	7	4	8	5	9	2	6
9	2	8	5	3	4	6	1	7
3	4	6	7	2	1	8	9	5
7	1	5	8	6	9	4	3	2
6	7	3	1	5	8	2	4	9
2	9	1	3	4	7	5	6	8
8	5	4	2	9	6	3	7	1

Easy 123

4	9	2	8	5	3
3	5	1	7	6	9
6	8	7	1	4	2
5	6	8	3	2	1
9	2	3	4	7	8
7	1	4	6	9	5
8	7	9	5	3	4
1	3	5	2	8	6
2	4	6	9	1	7

Easy 124

8	1	6	4	5	3	9	2	7
4	5	2	1	7	9	3	6	8
7	3	9	8	6	2	1	4	5
9	6	3	5	8	7	4	1	2
5	8	4	2	3	1	7	9	6
1	2	7	9	4	6	5	8	3
6	7	1	3	2	4	8	5	9
2	9	5	7	1	8	6	3	4
3	4	8	6	9	5	2	7	1

Easy 125

8	2	3	4	1	5	7	9	6
4	5	6	3	9	7	1	8	2
9	7	1	8	6	2	3	4	5
3	6	5	9	8	1	4	2	7
7	4	9	2	3	6	5	1	8
2	1	8	5	7	4	6	3	9
1	3	2	6	5	8	9	7	4
5	9	4	7	2	3	8	6	1
6	8	7	1	4	9	2	5	3

Easy 126

6	4	9	8	5	7
3	1	7	6	2	9
8	2	5	1	3	4
9	3	4	2	8	5
5	6	1	7	4	3
7	8	2	9	1	6
4	9	8	3	6	1
1	7	6	5	9	2
2	5	3	4	7	8

Easy 127

8	2	9	3	6	1	5	7	4
6	1	3	7	5	4	8	2	9
4	5	7	2	8	9	6	1	3
3	6	5	4	1	8	7	9	2
7	8	2	5	9	3	1	4	6
1	9	4	6	2	7	3	5	8
5	3	8	9	7	2	4	6	1
2	4	6	1	3	5	9	8	7
9	7	1	8	4	6	2	3	5

Easy 128

9	1	3	6	2	4	8	7	5
2	8	4	1	5	7	3	9	6
5	7	6	9	8	3	1	2	4
4	9	8	5	7	2	6	1	3
1	2	7	8	3	6	4	5	9
6	3	5	4	9	1	2	8	7
3	4	9	2	1	5	7	6	8
7	5	1	3	6	8	9	4	2
8	6	2	7	4	9	5	3	1

Easy 129

2	1	5	3	7	9	6	4	8
6	4	8	1	2	5	3	7	9
7	9	3	4	6	8	1	2	5
9	2	6	8	1	3	4	5	7
3	5	1	7	4	2	8	9	6
4	8	7	5	9	6	2	1	3
8	7	2	6	5	4	9	3	1
1	3	9	2	8	7	5	6	4
5	6	4	9	3	1	7	8	2

Easy 130

2	1	6	3	7	8	4	5	9
3	4	7	9	1	5	6	2	8
9	5	8	4	2	6	7	1	3
1	9	5	2	3	7	8	4	6
4	6	2	8	5	9	1	3	7
7	8	3	6	4	1	5	9	2
5	2	1	7	6	3	9	8	4
6	3	9	1	8	4	2	7	5
8	7	4	5	9	2	3	6	1

Easy 131

9	5	6	2	1	7	3	4	8
1	2	7	8	3	4	9	5	6
3	8	4	5	9	6	1	7	2
7	1	3	9	2	5	8	6	4
4	9	2	1	6	8	5	3	7
8	6	5	7	4	3	2	1	9
6	4	9	3	5	2	7	8	1
5	7	1	6	8	9	4	2	3
2	3	8	4	7	1	6	9	5

Easy 132

5	7	3	6	8	9
8	6	2	5	1	4
4	9	1	2	3	7
6	8	5	3	4	1
1	2	7	9	6	8
9	3	4	7	2	5
3	1	6	4	9	2
7	4	8	1	5	6
2	5	9	8	7	3

Easy 133

5	3	4	2	8	7	1	9	6
2	6	7	9	4	1	3	8	5
8	1	9	6	3	5	7	2	4
6	4	2	1	5	8	9	3	7
1	7	8	3	9	6	4	5	2
3	9	5	4	7	2	8	6	1
9	8	1	5	2	4	6	7	3
4	5	3	7	6	9	2	1	8
7	2	6	8	1	3	5	4	9

Easy 134

2	4	7	1	5	8	3	6	9
8	9	1	2	6	3	5	7	4
3	5	6	7	4	9	2	8	1
6	2	3	8	9	4	7	1	5
5	7	4	3	1	6	9	2	8
9	1	8	5	7	2	6	4	3
7	3	2	9	8	1	4	5	6
4	8	9	6	2	5	1	3	7
1	6	5	4	3	7	8	9	2

Easy 135

5	6	2	9	7	4
7	8	1	2	3	5
3	9	4	6	8	1
1	7	6	8	5	9
8	2	9	7	4	3
4	3	5	1	6	2
9	1	3	5	2	8
6	5	8	4	9	7
2	4	7	3	1	6

Easy 136

7	8	2	5	6	3	1	9	4
9	1	6	4	7	8	2	5	3
3	4	5	9	1	2	6	7	8
2	9	7	6	8	4	3	1	5
8	5	3	7	2	1	9	4	6
1	6	4	3	9	5	7	8	2
4	2	9	1	5	6	8	3	7
5	7	8	2	3	9	4	6	1
6	3	1	8	4	7	5	2	9

Easy 137

5	3	4	1	6	7	2	9	8
1	6	2	8	9	5	4	3	7
7	8	9	2	3	4	1	5	6
6	1	7	3	2	8	9	4	5
9	5	8	4	7	1	6	2	3
2	4	3	6	5	9	7	8	1
3	7	1	9	8	2	5	6	4
8	2	5	7	4	6	3	1	9
4	9	6	5	1	3	8	7	2

Easy 138

8	7	2	9	5	3
3	9	4	2	1	6
1	5	6	7	4	8
4	6	8	1	7	5
7	2	9	3	6	4
5	1	3	8	9	2
6	8	5	4	3	1
9	3	1	5	2	7
2	4	7	6	8	9

Easy 139

3	4	6	8	5	1	9	2	7
9	1	5	2	4	7	3	8	6
2	8	7	3	9	6	4	5	1
4	3	1	5	6	2	7	9	8
5	9	2	7	8	3	6	1	4
6	7	8	9	1	4	2	3	5
7	5	3	4	2	8	1	6	9
8	6	4	1	3	9	5	7	2
1	2	9	6	7	5	8	4	3

Easy 140

4	7	1	6	9	5
2	5	8	1	3	7
6	9	3	4	8	2
3	2	5	7	4	9
7	8	6	3	5	1
1	4	9	8	2	6
8	3	2	9	1	4
5	6	4	2	7	8
9	1	7	5	6	3

Easy 141

3	1	7	5	2	8	4	6	9
8	5	4	9	1	6	3	2	7
9	2	6	3	4	7	5	8	1
2	3	8	4	5	1	7	9	6
1	4	5	6	7	9	8	3	2
6	7	9	2	8	3	1	4	5
4	6	2	7	3	5	9	1	8
5	9	1	8	6	4	2	7	3
7	8	3	1	9	2	6	5	4

Easy 142

7	3	5	9	4	6	1	2	8
2	8	4	5	7	1	9	3	6
6	1	9	8	2	3	5	4	7
8	5	3	6	1	2	7	9	4
4	6	7	3	5	9	2	8	1
9	2	1	7	8	4	3	6	5
1	7	6	2	9	8	4	5	3
3	4	2	1	6	5	8	7	9
5	9	8	4	3	7	6	1	2

Easy 143

3	4	6	9	1	2
7	1	2	8	5	6
8	9	5	3	7	4
6	2	1	4	8	3
4	7	8	5	6	9
9	5	3	7	2	1
2	3	7	6	4	5
5	6	9	1	3	8
1	8	4	2	9	7

Easy 144

8	9	7	3	4	2	6	1	5
1	3	4	9	5	6	8	7	2
2	5	6	7	8	1	3	4	9
4	8	5	6	2	9	7	3	1
6	7	9	5	1	3	2	8	4
3	1	2	4	7	8	5	9	6
5	2	1	8	3	4	9	6	7
7	6	8	1	9	5	4	2	3
9	4	3	2	6	7	1	5	8

Easy 145

5	7	4	6	8	9	3	1	2
6	8	2	1	7	3	5	4	9
9	1	3	2	4	5	6	7	8
3	5	9	4	6	7	2	8	1
8	6	1	3	9	2	7	5	4
2	4	7	5	1	8	9	3	6
7	2	6	8	3	4	1	9	5
1	9	8	7	5	6	4	2	3
4	3	5	9	2	1	8	6	7

Easy 146

2	7	8	3	5	1
6	1	3	9	7	4
9	5	4	6	8	2
1	3	7	8	9	6
8	2	6	1	4	5
5	4	9	7	2	3
4	8	2	5	1	7
7	6	1	4	3	9
3	9	5	2	6	8

Easy 147

6	4	1	2	7	3	9	8	5
5	7	3	8	4	9	1	2	6
8	9	2	1	5	6	3	4	7
4	8	5	9	1	7	6	3	2
7	1	6	3	2	4	8	5	9
2	3	9	5	6	8	4	7	1
9	6	7	4	3	5	2	1	8
1	5	4	6	8	2	7	9	3
3	2	8	7	9	1	5	6	4

Easy 148

3	7	4	6	2	5	8	9	1
1	8	6	7	4	9	5	2	3
9	2	5	8	3	1	4	6	7
6	4	9	3	8	2	7	1	5
2	3	1	4	5	7	6	8	9
7	5	8	9	1	6	2	3	4
8	1	2	5	7	3	9	4	6
4	9	7	1	6	8	3	5	2
5	6	3	2	9	4	1	7	8

Easy 149

7	5	3	8	9	4	2	1	6
6	8	9	1	7	2	3	5	4
1	2	4	3	5	6	7	9	8
8	1	6	4	2	5	9	3	7
9	7	5	6	8	3	4	2	1
3	4	2	7	1	9	6	8	5
2	6	1	9	4	8	5	7	3
4	9	7	5	3	1	8	6	2
5	3	8	2	6	7	1	4	9

Easy 150

7	9	2	5	6	4	8	1	3
5	1	3	8	2	9	4	6	7
4	8	6	3	7	1	2	5	9
8	7	1	4	9	3	5	2	6
3	2	9	1	5	6	7	4	8
6	4	5	2	8	7	9	3	1
1	5	7	6	4	8	3	9	2
9	3	4	7	1	2	6	8	5
2	6	8	9	3	5	1	7	4

Easy 151

7	4	5	3	8	6	2	9	1
3	6	1	9	7	2	4	8	5
8	2	9	4	1	5	3	7	6
1	7	6	2	9	8	5	3	4
2	8	3	7	5	4	6	1	9
9	5	4	6	3	1	7	2	8
6	3	8	5	2	9	1	4	7
5	1	7	8	4	3	9	6	2
4	9	2	1	6	7	8	5	3

Easy 152

6	7	3	8	4	1
5	1	4	9	2	3
2	8	9	5	6	7
4	9	5	3	7	2
7	6	8	1	5	4
3	2	1	6	8	9
8	4	6	2	9	5
1	5	2	7	3	6
9	3	7	4	1	8

Easy 153

6	5	1	8	7	2	4	9	3
4	8	9	5	6	3	2	7	1
7	2	3	4	9	1	5	8	6
8	1	5	3	2	7	6	4	9
3	4	7	6	5	9	1	2	8
9	6	2	1	8	4	7	3	5
5	7	6	2	3	8	9	1	4
1	9	8	7	4	6	3	5	2
2	3	4	9	1	5	8	6	7

Easy 154

2	5	7	6	9	3	4	1	8
4	6	8	1	2	5	3	9	7
9	3	1	4	7	8	5	2	6
5	1	4	7	3	2	6	8	9
8	9	2	5	4	6	7	3	1
3	7	6	8	1	9	2	4	5
1	2	3	9	5	7	8	6	4
7	8	9	2	6	4	1	5	3
6	4	5	3	8	1	9	7	2

Easy 155

1	2	5	8	3	6
6	3	4	9	5	7
9	7	8	2	4	1
3	6	9	1	7	2
2	4	1	3	8	5
5	8	7	6	9	4
8	9	2	4	1	3
4	5	6	7	2	9
7	1	3	5	6	8

Easy 156

7	8	4	1	3	6	2	9	5
9	1	2	4	5	7	6	8	3
3	5	6	2	8	9	7	4	1
5	4	7	3	6	8	1	2	9
6	9	8	5	1	2	3	7	4
1	2	3	7	9	4	8	5	6
4	7	5	6	2	3	9	1	8
8	6	1	9	7	5	4	3	2
2	3	9	8	4	1	5	6	7

Easy 157

7	2	6	1	3	8	5	4	9
3	4	5	7	9	6	1	2	8
8	9	1	5	4	2	7	3	6
5	6	8	3	1	4	9	7	2
1	3	9	6	2	7	8	5	4
2	7	4	8	5	9	6	1	3
9	1	3	2	6	5	4	8	7
4	5	7	9	8	3	2	6	1
6	8	2	4	7	1	3	9	5

Easy 158

6	4	1	5	7	2
7	9	2	6	8	3
3	5	8	4	9	1
5	6	3	2	1	8
9	8	4	7	3	6
1	2	7	9	4	5
2	1	6	8	5	4
4	3	9	1	6	7
8	7	5	3	2	9

Easy 159

2	4	5	9	3	6	1	7	8
3	9	7	4	1	8	5	6	2
1	6	8	5	7	2	3	9	4
4	5	9	3	8	7	6	2	1
6	7	2	1	5	9	4	8	3
8	3	1	6	2	4	7	5	9
7	8	3	2	4	5	9	1	6
9	2	4	7	6	1	8	3	5
5	1	6	8	9	3	2	4	7

Easy 160

4	2	1	5	8	3	6
8	7	3	6	5	4	9
6	4	8	9	7	1	2
7	8	5	1	6	2	3
2	9	7	3	4	8	5
3	6	4	2	9	7	1
9	1	6	8	2	5	4
5	3	2	4	1	9	7
1	5	9	7	3	6	8

Easy 161

6	1	7	8	3	9	5	2	4
8	3	4	2	7	5	6	9	1
9	2	5	1	4	6	3	8	7
1	4	9	5	6	7	8	3	2
2	8	6	3	9	1	7	4	5
5	7	3	4	2	8	9	1	6
3	5	8	6	1	4	2	7	9
7	6	1	9	8	2	4	5	3
4	9	2	7	5	3	1	6	8

Easy 162

9	2	6	8	3	7	4	5	1
3	4	8	9	5	1	2	7	6
5	1	7	4	6	2	8	9	3
4	5	9	7	8	6	3	1	2
2	8	1	3	4	9	5	6	7
6	7	3	1	2	5	9	8	4
7	6	2	5	9	3	1	4	8
8	3	5	6	1	4	7	2	9
1	9	4	2	7	8	6	3	5

Easy 163

7	6	3	9	8	5	1
3	1	7	2	6	9	4
9	8	4	5	7	2	3
4	2	5	7	1	6	8
1	9	8	4	2	3	5
5	3	6	1	4	7	9
2	4	1	3	5	8	6
6	5	2	8	9	4	7
8	7	9	6	3	1	2

Easy 164

8	1	2	5	4	9	6	7	3
9	4	3	7	2	6	5	8	1
5	6	7	3	8	1	4	9	2
1	3	8	6	5	7	2	4	9
4	2	5	8	9	3	7	1	6
6	7	9	2	1	4	3	5	8
7	5	1	9	6	2	8	3	4
2	8	4	1	3	5	9	6	7
3	9	6	4	7	8	1	2	5

Easy 165

8	2	7	1	9	4	6	3	5
4	3	9	8	5	6	2	7	1
5	1	6	2	3	7	8	9	4
1	6	8	4	2	9	7	5	3
9	5	2	3	7	1	4	6	8
3	7	4	5	6	8	9	1	2
6	4	3	7	8	5	1	2	9
7	8	5	9	1	2	3	4	6
2	9	1	6	4	3	5	8	7

Easy 166

5	9	7	8	6	4	1
7	1	3	6	2	5	9
1	2	4	5	3	7	8
9	3	6	2	5	8	4
6	4	9	1	7	2	3
2	5	8	7	9	1	6
3	6	1	4	8	9	2
4	8	5	3	1	6	7
8	7	2	9	4	3	5

Easy 167

9	4	7	1	2	6	8	3	5
3	6	1	8	4	5	9	7	2
5	8	2	7	3	9	4	6	1
4	7	5	3	8	2	6	1	9
8	9	6	4	5	1	7	2	3
1	2	3	6	9	7	5	4	8
2	1	8	9	6	4	3	5	7
6	5	9	2	7	3	1	8	4
7	3	4	5	1	8	2	9	6

Easy 168

8	9	4	3	7	2	6	1	5
3	1	2	6	4	5	7	8	9
6	5	7	8	9	1	2	3	4
9	8	5	7	1	4	3	2	6
2	3	1	9	6	8	5	4	7
4	7	6	2	5	3	8	9	1
1	6	8	4	3	7	9	5	2
5	2	9	1	8	6	4	7	3
7	4	3	5	2	9	1	6	8

Easy 169

7	2	5	9	4	6	8	1	3
6	1	4	3	2	8	7	9	5
8	9	3	7	1	5	2	4	6
1	8	6	4	7	3	9	5	2
9	3	2	5	8	1	6	7	4
4	5	7	2	6	9	1	3	8
2	7	9	6	5	4	3	8	1
3	4	1	8	9	2	5	6	7
5	6	8	1	3	7	4	2	9

Easy 170

8	1	4	6	3	5	9	2	7
7	6	2	8	9	4	1	3	5
9	3	5	1	7	2	4	8	6
6	9	1	7	2	3	8	5	4
4	7	8	5	6	1	2	9	3
2	5	3	9	4	8	7	6	1
1	8	6	2	5	7	3	4	9
3	2	9	4	1	6	5	7	8
5	4	7	3	8	9	6	1	2

Easy 171

6	8	5	7	9	1	3	2	4
1	4	9	3	2	8	5	6	7
7	2	3	4	5	6	8	9	1
4	3	6	5	1	2	9	7	8
9	5	8	6	3	7	1	4	2
2	7	1	8	4	9	6	3	5
3	1	2	9	8	4	7	5	6
8	9	7	2	6	5	4	1	3
5	6	4	1	7	3	2	8	9

Easy 172

9	2	5	3	7	6	1
1	6	4	2	9	8	3
3	7	8	5	1	4	9
2	1	6	9	3	5	7
8	5	3	6	4	7	2
4	9	7	8	2	1	6
5	4	9	1	6	2	8
6	8	2	7	5	3	4
7	3	1	4	8	9	5

Easy 173

1	4	7	6	9	5	3	8	2
5	2	3	1	4	8	9	6	7
8	6	9	7	2	3	4	1	5
9	3	4	2	5	6	1	7	8
2	5	8	3	1	7	6	9	4
6	7	1	9	8	4	5	2	3
4	8	2	5	6	9	7	3	1
7	1	6	4	3	2	8	5	9
3	9	5	8	7	1	2	4	6

Easy 174

7	3	5	1	4	9	2	8	6
4	2	1	5	8	6	7	9	3
8	9	6	7	2	3	4	1	5
5	1	2	8	9	4	3	6	7
9	4	3	2	6	7	8	5	1
6	7	8	3	5	1	9	2	4
3	6	4	9	1	2	5	7	8
1	5	9	4	7	8	6	3	2
2	8	7	6	3	5	1	4	9

Easy 175

1	5	6	7	3	8	2
8	2	4	9	1	6	5
3	7	9	2	4	5	1
5	3	2	1	6	9	8
4	6	8	3	2	7	9
7	9	1	8	5	4	6
2	4	7	5	9	1	3
6	1	5	4	8	3	7
9	8	3	6	7	2	4

Easy 176

1	3	7	9	6	4	5	2	8
2	6	8	5	7	1	4	9	3
4	5	9	8	2	3	6	1	7
5	4	1	6	3	9	8	7	2
3	9	6	7	8	2	1	4	5
7	8	2	4	1	5	9	3	6
9	2	3	1	5	8	7	6	4
6	1	5	2	4	7	3	8	9
8	7	4	3	9	6	2	5	1

Easy 177

3	1	5	6	2	8	7	9	4
2	6	7	1	4	9	3	5	8
4	8	9	5	7	3	2	6	1
1	9	2	7	6	4	5	8	3
5	7	3	9	8	2	1	4	6
8	4	6	3	5	1	9	2	7
6	2	1	8	3	5	4	7	9
7	3	4	2	9	6	8	1	5
9	5	8	4	1	7	6	3	2

Easy 178

7	9	3	6	1	5	8
4	1	8	7	9	2	5
2	5	6	8	3	4	7
1	4	9	2	5	7	3
8	2	5	9	6	3	1
6	3	7	1	4	8	2
9	6	2	3	7	1	4
3	7	4	5	8	9	6
5	8	1	4	2	6	9

Easy 179

9	1	5	2	3	6	8	4	7
8	2	3	7	1	4	5	6	9
6	4	7	5	8	9	2	1	3
1	8	4	3	2	5	9	7	6
3	7	2	9	6	1	4	5	8
5	9	6	4	7	8	3	2	1
4	3	9	6	5	7	1	8	2
2	6	1	8	4	3	7	9	5
7	5	8	1	9	2	6	3	4

Easy 180

2	9	5	1	8	6
4	3	6	2	5	7
7	8	1	3	4	9
5	1	7	9	2	8
8	2	3	4	6	5
9	6	4	7	1	3
6	5	2	8	3	1
1	7	8	5	9	4
3	4	9	6	7	2

Easy 181

8	2	7	6	9	4	1	3	5
5	3	1	7	2	8	9	4	6
4	9	6	1	3	5	2	8	7
2	8	9	5	4	1	6	7	3
6	1	5	2	7	3	8	9	4
3	7	4	8	6	9	5	1	2
7	4	2	9	1	6	3	5	8
9	6	8	3	5	7	4	2	1
1	5	3	4	8	2	7	6	9

Easy 182

7	8	1	3	2	6	5	9	4
4	9	2	5	7	1	6	8	3
3	5	6	4	8	9	1	2	7
1	6	8	9	3	7	2	4	5
9	2	3	1	4	5	7	6	8
5	7	4	2	6	8	3	1	9
6	1	5	7	9	4	8	3	2
8	3	9	6	5	2	4	7	1
2	4	7	8	1	3	9	5	6

Easy 183

9	2	6	8	5	7
7	8	3	1	2	4
5	1	4	3	6	9
8	7	5	2	4	1
4	3	2	9	7	6
6	9	1	5	8	3
1	5	7	4	3	2
2	4	9	6	1	8
3	6	8	7	9	5

Easy 184

7	9	5	8	1	4	2	3	6
1	6	2	9	7	3	4	5	8
8	3	4	2	5	6	7	9	1
3	2	8	4	6	9	1	7	5
9	5	1	7	2	8	6	4	3
4	7	6	5	3	1	8	2	9
6	4	9	3	8	7	5	1	2
2	1	3	6	4	5	9	8	7
5	8	7	1	9	2	3	6	4

Easy 185

5	4	8	9	1	2	3	7	6
9	1	3	6	7	5	8	2	4
2	6	7	8	3	4	9	1	5
7	8	5	1	9	3	6	4	2
6	9	1	4	2	8	7	5	3
3	2	4	7	5	6	1	8	9
4	7	9	2	6	1	5	3	8
8	5	6	3	4	7	2	9	1
1	3	2	5	8	9	4	6	7

Easy 186

4	8	5	9	7	6
1	7	3	2	8	4
2	6	9	1	5	3
7	9	8	4	6	5
3	1	2	7	9	8
5	4	6	3	1	2
6	5	1	8	4	9
8	3	7	5	2	1
9	2	4	6	3	7

Easy 187

8	1	3	9	4	2	6	5	7
4	2	7	5	6	1	9	8	3
9	5	6	3	7	8	4	1	2
6	9	4	7	1	3	8	2	5
7	3	2	8	5	9	1	6	4
1	8	5	4	2	6	3	7	9
5	7	1	6	3	4	2	9	8
2	4	9	1	8	7	5	3	6
3	6	8	2	9	5	7	4	1

Easy 188

8	1	6	2	5	7	4	3	9
7	9	4	1	6	3	5	2	8
2	5	3	4	8	9	7	1	6
4	2	9	3	7	1	6	8	5
6	3	5	8	2	4	9	7	1
1	7	8	5	9	6	2	4	3
9	4	1	6	3	2	8	5	7
5	6	2	7	1	8	3	9	4
3	8	7	9	4	5	1	6	2

Easy 189

8	3	1	9	2	6	5	4	7
2	5	4	7	3	8	9	6	1
9	6	7	1	5	4	8	2	3
7	8	2	5	1	3	6	9	4
3	1	6	2	4	9	7	5	8
4	9	5	6	8	7	1	3	2
1	4	8	3	9	5	2	7	6
5	7	3	8	6	2	4	1	9
6	2	9	4	7	1	3	8	5

Easy 190

4	2	3	5	7	9	6	8	1
5	7	6	1	8	2	3	9	4
8	9	1	3	4	6	2	5	7
6	3	4	7	2	5	8	1	9
7	5	8	9	6	1	4	2	3
2	1	9	8	3	4	5	7	6
1	6	7	2	5	3	9	4	8
9	4	2	6	1	8	7	3	5
3	8	5	4	9	7	1	6	2

Easy 191

7	3	1	8	2	4	9	6	5
9	2	5	7	1	6	8	3	4
4	6	8	3	5	9	7	1	2
6	8	4	9	7	5	3	2	1
1	9	2	6	8	3	4	5	7
3	5	7	1	4	2	6	8	9
2	7	3	4	6	1	5	9	8
8	1	6	5	9	7	2	4	3
5	4	9	2	3	8	1	7	6

Easy 192

1	2	5	3	4	6
3	6	8	9	7	2
4	7	9	8	1	5
6	4	7	1	8	9
5	8	2	6	3	4
9	1	3	5	2	7
7	3	1	2	6	8
2	5	4	7	9	1
8	9	6	4	5	3

Easy 193

8	2	9	4	6	1	5	7	3
3	1	6	5	7	8	4	2	9
4	5	7	9	2	3	1	6	8
9	4	2	6	1	7	8	3	5
5	6	3	2	8	4	9	1	7
1	7	8	3	5	9	2	4	6
2	8	5	7	4	6	3	9	1
6	9	1	8	3	2	7	5	4
7	3	4	1	9	5	6	8	2

Easy 194

2	1	3	8	6	5	9	4	7
4	6	9	2	7	1	5	8	3
5	7	8	9	3	4	2	6	1
1	2	5	6	4	3	7	9	8
3	8	7	1	2	9	4	5	6
6	9	4	5	8	7	1	3	2
7	5	2	3	9	8	6	1	4
8	4	1	7	5	6	3	2	9
9	3	6	4	1	2	8	7	5

Easy 195

2	5	7	4	8	6
8	9	6	2	1	3
3	4	1	5	7	9
4	7	9	3	6	1
1	6	8	7	2	5
5	2	3	8	9	4
9	3	5	1	4	2
6	8	2	9	3	7
7	1	4	6	5	8

Easy 196

7	9	2	5	1	4	8	3	6
1	3	6	2	7	8	4	5	9
8	4	5	3	6	9	7	1	2
4	6	3	7	8	2	5	9	1
5	1	7	4	9	3	6	2	8
9	2	8	6	5	1	3	4	7
6	5	4	9	2	7	1	8	3
2	7	1	8	3	5	9	6	4
3	8	9	1	4	6	2	7	5

Easy 197

5	1	8	6	9	3	7	2	4
4	9	2	5	7	8	3	6	1
3	6	7	4	1	2	5	8	9
7	2	5	8	3	1	9	4	6
8	3	6	7	4	9	2	1	5
9	4	1	2	5	6	8	7	3
2	5	4	9	6	7	1	3	8
1	7	9	3	8	4	6	5	2
6	8	3	1	2	5	4	9	7

Easy 198

5	7	4	6	8	1
8	9	1	3	4	2
2	3	6	5	9	7
6	8	7	9	2	3
9	1	3	4	5	6
4	5	2	7	1	8
1	4	8	2	7	9
7	6	5	1	3	4
3	2	9	8	6	5

Easy 199

6	8	3	5	7	1	2	9	4
9	5	2	6	3	4	7	8	1
1	7	4	2	8	9	3	5	6
2	6	9	3	5	7	4	1	8
3	1	5	8	4	2	9	6	7
7	4	8	1	9	6	5	2	3
4	9	6	7	1	5	8	3	2
5	3	1	4	2	8	6	7	9
8	2	7	9	6	3	1	4	5

Easy 200

6	8	9	4	3	1
3	2	7	5	6	9
5	1	4	2	7	8
4	6	2	3	5	7
8	9	5	1	2	4
1	7	3	8	9	6
7	3	6	9	8	2
2	5	1	7	4	3
9	4	8	6	1	5

Easy 201

9	5	4	2	3	7	8	6	1
3	8	6	4	5	1	7	9	2
2	7	1	6	9	8	3	4	5
4	6	8	3	7	2	1	5	9
1	2	9	8	6	5	4	7	3
5	3	7	9	1	4	2	8	6
6	4	2	5	8	3	9	1	7
7	9	3	1	4	6	5	2	8
8	1	5	7	2	9	6	3	4

Easy 202

2	6	8	9	3	4	7	1	5
9	3	7	5	8	1	6	2	4
4	1	5	2	6	7	3	8	9
1	9	6	3	2	5	4	7	8
3	7	4	1	9	8	2	5	6
5	8	2	4	7	6	9	3	1
6	4	1	7	5	2	8	9	3
7	5	9	8	4	3	1	6	2
8	2	3	6	1	9	5	4	7

Easy 203

9	8	2	6	1	4
3	4	7	5	9	2
5	6	1	8	3	7
1	2	6	9	4	8
4	3	5	7	2	1
8	7	9	3	5	6
7	9	4	1	8	3
2	5	8	4	6	9
6	1	3	2	7	5

Easy 204

7	4	5	8	1	2	9	6	3
1	3	6	5	9	4	7	8	2
8	9	2	3	6	7	4	1	5
2	7	4	6	3	5	8	9	1
5	6	8	9	4	1	2	3	7
9	1	3	2	7	8	5	4	6
3	8	7	1	2	9	6	5	4
4	5	1	7	8	6	3	2	9
6	2	9	4	5	3	1	7	8

Easy 205

3	5	6	2	1	7	4	9	8
7	8	9	3	6	4	5	2	1
1	2	4	5	8	9	3	6	7
2	1	8	9	3	5	6	7	4
9	7	5	8	4	6	1	3	2
6	4	3	1	7	2	8	5	9
4	9	1	6	2	3	7	8	5
5	6	7	4	9	8	2	1	3
8	3	2	7	5	1	9	4	6

Easy 206

7	6	3	9	2	5
8	4	5	1	3	7
9	1	2	6	4	8
1	9	6	3	5	4
5	8	4	7	1	2
2	3	7	8	6	9
3	5	8	4	9	1
6	2	9	5	7	3
4	7	1	2	8	6

Easy 207

7	2	3	9	1	4	6	8	5
1	4	6	2	5	8	7	3	9
8	5	9	3	6	7	1	2	4
9	8	4	7	2	6	3	5	1
2	1	5	4	9	3	8	6	7
3	6	7	5	8	1	4	9	2
4	7	2	6	3	5	9	1	8
6	9	1	8	7	2	5	4	3
5	3	8	1	4	9	2	7	6

Easy 208

1	5	7	2	3	8	6	4	9
8	9	3	6	4	7	2	1	5
2	6	4	5	9	1	3	7	8
3	4	8	1	5	2	9	6	7
6	1	5	8	7	9	4	3	2
9	7	2	3	6	4	5	8	1
4	2	9	7	1	3	8	5	6
5	8	1	4	2	6	7	9	3
7	3	6	9	8	5	1	2	4

Easy 209

7	2	3	1	4	8	6	5	9
8	5	6	2	3	9	4	1	7
1	9	4	5	6	7	8	2	3
9	4	7	3	5	2	1	6	8
2	6	8	4	7	1	9	3	5
3	1	5	8	9	6	7	4	2
4	3	1	7	8	5	2	9	6
5	7	9	6	2	4	3	8	1
6	8	2	9	1	3	5	7	4

Easy 210

3	1	5	2	9	6	8	4	7
2	8	6	3	4	7	1	5	9
7	9	4	5	8	1	6	2	3
8	5	1	7	6	4	9	3	2
4	6	3	8	2	9	5	7	1
9	7	2	1	3	5	4	6	8
5	2	9	6	1	3	7	8	4
6	4	8	9	7	2	3	1	5
1	3	7	4	5	8	2	9	6

Easy 211

3	6	9	5	7	1	4	8	2
2	7	8	9	6	4	5	1	3
4	5	1	8	2	3	6	9	7
5	9	4	2	8	7	1	3	6
6	3	7	1	9	5	2	4	8
8	1	2	3	4	6	9	7	5
9	4	5	7	3	2	8	6	1
1	8	3	6	5	9	7	2	4
7	2	6	4	1	8	3	5	9

Easy 212

5	4	3	6	1	8
9	6	1	4	2	7
7	2	8	5	9	3
4	1	7	9	5	2
8	3	9	7	6	1
6	5	2	3	8	4
1	9	5	8	3	6
2	8	4	1	7	5
3	7	6	2	4	9

Easy 213

1	9	4	5	2	6	8	3	7
6	3	5	1	8	7	9	2	4
2	7	8	3	4	9	1	5	6
7	8	6	9	1	3	2	4	5
9	1	2	6	5	4	7	8	3
4	5	3	8	7	2	6	9	1
3	2	9	7	6	5	4	1	8
8	4	7	2	3	1	5	6	9
5	6	1	4	9	8	3	7	2

Easy 214

1	4	8	9	6	2	5	7	3
5	9	2	7	3	4	1	6	8
6	3	7	8	1	5	9	2	4
7	2	5	1	4	6	8	3	9
8	1	9	2	7	3	4	5	6
3	6	4	5	8	9	2	1	7
4	5	1	3	9	7	6	8	2
9	8	3	6	2	1	7	4	5
2	7	6	4	5	8	3	9	1

Easy 215

7	9	1	8	6	4
2	8	4	5	3	1
3	5	6	9	2	7
8	3	9	7	4	6
4	6	2	1	8	5
5	1	7	2	9	3
6	4	5	3	1	9
9	2	3	4	7	8
1	7	8	6	5	2

Easy 216

7	4	6	8	1	5	9	2	3
5	8	9	6	3	2	1	7	4
1	2	3	7	9	4	5	6	8
2	5	1	3	4	6	8	9	7
6	3	4	9	7	8	2	5	1
8	9	7	2	5	1	3	4	6
3	7	2	1	6	9	4	8	5
9	1	5	4	8	7	6	3	2
4	6	8	5	2	3	7	1	9

Easy 217

7	4	8	5	2	1	9	6	3
1	6	9	8	7	3	4	5	2
2	3	5	6	4	9	7	8	1
8	9	2	4	3	5	1	7	6
3	1	4	7	6	2	5	9	8
6	5	7	9	1	8	2	3	4
9	7	6	1	8	4	3	2	5
4	8	3	2	5	7	6	1	9
5	2	1	3	9	6	8	4	7

Easy 218

7	3	2	4	9	5
4	5	8	2	6	1
9	6	1	8	3	7
8	7	3	9	2	6
1	9	5	7	4	8
6	2	4	1	5	3
2	8	6	5	7	9
3	1	7	6	8	4
5	4	9	3	1	2

Easy 219

1	9	4	6	2	5	3	8	7
2	3	7	8	4	1	5	6	9
5	6	8	9	7	3	1	2	4
9	2	1	7	5	6	8	4	3
3	4	5	1	8	9	2	7	6
7	8	6	2	3	4	9	1	5
6	1	2	3	9	7	4	5	8
4	7	3	5	1	8	6	9	2
8	5	9	4	6	2	7	3	1

Easy 220

4	6	1	2	7	9
2	5	8	3	6	1
9	3	7	5	4	8
1	7	3	4	8	6
8	2	4	9	5	7
5	9	6	1	2	3
7	8	2	6	9	4
3	4	9	7	1	5
6	1	5	8	3	2

Easy 221

9	3	2	6	4	8	5	7	1
1	5	8	7	2	9	4	6	3
4	6	7	1	3	5	9	8	2
5	9	1	8	6	7	2	3	4
3	8	6	4	9	2	7	1	5
7	2	4	3	5	1	8	9	6
6	1	9	5	7	4	3	2	8
8	7	5	2	1	3	6	4	9
2	4	3	9	8	6	1	5	7

Easy 222

6	4	3	2	1	9	7	8	5
8	5	1	4	7	3	6	9	2
2	9	7	6	5	8	4	1	3
3	6	9	5	8	7	2	4	1
1	7	4	9	2	6	5	3	8
5	2	8	1	3	4	9	6	7
4	1	2	8	6	5	3	7	9
9	3	5	7	4	1	8	2	6
7	8	6	3	9	2	1	5	4

Easy 223

6	9	4	8	2	5
3	1	5	7	9	6
7	8	2	3	4	1
1	5	8	9	6	4
9	2	7	5	1	3
4	3	6	2	7	8
8	7	1	6	5	2
5	4	9	1	3	7
2	6	3	4	8	9

Easy 224

7	3	4	2	8	5	9	1	6
5	8	1	6	9	3	4	2	7
6	2	9	4	7	1	3	5	8
2	1	7	9	4	8	5	6	3
3	4	6	5	1	2	7	8	9
8	9	5	7	3	6	1	4	2
1	5	8	3	2	9	6	7	4
4	6	3	8	5	7	2	9	1
9	7	2	1	6	4	8	3	5

Easy 225

5	4	3	1	8	6	9	2	7
8	2	9	4	7	3	6	5	1
7	6	1	2	9	5	8	3	4
3	1	8	5	4	7	2	6	9
2	5	7	9	6	1	3	4	8
4	9	6	8	3	2	7	1	5
9	7	2	3	5	4	1	8	6
1	8	5	6	2	9	4	7	3
6	3	4	7	1	8	5	9	2

Easy 226

6	1	9	7	4	3
7	8	4	6	5	2
2	3	5	8	9	1
8	6	7	1	3	5
1	4	2	9	7	8
5	9	3	2	6	4
9	5	1	3	2	7
3	7	8	4	1	6
4	2	6	5	8	9

Easy 227

8	1	2	9	5	4	7	3	6
9	3	5	6	1	7	4	8	2
4	6	7	8	2	3	5	9	1
1	4	6	2	8	9	3	5	7
7	8	3	4	6	5	1	2	9
2	5	9	3	7	1	6	4	8
5	9	1	7	3	2	8	6	4
6	7	4	5	9	8	2	1	3
3	2	8	1	4	6	9	7	5

Easy 228

2	8	4	5	6	7	3	9	1
3	5	9	2	8	1	4	6	7
6	7	1	9	3	4	2	5	8
4	2	3	1	7	9	6	8	5
5	1	6	3	2	8	7	4	9
7	9	8	4	5	6	1	2	3
1	3	2	6	9	5	8	7	4
9	4	7	8	1	2	5	3	6
8	6	5	7	4	3	9	1	2

Easy 229

9	2	3	4	7	6	5	1	8
4	6	1	5	8	9	7	2	3
5	7	8	3	1	2	6	9	4
6	4	7	8	2	3	9	5	1
3	5	9	6	4	1	8	7	2
8	1	2	7	9	5	3	4	6
2	8	6	9	5	4	1	3	7
7	9	4	1	3	8	2	6	5
1	3	5	2	6	7	4	8	9

Easy 230

8	4	3	9	2	6	1	5	7
5	9	6	3	7	1	8	2	4
1	2	7	8	5	4	6	9	3
3	5	4	1	6	8	9	7	2
7	6	1	5	9	2	3	4	8
9	8	2	4	3	7	5	1	6
2	7	8	6	1	5	4	3	9
4	1	9	2	8	3	7	6	5
6	3	5	7	4	9	2	8	1

Easy 231

5	4	1	7	8	9	3	6	2
3	8	2	1	5	6	7	4	9
6	7	9	2	3	4	5	8	1
2	9	3	5	1	8	4	7	6
7	5	6	9	4	2	8	1	3
8	1	4	6	7	3	9	2	5
9	6	8	3	2	7	1	5	4
4	3	5	8	6	1	2	9	7
1	2	7	4	9	5	6	3	8

Easy 232

5	2	3	8	6	1
4	6	8	9	2	7
9	1	7	3	4	5
3	5	9	4	8	6
6	4	1	7	5	2
7	8	2	1	3	9
1	3	4	2	7	8
8	9	5	6	1	4
2	7	6	5	9	3

Easy 233

4	2	7	6	9	8	5	1	3
3	8	9	1	4	5	7	6	2
1	5	6	2	7	3	4	8	9
9	1	4	3	2	6	8	7	5
5	3	2	4	8	7	6	9	1
6	7	8	5	1	9	2	3	4
7	9	1	8	5	2	3	4	6
2	4	3	7	6	1	9	5	8
8	6	5	9	3	4	1	2	7

Easy 234

1	2	5	8	3	6	9	4	7
3	6	8	4	7	9	2	5	1
7	9	4	5	1	2	6	8	3
2	8	6	9	4	7	1	3	5
4	1	3	6	5	8	7	9	2
9	5	7	3	2	1	8	6	4
5	7	9	1	6	4	3	2	8
6	3	1	2	8	5	4	7	9
8	4	2	7	9	3	5	1	6

Easy 235

4	5	6	1	2	8
7	8	2	9	4	3
3	9	1	5	6	7
5	7	3	4	9	6
6	1	4	7	8	2
8	2	9	3	1	5
9	6	7	8	3	4
1	3	8	2	5	9
2	4	5	6	7	1

Easy 236

6	9	8	7	5	4	2	1	3
1	2	7	6	9	3	8	4	5
3	4	5	1	2	8	7	6	9
9	5	2	8	6	7	1	3	4
8	6	1	3	4	9	5	7	2
7	3	4	5	1	2	6	9	8
4	7	9	2	8	6	3	5	1
5	8	6	9	3	1	4	2	7
2	1	3	4	7	5	9	8	6

Easy 237

7	5	3	2	1	6	4	9	8
6	1	4	9	3	8	7	5	2
8	2	9	4	5	7	6	1	3
4	7	1	5	2	3	8	6	9
2	8	5	6	7	9	3	4	1
9	3	6	8	4	1	2	7	5
5	4	7	3	9	2	1	8	6
3	9	8	1	6	4	5	2	7
1	6	2	7	8	5	9	3	4

Easy 238

5	8	2	6	9	3
9	3	6	1	4	7
1	4	7	8	5	2
6	9	5	2	7	8
7	1	4	3	6	5
3	2	8	4	1	9
8	5	3	9	2	4
2	7	1	5	3	6
4	6	9	7	8	1

Easy 239

1	7	8	2	6	9	4	5	3
6	2	9	3	4	5	7	8	1
5	3	4	7	8	1	9	6	2
2	1	5	6	7	8	3	4	9
7	8	3	5	9	4	2	1	6
4	9	6	1	2	3	5	7	8
8	5	7	9	3	6	1	2	4
9	4	2	8	1	7	6	3	5
3	6	1	4	5	2	8	9	7

Easy 240

3	1	7	5	2	8
4	2	5	9	1	6
6	8	9	7	3	4
5	9	1	6	4	7
7	3	4	8	5	2
2	6	8	1	9	3
9	5	3	2	6	1
1	7	6	4	8	9
8	4	2	3	7	5

Easy 241

9	4	6	7	5	2	1	8	3
5	3	7	8	4	1	2	6	9
8	1	2	6	9	3	7	4	5
1	7	8	4	6	5	3	9	2
3	2	5	9	1	8	4	7	6
4	6	9	2	3	7	5	1	8
6	5	4	1	2	9	8	3	7
7	9	3	5	8	4	6	2	1
2	8	1	3	7	6	9	5	4

Easy 242

4	6	3	8	9	7	5	1	2
5	7	9	1	2	3	6	8	4
8	1	2	4	5	6	7	9	3
6	9	5	3	4	2	1	7	8
7	3	1	9	6	8	2	4	5
2	4	8	5	7	1	9	3	6
9	5	7	2	3	4	8	6	1
1	2	4	6	8	9	3	5	7
3	8	6	7	1	5	4	2	9

Easy 243

2	3	4	6	8	9
5	7	9	1	2	4
8	1	6	5	3	7
9	4	3	2	7	6
1	6	5	8	9	3
7	8	2	4	1	5
3	2	7	9	5	1
4	5	8	3	6	2
6	9	1	7	4	8

Easy 244

4	5	2	3	6	7	1	9	8
6	7	9	2	8	1	3	4	5
8	1	3	9	4	5	6	2	7
1	3	4	5	2	8	7	6	9
5	2	6	4	7	9	8	1	3
7	9	8	6	1	3	2	5	4
9	6	5	7	3	2	4	8	1
2	8	7	1	5	4	9	3	6
3	4	1	8	9	6	5	7	2

Easy 245

1	5	3	9	6	7	4	2	8
8	9	6	1	2	4	3	5	7
2	7	4	3	8	5	9	6	1
6	1	2	8	7	9	5	4	3
9	8	5	6	4	3	7	1	2
3	4	7	2	5	1	6	8	9
7	2	1	4	9	6	8	3	5
4	3	9	5	1	8	2	7	6
5	6	8	7	3	2	1	9	4

Easy 246

7	5	2	4	9	6
1	3	4	7	2	8
6	8	9	1	3	5
2	4	7	3	5	1
3	9	6	8	4	2
5	1	8	6	7	9
4	2	1	5	6	3
8	7	5	9	1	4
9	6	3	2	8	7

Easy 247

6	3	8	1	4	5	7	2	9
5	9	7	2	3	8	6	1	4
1	2	4	9	6	7	5	3	8
4	5	9	3	7	1	8	6	2
3	6	1	4	8	2	9	5	7
7	8	2	5	9	6	1	4	3
8	7	5	6	2	4	3	9	1
9	4	6	7	1	3	2	8	5
2	1	3	8	5	9	4	7	6

Easy 248

9	4	7	5	3	6	8	2	1
2	1	6	7	4	8	3	5	9
5	3	8	9	2	1	4	6	7
1	6	9	8	7	2	5	3	4
7	5	3	6	9	4	2	1	8
4	8	2	1	5	3	7	9	6
3	9	5	4	1	7	6	8	2
6	7	1	2	8	5	9	4	3
8	2	4	3	6	9	1	7	5

Easy 249

4	2	3	7	5	6	9	8	1
5	7	1	3	8	9	2	4	6
6	8	9	1	4	2	5	3	7
7	6	8	4	9	1	3	5	2
9	1	5	8	2	3	6	7	4
2	3	4	5	6	7	8	1	9
1	5	6	9	7	8	4	2	3
8	9	7	2	3	4	1	6	5
3	4	2	6	1	5	7	9	8

Easy 250

7	8	1	2	4	3	5	9	6
5	9	2	6	1	7	3	8	4
6	3	4	5	8	9	1	7	2
8	2	6	7	5	4	9	3	1
9	7	3	8	2	1	6	4	5
4	1	5	9	3	6	7	2	8
2	4	9	1	7	5	8	6	3
3	5	7	4	6	8	2	1	9
1	6	8	3	9	2	4	5	7

Intermediate 1

4	8	9	6	5	1	7	2	3
6	1	2	7	9	3	8	5	4
3	5	7	4	8	2	9	1	6
7	9	3	5	4	8	2	6	1
1	6	5	2	7	9	3	4	8
8	2	4	3	1	6	5	9	7
5	3	6	1	2	7	4	8	9
9	4	1	8	3	5	6	7	2
2	7	8	9	6	4	1	3	5

Intermediate 2

2	8	4	7	5	1
3	5	7	8	9	6
6	9	1	2	3	4
9	2	3	1	4	5
1	4	8	3	6	7
5	7	6	9	8	2
4	6	2	5	7	8
7	1	9	4	2	3
8	3	5	6	1	9

Intermediat

8	6	4	9	1	5	3	2	7
7	9	1	6	2	3	5	8	4
2	3	5	4	7	8	1	6	9
9	4	6	5	8	1	7	3	2
1	2	3	7	6	9	4	5	8
5	7	8	2	3	4	6	9	1
4	1	2	8	5	6	9	7	3
6	8	9	3	4	7	2	1	5
3	5	7	1	9	2	8	4	6

Intermediate 4

2	4	7	5	9	3	6	1	8
1	3	6	4	7	8	5	2	9
9	8	5	1	2	6	3	4	7
3	2	9	6	8	1	7	5	4
4	5	1	7	3	2	8	9	6
6	7	8	9	4	5	1	3	2
8	6	3	2	1	9	4	7	5
5	9	4	3	6	7	2	8	1
7	1	2	8	5	4	9	6	3

Intermediate 5

1	2	6	3	9	5
8	9	5	7	2	4
7	3	4	6	1	8
4	1	2	5	8	3
3	5	7	4	6	9
6	8	9	2	7	1
2	6	3	8	5	7
9	4	8	1	3	2
5	7	1	9	4	6

Intermediat

5	3	8	4	2	1	7	6	9
6	4	9	7	5	3	2	8	1
1	7	2	6	8	9	3	4	5
7	2	5	1	3	8	4	9	6
3	9	4	2	6	5	8	1	7
8	6	1	9	7	4	5	2	3
9	5	6	8	4	7	1	3	2
4	1	7	3	9	2	6	5	8
2	8	3	5	1	6	9	7	4

Intermediate 7

5	6	8	4	7	9	1	2	3
7	9	2	3	5	1	4	8	6
1	3	4	6	2	8	9	7	5
3	7	6	8	9	2	5	1	4
8	4	1	5	3	7	6	9	2
9	2	5	1	6	4	8	3	7
6	5	9	7	8	3	2	4	1
2	1	3	9	4	6	7	5	8
4	8	7	2	1	5	3	6	9

Intermediate 8

9	3	2	1	4	6
1	4	5	2	8	7
6	8	7	3	5	9
2	5	9	6	7	4
4	6	3	8	1	5
7	1	8	9	2	3
3	2	1	4	6	8
8	7	6	5	9	1
5	9	4	7	3	2

Intermediat

3	2	6	7	4	1	8	9	5
1	5	8	6	2	9	4	3	7
4	7	9	3	8	5	1	2	6
5	3	1	8	7	6	2	4	9
6	9	2	5	3	4	7	8	1
7	8	4	9	1	2	5	6	3
8	6	5	4	9	7	3	1	2
9	1	3	2	5	8	6	7	4
2	4	7	1	6	3	9	5	8

Intermediate 10

3	1	4	5	9	6	7
9	3	6	7	1	8	2
1	8	2	9	3	4	5
7	2	1	8	4	5	3
5	9	3	4	2	7	6
4	5	7	6	8	9	1
6	4	5	2	7	1	8
2	7	8	1	6	3	9
8	6	9	3	5	2	4

Intermediate 11

9	7	1	6	8	2	4	5	3
8	2	3	5	7	4	1	9	6
6	4	5	1	3	9	8	2	7
1	6	4	8	2	7	5	3	9
2	3	8	9	4	5	6	7	1
5	9	7	3	6	1	2	8	4
3	8	2	7	1	6	9	4	5
4	1	9	2	5	3	7	6	8
7	5	6	4	9	8	3	1	2

Intermediate 12

9	2	5	1	4	6	8	3	7
3	1	4	5	7	8	9	2	6
6	7	8	3	9	2	4	1	5
7	3	6	9	8	5	2	4	1
4	8	2	6	1	3	5	7	9
1	5	9	7	2	4	3	6	8
2	9	7	4	5	1	6	8	3
8	6	1	2	3	9	7	5	4
5	4	3	8	6	7	1	9	2

Intermediate 13

9	7	6	1	4	2	3
7	9	4	2	5	1	8
4	5	8	3	7	6	9
1	8	7	9	3	5	6
3	6	2	5	8	4	1
8	1	3	4	2	9	7
6	4	5	8	1	3	2
5	2	9	7	6	8	4
2	3	1	6	9	7	5

Intermediate 14

9	3	6	1	5	8	4	2	7
8	1	4	2	3	7	9	5	6
2	5	7	6	4	9	3	8	1
5	4	3	7	6	1	8	9	2
1	7	9	5	8	2	6	3	4
6	8	2	3	9	4	1	7	5
7	9	1	8	2	6	5	4	3
3	2	8	4	1	5	7	6	9
4	6	5	9	7	3	2	1	8

Intermediate 15

9	3	1	5	4	7	2	6	8
4	2	7	6	8	9	3	5	1
8	5	6	1	2	3	4	7	9
5	4	3	7	9	1	6	8	2
1	8	9	2	3	6	7	4	5
7	6	2	4	5	8	9	1	3
6	7	8	3	1	2	5	9	4
3	9	4	8	6	5	1	2	7
2	1	5	9	7	4	8	3	6

Intermediate 16

8	7	3	4	9	5	6
6	5	8	9	7	1	2
9	6	1	2	3	4	8
1	3	9	6	8	7	4
7	8	4	1	2	3	5
4	2	5	7	6	9	1
3	4	2	8	5	6	9
5	9	6	3	1	2	7
2	1	7	5	4	8	3

Intermediate 17

2	4	1	8	3	6	9	5	7
3	9	6	7	1	5	2	4	8
5	7	8	9	4	2	6	1	3
4	6	3	5	2	7	1	8	9
8	1	5	3	6	9	7	2	4
7	2	9	1	8	4	3	6	5
6	5	7	2	9	8	4	3	1
9	3	2	4	5	1	8	7	6
1	8	4	6	7	3	5	9	2

Intermediate 18

2	9	4	8	1	5	7	3	6
6	1	5	7	9	3	8	4	2
3	7	8	2	6	4	9	1	5
9	3	6	1	8	7	2	5	4
4	8	2	3	5	9	6	7	1
7	5	1	4	2	6	3	8	9
1	6	7	5	3	2	4	9	8
5	4	9	6	7	8	1	2	3
8	2	3	9	4	1	5	6	7

Intermediate 19

4	9	5	7	1	6	2	3	8
6	2	1	8	3	4	9	7	5
3	8	7	9	2	5	1	4	6
8	7	2	6	5	1	4	9	3
5	1	4	2	9	3	6	8	7
9	3	6	4	7	8	5	1	2
1	4	8	3	6	2	7	5	9
7	6	3	5	4	9	8	2	1
2	5	9	1	8	7	3	6	4

Intermediate 20

1	3	7	2	4	8	6	5	9
2	9	5	1	3	6	7	8	4
6	4	8	5	7	9	3	1	2
3	7	1	4	2	5	9	6	8
8	5	9	3	6	7	2	4	1
4	6	2	8	9	1	5	7	3
7	1	3	9	5	4	8	2	6
5	2	4	6	8	3	1	9	7
9	8	6	7	1	2	4	3	5

Intermediate 21

8	5	7	6	4	1	9	2	3
6	3	9	5	8	2	7	1	4
1	2	4	7	3	9	5	6	8
9	7	2	1	6	4	8	3	5
3	8	6	9	2	5	4	7	1
4	1	5	3	7	8	2	9	6
5	9	3	4	1	7	6	8	2
2	4	1	8	9	6	3	5	7
7	6	8	2	5	3	1	4	9

Intermediate 22

8	1	5	2	9	6	4
9	6	3	5	7	4	1
7	2	4	8	1	3	9
1	7	8	3	2	5	6
2	3	6	9	4	8	7
4	5	9	7	6	1	8
3	4	7	1	5	9	2
5	9	2	6	8	7	3
6	8	1	4	3	2	5

Intermediate 23

9	2	4	1	3	6	5	8	7
1	3	5	7	4	8	2	6	9
6	7	8	9	2	5	1	3	4
4	6	3	2	7	1	8	9	5
5	9	7	8	6	4	3	1	2
8	1	2	5	9	3	7	4	6
2	4	1	6	8	7	9	5	3
7	5	6	3	1	9	4	2	8
3	8	9	4	5	2	6	7	1

Intermediate 24

3	8	1	7	9	6	4	5	2
2	4	9	8	5	1	3	7	6
5	6	7	2	3	4	8	9	1
8	5	2	3	1	9	7	6	4
9	3	4	6	2	7	1	8	5
7	1	6	4	8	5	9	2	3
6	7	5	9	4	3	2	1	8
1	2	3	5	7	8	6	4	9
4	9	8	1	6	2	5	3	7

Intermediate 25

5	6	9	3	1	2	8
1	2	7	4	5	8	9
3	4	8	6	9	7	5
2	5	4	9	7	6	1
6	9	1	2	8	3	4
7	8	3	1	4	5	6
8	1	6	7	3	9	2
9	7	5	8	2	4	3
4	3	2	5	6	1	7

Intermediate 26

8	3	4	9	2	5	1	7	6
7	1	5	3	4	6	2	8	9
9	6	2	7	1	8	3	4	5
1	7	8	6	3	2	5	9	4
5	9	3	8	7	4	6	2	1
2	4	6	1	5	9	7	3	8
6	8	1	2	9	7	4	5	3
3	5	7	4	8	1	9	6	2
4	2	9	5	6	3	8	1	7

Intermediate 27

2	3	1	6	4	7	9	5	8
4	9	5	1	3	8	2	6	7
7	6	8	2	9	5	1	3	4
3	7	9	5	8	1	6	4	2
5	2	6	4	7	9	3	8	1
8	1	4	3	6	2	5	7	9
6	4	2	7	1	3	8	9	5
9	5	7	8	2	6	4	1	3
1	8	3	9	5	4	7	2	6

Intermediate 28

9	2	8	4	6	1	5
6	3	4	7	5	9	1
1	5	7	2	8	3	4
2	4	6	5	7	8	3
3	7	1	6	9	4	2
8	9	5	1	3	2	6
4	8	9	3	1	5	7
7	1	2	8	4	6	9
5	6	3	9	2	7	8

Intermediate 29

9	5	6	3	2	7	1	4	8
7	8	2	4	1	5	3	9	6
1	3	4	6	8	9	2	5	7
5	2	8	7	3	4	9	6	1
3	4	9	5	6	1	7	8	2
6	7	1	2	9	8	5	3	4
8	6	3	1	5	2	4	7	9
2	9	7	8	4	3	6	1	5
4	1	5	9	7	6	8	2	3

Intermediate 30

9	3	2	8	4	5	1
4	9	1	5	3	6	7
1	6	7	4	2	8	9
8	7	6	2	5	1	3
5	4	8	9	6	7	2
7	5	3	1	8	9	4
2	8	9	3	7	4	6
3	1	5	6	9	2	8
6	2	4	7	1	3	5

ntermediate 31

4	6	1	3	8	9	7	2	5
3	9	5	2	1	7	8	4	6
8	2	7	4	5	6	9	3	1
1	3	9	5	4	8	2	6	7
6	4	2	7	9	3	1	5	8
5	7	8	6	2	1	4	9	3
7	5	4	8	6	2	3	1	9
9	8	6	1	3	4	5	7	2
2	1	3	9	7	5	6	8	4

Intermediate 32

7	2	4	1	3	6	9	5	8
8	6	3	9	2	5	1	4	7
9	5	1	4	7	8	2	3	6
4	7	2	6	5	9	3	8	1
1	9	5	7	8	3	4	6	2
3	8	6	2	1	4	5	7	9
2	1	8	5	4	7	6	9	3
5	3	9	8	6	2	7	1	4
6	4	7	3	9	1	8	2	5

Intermediate 33

3	9	1	4	5	2	7
9	7	5	8	3	6	1
7	2	3	6	8	9	4
4	8	6	7	2	1	9
6	3	9	1	4	7	5
1	4	2	5	6	3	8
2	1	8	3	7	5	6
8	5	7	2	9	4	3
5	6	4	9	1	8	2

ntermediate 34

9	2	3	8	4	6	1	5	7
8	1	5	9	3	7	6	2	4
4	6	7	5	1	2	8	9	3
1	7	6	2	5	8	3	4	9
5	8	4	1	9	3	7	6	2
2	3	9	6	7	4	5	1	8
3	4	2	7	6	5	9	8	1
6	9	8	3	2	1	4	7	5
7	5	1	4	8	9	2	3	6

Intermediate 35

2	4	9	8	5	1	6	7	3
7	5	3	6	4	9	1	8	2
6	8	1	2	7	3	9	4	5
8	3	4	7	9	6	2	5	1
5	9	6	1	8	2	4	3	7
1	7	2	4	3	5	8	6	9
9	2	7	3	6	8	5	1	4
3	6	5	9	1	4	7	2	8
4	1	8	5	2	7	3	9	6

Intermediate 36

2	4	9	3	7	1	6
9	5	1	7	8	2	4
4	6	8	2	3	5	9
8	1	7	4	5	9	3
3	9	2	8	1	6	7
1	3	5	6	2	4	8
5	7	6	1	4	3	2
6	8	4	5	9	7	1
7	2	3	9	6	8	5

ntermediate 37

6	1	7	8	3	9	2	4	5
8	3	5	2	1	4	6	7	9
4	9	2	6	5	7	3	8	1
9	5	6	3	2	8	4	1	7
1	8	3	7	4	6	5	9	2
7	2	4	5	9	1	8	3	6
3	6	1	4	7	5	9	2	8
5	4	9	1	8	2	7	6	3
2	7	8	9	6	3	1	5	4

Intermediate 38

5	9	7	6	4	8	2	1	3
3	8	2	5	1	7	4	6	9
1	4	6	2	9	3	8	5	7
4	6	9	3	2	1	5	7	8
2	5	1	8	7	4	9	3	6
7	3	8	9	5	6	1	2	4
6	2	3	1	8	9	7	4	5
8	1	4	7	6	5	3	9	2
9	7	5	4	3	2	6	8	1

Intermediate 39

7	2	3	4	6	5	9	8	1
4	5	9	7	8	1	2	6	3
8	6	1	3	9	2	7	4	5
5	7	4	8	2	3	1	9	6
9	3	6	1	5	4	8	7	2
1	8	2	6	7	9	3	5	4
6	1	7	5	3	8	4	2	9
2	4	8	9	1	6	5	3	7
3	9	5	2	4	7	6	1	8

Intermediate 40

6	1	9	5	2	3	8	7	4
7	8	2	1	6	4	5	9	3
3	4	5	7	8	9	6	1	2
8	5	3	4	7	6	9	2	1
1	9	7	8	5	2	3	4	6
2	6	4	9	3	1	7	8	5
9	7	6	2	1	5	4	3	8
4	3	1	6	9	8	2	5	7
5	2	8	3	4	7	1	6	9

Intermediate 41

6	9	3	8	2	4	7	1	5
4	7	2	5	1	6	9	8	3
5	8	1	7	9	3	2	4	6
7	2	6	9	4	5	1	3	8
9	5	8	1	3	2	4	6	7
1	3	4	6	8	7	5	9	2
8	6	9	2	5	1	3	7	4
2	4	7	3	6	9	8	5	1
3	1	5	4	7	8	6	2	9

Intermediate 42

2	8	4	3	1	5	7
1	3	7	2	6	9	4
5	6	9	7	8	4	1
9	2	8	4	3	1	5
3	7	6	5	9	2	8
4	5	1	6	7	8	2
6	9	5	8	2	7	3
7	1	2	9	4	3	6
8	4	3	1	5	6	9

Intermediate 4

1	7	6	8	2	4	9	3	5
8	4	3	6	9	5	7	1	2
9	2	5	7	1	3	4	6	8
4	8	9	1	3	6	2	5	7
2	3	7	9	5	8	1	4	6
5	6	1	2	4	7	8	9	3
3	9	8	4	6	2	5	7	1
6	1	2	5	7	9	3	8	4
7	5	4	3	8	1	6	2	9

Intermediate 44

8	4	9	7	2	5	6	3	1
3	6	5	8	4	1	9	2	7
2	7	1	6	3	9	4	8	5
7	8	2	4	9	3	1	5	6
1	5	4	2	6	8	3	7	9
9	3	6	1	5	7	8	4	2
4	9	8	5	7	6	2	1	3
5	2	3	9	1	4	7	6	8
6	1	7	3	8	2	5	9	4

Intermediate 45

8	2	4	1	6	5	3
7	9	1	3	4	2	8
3	5	6	8	7	9	2
9	8	7	2	3	4	1
1	3	2	5	9	6	4
4	6	5	7	8	1	9
2	4	8	9	5	7	6
5	1	3	6	2	8	7
6	7	9	4	1	3	5

Intermediate 4

4	5	9	3	6	1	7	8	2
6	1	2	8	7	4	9	3	5
3	7	8	2	9	5	1	4	6
1	9	3	5	2	7	8	6	4
7	8	6	4	1	3	5	2	9
2	4	5	9	8	6	3	7	1
5	2	4	1	3	8	6	9	7
8	6	1	7	4	9	2	5	3
9	3	7	6	5	2	4	1	8

Intermediate 47

6	9	2	8	5	3	7	1	4
3	4	5	6	7	1	8	9	2
1	7	8	2	9	4	3	5	6
7	8	4	1	2	6	9	3	5
9	2	6	3	8	5	1	4	7
5	1	3	9	4	7	6	2	8
2	3	1	4	6	8	5	7	9
8	5	9	7	3	2	4	6	1
4	6	7	5	1	9	2	8	3

Intermediate 48

6	5	9	2	8	3	7
1	7	2	4	5	6	8
8	3	4	9	7	1	5
9	2	5	6	1	7	4
3	4	6	8	2	5	9
7	1	8	3	9	4	6
5	6	3	7	4	2	1
2	9	1	5	6	8	3
4	8	7	1	3	9	2

Intermediate 4

9	8	3	4	1	7	6	5	2
4	5	1	6	2	8	7	3	9
6	2	7	5	9	3	8	1	4
7	1	6	8	3	4	9	2	5
8	3	2	9	7	5	1	4	6
5	9	4	1	6	2	3	7	8
3	7	9	2	5	6	4	8	1
1	4	5	7	8	9	2	6	3
2	6	8	3	4	1	5	9	7

Intermediate 50

3	8	9	4	7	2	6
2	1	5	7	3	4	8
8	6	3	2	1	9	5
4	9	1	6	5	8	3
5	2	7	8	4	1	9
1	3	4	5	2	6	7
7	4	2	9	6	5	1
6	5	8	3	9	7	2
9	7	6	1	8	3	4

ntermediate 51

4	1	6	9	5	7	2	3	8
3	7	8	1	6	2	4	5	9
5	9	2	4	3	8	6	7	1
7	4	3	5	1	6	8	9	2
9	8	5	2	7	4	3	1	6
6	2	1	3	8	9	5	4	7
8	3	4	6	9	1	7	2	5
1	5	7	8	2	3	9	6	4
2	6	9	7	4	5	1	8	3

Intermediate 52

7	9	6	1	2	4	8	3	5
1	8	3	7	5	6	2	4	9
2	4	5	3	8	9	1	6	7
8	6	2	9	3	7	5	1	4
9	3	1	6	4	5	7	2	8
4	5	7	8	1	2	3	9	6
3	7	8	4	9	1	6	5	2
5	1	4	2	6	8	9	7	3
6	2	9	5	7	3	4	8	1

Intermediate 53

5	1	2	8	7	4	9
7	3	4	6	2	5	8
4	5	7	9	3	1	6
9	8	5	3	4	6	7
3	4	9	7	8	2	1
8	2	6	1	5	9	3
2	6	3	4	1	7	5
6	7	1	5	9	8	2
1	9	8	2	6	3	4

ntermediate 54

3	9	1	7	4	6	8	5	2
2	8	6	9	1	5	4	3	7
4	5	7	8	2	3	1	6	9
5	2	8	3	7	9	6	4	1
6	1	3	4	5	2	7	9	8
7	4	9	6	8	1	5	2	3
8	3	5	1	9	4	2	7	6
9	7	4	2	6	8	3	1	5
1	6	2	5	3	7	9	8	4

Intermediate 55

7	1	2	8	9	3	5	6	4
4	9	5	2	1	6	8	7	3
6	8	3	4	5	7	9	1	2
8	2	6	7	4	9	3	5	1
3	4	1	6	8	5	2	9	7
5	7	9	3	2	1	6	4	8
9	3	4	5	7	2	1	8	6
1	6	7	9	3	8	4	2	5
2	5	8	1	6	4	7	3	9

Intermediate 56

8	3	6	9	1	7	2
2	8	1	4	3	9	5
3	2	5	7	6	8	4
6	9	2	3	4	1	8
9	4	7	1	2	5	6
4	5	8	6	7	3	9
7	1	9	8	5	6	3
1	6	4	5	8	2	7
5	7	3	2	9	4	1

Intermediate 57

7	6	4	8	2	5	1	9	3
8	1	2	9	3	6	5	4	7
5	9	3	4	7	1	6	8	2
4	7	8	5	6	2	3	1	9
6	3	1	7	4	9	2	5	8
9	2	5	1	8	3	4	7	6
1	4	6	2	9	8	7	3	5
3	5	9	6	1	7	8	2	4
2	8	7	3	5	4	9	6	1

Intermediate 58

3	9	8	5	4	6	7	1	2
2	6	1	7	8	9	3	5	4
4	7	5	2	3	1	6	8	9
5	2	9	4	6	7	1	3	8
7	1	4	8	5	3	2	9	6
6	8	3	9	1	2	4	7	5
8	4	2	1	7	5	9	6	3
9	3	7	6	2	8	5	4	1
1	5	6	3	9	4	8	2	7

Intermediate 59

5	3	8	2	7	9	6	4	1
4	9	7	1	3	6	5	8	2
1	2	6	4	8	5	7	9	3
7	6	2	5	9	3	4	1	8
3	8	4	6	1	2	9	5	7
9	5	1	7	4	8	2	3	6
2	4	3	8	5	7	1	6	9
6	1	9	3	2	4	8	7	5
8	7	5	9	6	1	3	2	4

Intermediate 60

1	3	4	9	6	5	2	8	7
2	5	6	7	3	8	9	1	4
8	7	9	4	1	2	3	6	5
5	1	3	2	4	9	6	7	8
4	6	8	5	7	3	1	9	2
7	9	2	6	8	1	4	5	3
6	8	7	1	2	4	5	3	9
9	2	1	3	5	7	8	4	6
3	4	5	8	9	6	7	2	1

Intermediate 61

5	4	8	3	6	9	2	7	1
3	6	1	8	7	2	9	4	5
7	2	9	1	4	5	3	6	8
6	9	5	4	1	8	7	2	3
4	8	7	2	3	6	5	1	9
1	3	2	9	5	7	6	8	4
8	7	6	5	9	4	1	3	2
9	1	4	6	2	3	8	5	7
2	5	3	7	8	1	4	9	6

Intermediate 62

2	6	1	9	4	8	5
4	5	9	2	3	7	6
3	7	8	1	5	6	9
5	8	3	6	9	4	7
6	9	7	3	1	2	8
1	4	2	7	8	5	3
7	2	4	5	6	9	1
9	1	6	8	2	3	4
8	3	5	4	7	1	2

Intermediate 63

3	1	5	6	7	8	2	4	9
4	7	8	9	1	2	6	3	5
6	9	2	3	5	4	1	7	8
7	4	1	8	2	3	9	5	6
5	2	9	4	6	1	7	8	3
8	3	6	5	9	7	4	1	2
9	5	4	7	8	6	3	2	1
1	6	7	2	3	5	8	9	4
2	8	3	1	4	9	5	6	7

Intermediate 64

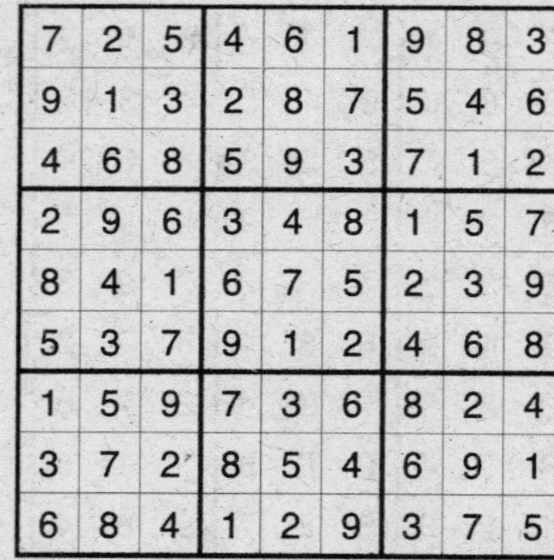

7	2	5	4	6	1	9	8	3
9	1	3	2	8	7	5	4	6
4	6	8	5	9	3	7	1	2
2	9	6	3	4	8	1	5	7
8	4	1	6	7	5	2	3	9
5	3	7	9	1	2	4	6	8
1	5	9	7	3	6	8	2	4
3	7	2	8	5	4	6	9	1
6	8	4	1	2	9	3	7	5

Intermediate 65

4	6	7	1	5	9	8
8	5	1	6	2	3	7
9	2	3	7	4	8	5
7	3	6	8	1	4	9
1	8	9	5	6	2	3
5	4	2	3	9	7	1
6	7	8	2	3	1	4
2	1	4	9	7	5	6
3	9	5	4	8	6	2

Intermediate 66

9	3	5	6	1	7	2	4	8
1	4	2	8	9	5	3	7	6
6	7	8	2	3	4	5	9	1
8	2	6	3	4	9	7	1	5
7	9	3	5	2	1	6	8	4
4	5	1	7	6	8	9	2	3
3	6	7	1	8	2	4	5	9
5	1	9	4	7	6	8	3	2
2	8	4	9	5	3	1	6	7

Intermediate 67

7	3	1	8	9	4	6	5	2
8	9	4	5	2	6	7	1	3
2	5	6	1	3	7	8	9	4
9	6	3	2	7	8	1	4	5
1	4	7	9	5	3	2	6	8
5	2	8	6	4	1	9	3	7
3	8	5	7	1	9	4	2	6
6	1	2	4	8	5	3	7	9
4	7	9	3	6	2	5	8	1

Intermediate 68

5	6	9	7	4	1	2
1	8	7	3	2	5	9
2	3	4	6	8	9	5
3	9	5	8	1	6	4
4	7	2	5	9	3	6
8	1	6	2	7	4	3
7	2	3	9	5	8	1
9	4	8	1	6	2	7
6	5	1	4	3	7	8

Intermediate 69

8	1	4	9	5	7	3	2	6
9	2	6	1	3	8	5	7	4
3	5	7	2	4	6	8	9	1
4	3	8	6	1	9	7	5	2
5	9	2	8	7	4	6	1	3
6	7	1	3	2	5	9	4	8
7	6	5	4	8	2	1	3	9
1	4	9	5	6	3	2	8	7
2	8	3	7	9	1	4	6	5

Intermediate 70

8	2	7	9	4	6	1
9	3	6	1	5	2	8
2	4	5	8	7	3	9
3	7	1	2	8	5	6
1	5	8	6	3	9	4
5	9	3	4	1	7	2
4	6	2	3	9	8	7
6	1	9	7	2	4	5
7	8	4	5	6	1	3

Intermediate 71

5	6	2	1	8	3	7	9	4
4	7	3	9	5	2	1	6	8
8	9	1	4	6	7	2	3	5
9	5	4	7	1	6	3	8	2
7	1	8	2	3	5	6	4	9
2	3	6	8	9	4	5	7	1
1	2	7	6	4	9	8	5	3
3	8	9	5	7	1	4	2	6
6	4	5	3	2	8	9	1	7

Intermediate 72

7	9	2	6	1	3	8	4	5
1	8	3	9	4	5	2	6	7
4	5	6	7	8	2	9	1	3
5	4	7	8	6	1	3	9	2
2	6	9	3	5	4	7	8	1
3	1	8	2	7	9	6	5	4
6	2	5	1	9	7	4	3	8
8	7	1	4	3	6	5	2	9
9	3	4	5	2	8	1	7	6

Intermediate 73

5	8	2	9	6	7	1
7	1	6	4	8	3	5
8	7	3	5	2	9	4
2	9	7	6	3	1	8
1	2	4	3	7	5	9
9	5	8	1	4	2	6
3	6	9	8	5	4	2
6	4	5	7	1	8	3
4	3	1	2	9	6	7

ntermediate 74

7	6	2	8	5	3	9	1	4
3	8	1	4	9	7	5	6	2
4	5	9	2	1	6	3	7	8
5	2	6	3	4	9	1	8	7
8	3	7	5	2	1	6	4	9
9	1	4	6	7	8	2	3	5
6	4	3	9	8	2	7	5	1
1	9	5	7	3	4	8	2	6
2	7	8	1	6	5	4	9	3

Intermediate 75

6	4	8	1	9	5	7	2	3
3	2	9	8	6	7	4	5	1
5	7	1	2	3	4	8	6	9
7	5	2	9	8	6	1	3	4
4	8	3	7	5	1	2	9	6
9	1	6	3	4	2	5	7	8
8	6	5	4	7	3	9	1	2
1	3	4	5	2	9	6	8	7
2	9	7	6	1	8	3	4	5

Intermediate 76

3	8	1	5	4	2	6
8	9	7	2	5	1	3
2	3	6	4	7	8	9
4	1	2	7	9	3	5
5	4	9	3	6	7	8
7	5	8	6	1	4	2
9	6	3	1	8	5	4
6	7	4	8	2	9	1
1	2	5	9	3	6	7

ntermediate 77

8	7	5	6	4	1	3	9	2
9	1	3	7	8	2	4	5	6
2	4	6	5	9	3	7	8	1
3	6	2	8	5	4	9	1	7
7	5	1	9	3	6	2	4	8
4	8	9	1	2	7	5	6	3
1	9	4	2	7	8	6	3	5
5	2	8	3	6	9	1	7	4
6	3	7	4	1	5	8	2	9

Intermediate 78

2	9	4	8	3	1	6	7	5
5	8	6	4	2	7	1	3	9
1	7	3	5	6	9	2	8	4
4	1	7	9	5	8	3	2	6
9	6	2	1	4	3	7	5	8
3	5	8	6	7	2	9	4	1
6	2	1	7	8	5	4	9	3
7	4	5	3	9	6	8	1	2
8	3	9	2	1	4	5	6	7

Intermediate 79

8	4	6	7	5	1	2	9	3
7	3	9	2	6	8	5	4	1
2	1	5	3	4	9	6	7	8
9	5	4	8	2	6	1	3	7
6	7	2	9	1	3	8	5	4
1	8	3	4	7	5	9	2	6
3	6	1	5	9	4	7	8	2
4	9	7	6	8	2	3	1	5
5	2	8	1	3	7	4	6	9

Intermediate 80

5	1	9	8	7	2	6	3	4
2	6	8	3	4	9	5	7	1
7	4	3	1	5	6	9	8	2
8	7	4	6	9	3	1	2	5
3	9	2	4	1	5	7	6	8
6	5	1	7	2	8	3	4	9
9	3	6	5	8	4	2	1	7
4	2	7	9	6	1	8	5	3
1	8	5	2	3	7	4	9	6

Intermediate 81

4	3	7	6	5	8	2	9	1
9	5	6	7	1	2	4	3	8
1	8	2	9	4	3	5	6	7
8	9	4	1	7	6	3	5	2
7	1	3	5	2	4	6	8	9
2	6	5	3	8	9	1	7	4
3	7	9	2	6	1	8	4	5
5	2	8	4	3	7	9	1	6
6	4	1	8	9	5	7	2	3

Intermediate 82

6	2	8	3	4	9	5
5	7	4	8	1	2	6
9	3	1	7	5	6	4
7	9	2	4	3	1	8
1	4	5	9	6	8	7
3	8	6	2	7	5	9
8	5	3	1	9	4	2
2	1	9	6	8	7	3
4	6	7	5	2	3	1

Intermediate 83

7	9	2	6	1	4	8	3	5
3	4	8	2	5	9	7	6	1
6	1	5	8	7	3	9	2	4
8	6	4	3	2	1	5	9	7
9	7	3	4	8	5	6	1	2
2	5	1	7	9	6	3	4	8
1	3	6	5	4	8	2	7	9
4	8	7	9	3	2	1	5	6
5	2	9	1	6	7	4	8	3

Intermediate 84

2	4	7	9	5	8	3	6	1
8	6	3	4	7	1	5	9	2
9	1	5	2	3	6	4	7	8
3	7	6	8	1	5	2	4	9
4	5	8	3	9	2	6	1	7
1	9	2	6	4	7	8	3	5
5	2	4	1	6	9	7	8	3
6	8	9	7	2	3	1	5	4
7	3	1	5	8	4	9	2	6

Intermediate 85

3	8	5	7	4	9	2
2	4	6	5	3	1	7
7	9	1	6	8	2	3
4	1	9	8	2	5	6
8	6	2	9	7	3	5
5	7	3	1	6	4	8
6	3	4	2	1	8	9
9	2	8	4	5	7	1
1	5	7	3	9	6	4

Intermediate 86

5	2	9	8	3	4	1	7	6
4	7	6	2	1	9	3	5	8
1	8	3	5	6	7	9	2	4
9	4	8	3	7	1	5	6	2
6	1	7	4	2	5	8	9	3
2	3	5	6	9	8	4	1	7
3	5	1	7	4	2	6	8	9
8	6	2	9	5	3	7	4	1
7	9	4	1	8	6	2	3	5

Intermediate 87

7	3	4	1	8	5	9	2	6
8	5	2	9	6	4	1	3	7
9	1	6	2	7	3	8	4	5
4	9	3	7	1	2	5	6	8
5	6	8	4	3	9	2	7	1
1	2	7	6	5	8	3	9	4
6	7	5	3	2	1	4	8	9
3	8	9	5	4	7	6	1	2
2	4	1	8	9	6	7	5	3

Intermediate 88

1	7	8	9	5	4	2
9	2	5	3	6	8	4
3	4	6	1	2	7	5
7	5	4	6	3	1	8
6	9	1	5	8	2	7
8	3	2	4	7	9	6
2	1	3	7	4	6	9
4	6	9	8	1	5	3
5	8	7	2	9	3	1

Intermediate 89

2	3	7	8	5	1	6	4	9
9	8	4	7	2	6	5	1	3
1	6	5	9	3	4	7	8	2
3	1	8	6	4	5	9	2	7
6	5	2	1	9	7	8	3	4
4	7	9	2	8	3	1	5	6
5	4	1	3	6	9	2	7	8
7	2	6	4	1	8	3	9	5
8	9	3	5	7	2	4	6	1

Intermediate 90

1	5	6	3	8	2	4
4	7	8	1	9	5	6
8	4	9	2	7	1	3
9	2	1	6	4	8	5
2	3	5	7	6	9	1
6	8	4	9	2	3	7
3	6	2	4	5	7	9
5	1	7	8	3	6	2
7	9	3	5	1	4	8

Intermediate 91

4	5	6	7	9	1	8	2	3
2	9	7	3	6	8	5	1	4
8	1	3	4	2	5	9	7	6
1	4	8	2	5	7	3	6	9
7	2	5	9	3	6	1	4	8
3	6	9	8	1	4	7	5	2
5	3	4	6	7	9	2	8	1
6	7	2	1	8	3	4	9	5
9	8	1	5	4	2	6	3	7

Intermediate 92

2	1	5	8	3	6	9	4	7
7	8	3	4	9	5	1	2	6
4	9	6	1	2	7	5	8	3
6	2	8	5	4	3	7	9	1
9	4	1	6	7	8	3	5	2
3	5	7	9	1	2	8	6	4
5	6	4	7	8	1	2	3	9
8	7	2	3	6	9	4	1	5
1	3	9	2	5	4	6	7	8

Intermediate 93

8	9	4	2	7	1	3
9	5	1	7	6	8	2
2	6	8	3	9	4	5
4	8	3	9	1	6	7
1	7	2	4	5	3	9
7	1	5	6	8	2	4
3	2	6	5	4	9	8
5	4	9	1	3	7	6
6	3	7	8	2	5	1

Intermediate 94

7	3	5	6	2	9	8	4	1
6	8	2	5	1	4	9	7	3
9	1	4	8	7	3	5	2	6
8	9	6	7	3	2	1	5	4
2	5	1	4	9	6	7	3	8
3	4	7	1	5	8	6	9	2
1	2	3	9	6	5	4	8	7
4	6	9	2	8	7	3	1	5
5	7	8	3	4	1	2	6	9

Intermediate 95

9	5	2	3	8	4	1	7	6
1	3	4	6	7	9	2	8	5
6	7	8	5	1	2	9	3	4
7	6	9	1	2	5	3	4	8
5	8	1	7	4	3	6	9	2
2	4	3	8	9	6	7	5	1
3	1	7	4	6	8	5	2	9
8	2	5	9	3	1	4	6	7
4	9	6	2	5	7	8	1	3

Intermediate 96

3	4	9	5	2	1	6
1	7	6	2	3	5	8
6	3	8	1	4	7	9
9	8	1	4	5	3	2
5	6	2	7	8	9	1
2	5	3	9	6	4	7
8	2	4	3	7	6	5
4	9	7	6	1	8	3
7	1	5	8	9	2	4

Intermediate 97

5	4	9	6	2	1	7	8	3
1	8	3	9	7	5	2	4	6
2	6	7	3	8	4	9	5	1
3	7	2	5	1	9	8	6	4
6	9	5	2	4	8	1	3	7
8	1	4	7	6	3	5	9	2
9	2	1	4	5	6	3	7	8
4	3	8	1	9	7	6	2	5
7	5	6	8	3	2	4	1	9

Intermediate 98

4	6	2	1	8	7	9	5	3
5	1	7	9	6	3	2	4	8
8	9	3	2	4	5	1	6	7
2	7	8	5	9	4	3	1	6
1	3	5	8	7	6	4	9	2
6	4	9	3	1	2	7	8	5
9	2	6	4	3	8	5	7	1
3	8	1	7	5	9	6	2	4
7	5	4	6	2	1	8	3	9

Intermediate 99

7	3	5	2	4	8	6	9	1
4	2	9	5	6	1	7	3	8
6	8	1	3	7	9	2	4	5
8	9	6	4	5	7	1	2	3
1	5	2	6	8	3	4	7	9
3	4	7	9	1	2	8	5	6
9	6	4	1	2	5	3	8	7
5	1	8	7	3	4	9	6	2
2	7	3	8	9	6	5	1	4

Intermediate 100

4	3	5	6	1	9	7	8	2
7	6	1	8	2	4	3	9	5
8	9	2	3	5	7	6	4	1
2	7	4	5	3	1	9	6	8
1	5	9	7	8	6	2	3	4
3	8	6	4	9	2	5	1	7
5	1	7	9	4	3	8	2	6
6	2	3	1	7	8	4	5	9
9	4	8	2	6	5	1	7	3

Intermediate 101

8	3	6	5	9	7	1	2	4
4	1	5	6	2	8	7	9	3
7	9	2	3	1	4	5	6	8
6	2	9	4	3	1	8	7	5
1	4	7	8	5	2	6	3	9
3	5	8	7	6	9	2	4	1
5	7	4	9	8	6	3	1	2
9	8	1	2	7	3	4	5	6
2	6	3	1	4	5	9	8	7

Intermediate 102

9	8	3	4	1	5
2	4	7	3	6	9
5	1	6	2	7	8
3	6	9	5	8	1
7	2	1	9	3	4
8	5	4	6	2	7
1	3	8	7	5	2
6	9	2	1	4	3
4	7	5	8	9	6

Intermediate 1

8	7	4	3	9	2	6	1	5
1	9	2	4	5	6	7	8	3
5	6	3	7	8	1	2	9	4
9	1	7	2	6	3	5	4	8
2	3	8	5	4	7	9	6	1
4	5	6	8	1	9	3	2	7
7	2	9	1	3	4	8	5	6
3	4	5	6	2	8	1	7	9
6	8	1	9	7	5	4	3	2

Intermediate 104

9	2	5	3	4	7	1	8	6
8	4	7	6	1	5	3	2	9
3	6	1	2	8	9	5	4	7
4	1	8	7	2	3	6	9	5
5	3	9	8	6	1	2	7	4
2	7	6	9	5	4	8	1	3
1	5	2	4	9	6	7	3	8
6	9	3	1	7	8	4	5	2
7	8	4	5	3	2	9	6	1

Intermediate 105

2	9	4	7	3	8
3	1	5	2	9	6
6	7	8	1	4	5
4	8	6	9	5	3
5	2	1	4	6	7
7	3	9	8	1	2
8	4	2	3	7	1
1	5	3	6	8	9
9	6	7	5	2	4

Intermediate 1

4	1	3	7	5	8	2	6	9
5	2	7	1	6	9	3	4	8
6	8	9	2	3	4	7	5	1
7	3	1	8	2	5	6	9	4
8	4	5	9	7	6	1	2	3
9	6	2	3	4	1	5	8	7
1	5	6	4	9	3	8	7	2
2	9	8	5	1	7	4	3	6
3	7	4	6	8	2	9	1	5

Intermediate 107

8	2	5	9	4	6	1	3	7
3	6	9	2	1	7	8	5	4
1	4	7	8	3	5	9	2	6
4	8	3	1	6	9	2	7	5
9	1	6	7	5	2	3	4	8
5	7	2	3	8	4	6	9	1
2	3	8	4	7	1	5	6	9
7	5	1	6	9	3	4	8	2
6	9	4	5	2	8	7	1	3

Intermediate 108

1	5	6	7	8	9
7	8	2	4	1	3
9	3	4	2	5	6
3	9	8	5	4	2
2	1	5	6	3	7
6	4	7	1	9	8
8	6	1	9	7	5
4	7	3	8	2	1
5	2	9	3	6	4

Intermediate 1

5	2	3	6	7	1	8	9	4
6	1	7	8	4	9	2	3	5
4	8	9	5	2	3	1	6	7
7	4	1	9	8	6	3	5	2
9	3	2	7	1	5	4	8	6
8	5	6	2	3	4	7	1	9
2	6	8	3	9	7	5	4	1
1	7	5	4	6	8	9	2	3
3	9	4	1	5	2	6	7	8

Intermediate 110

5	3	4	6	8	2	7
7	8	2	5	9	3	1
3	1	7	9	4	5	6
6	9	1	2	5	8	4
2	7	5	4	1	6	3
1	6	8	3	2	7	9
9	4	6	8	3	1	5
8	5	9	7	6	4	2
4	2	3	1	7	9	8

ermediate 111

8	9	6	7	1	5	4	2	3
3	5	7	6	2	4	8	9	1
1	2	4	8	9	3	6	5	7
5	8	2	9	3	6	7	1	4
4	3	9	1	7	8	5	6	2
6	7	1	5	4	2	9	3	8
9	1	8	3	5	7	2	4	6
2	6	3	4	8	9	1	7	5
7	4	5	2	6	1	3	8	9

Intermediate 112

9	1	5	6	4	8	3	7	2
7	6	2	9	5	3	1	4	8
3	4	8	7	1	2	5	6	9
8	5	1	2	9	6	4	3	7
2	3	4	8	7	5	9	1	6
6	9	7	1	3	4	8	2	5
1	2	6	4	8	9	7	5	3
4	8	3	5	2	7	6	9	1
5	7	9	3	6	1	2	8	4

Intermediate 113

4	9	2	5	8	1	7
8	1	7	3	2	6	4
2	6	8	4	9	3	5
9	7	3	2	5	4	6
5	8	4	9	1	7	2
7	5	6	1	3	8	9
1	3	9	7	6	2	8
6	2	1	8	4	5	3
3	4	5	6	7	9	1

ermediate 114

9	8	4	2	5	1	7	3	6
7	5	1	6	9	3	8	4	2
2	6	3	7	8	4	9	1	5
5	9	8	3	4	2	6	7	1
4	7	2	5	1	6	3	8	9
3	1	6	8	7	9	5	2	4
6	4	7	9	2	8	1	5	3
8	2	9	1	3	5	4	6	7
1	3	5	4	6	7	2	9	8

Intermediate 115

1	3	5	8	4	6	2	9	7
6	9	2	7	1	5	3	8	4
4	7	8	9	2	3	5	6	1
5	1	6	2	3	4	8	7	9
2	8	7	1	5	9	4	3	6
9	4	3	6	7	8	1	2	5
7	2	9	4	8	1	6	5	3
8	5	4	3	6	7	9	1	2
3	6	1	5	9	2	7	4	8

Intermediate 116

7	9	5	3	2	1	6
5	2	6	7	3	4	8
6	8	1	4	7	5	9
2	4	7	5	9	8	3
9	6	8	1	4	7	2
8	3	9	2	1	6	5
4	1	3	8	5	9	7
3	5	4	9	6	2	1
1	7	2	6	8	3	4

ermediate 117

7	2	4	8	1	5	9	3	6
5	3	6	2	9	7	1	4	8
8	9	1	6	3	4	2	5	7
6	4	7	9	5	8	3	1	2
9	5	3	7	2	1	8	6	4
2	1	8	3	4	6	5	7	9
1	7	5	4	8	2	6	9	3
3	6	2	1	7	9	4	8	5
4	8	9	5	6	3	7	2	1

Intermediate 118

3	4	1	6	5	8	2	7	9
5	6	7	2	4	9	3	8	1
9	8	2	1	3	7	4	6	5
4	3	5	9	8	1	7	2	6
6	1	9	7	2	3	8	5	4
2	7	8	4	6	5	9	1	3
1	9	6	3	7	2	5	4	8
7	5	4	8	9	6	1	3	2
8	2	3	5	1	4	6	9	7

Intermediate 119

3	5	6	8	2	9	7	4	1
4	7	9	6	1	5	8	3	2
8	1	2	4	3	7	5	6	9
9	2	3	7	5	1	4	8	6
5	4	8	9	6	2	1	7	3
7	6	1	3	4	8	9	2	5
6	8	7	1	9	3	2	5	4
2	9	4	5	7	6	3	1	8
1	3	5	2	8	4	6	9	7

Intermediate 120

4	6	1	9	7	2	5	8	3
8	7	2	1	3	5	6	9	4
9	3	5	6	4	8	7	1	2
1	4	8	2	5	3	9	6	7
2	5	6	4	9	7	8	3	1
3	9	7	8	1	6	2	4	5
5	2	9	3	8	4	1	7	6
6	8	4	7	2	1	3	5	9
7	1	3	5	6	9	4	2	8

Intermediate 121

4	5	7	3	6	2	9	8	1
2	1	6	9	7	8	5	3	4
9	8	3	4	1	5	2	6	7
3	4	1	8	9	6	7	2	5
5	6	2	7	4	3	8	1	9
7	9	8	2	5	1	3	4	6
6	2	9	5	8	4	1	7	3
1	3	5	6	2	7	4	9	8
8	7	4	1	3	9	6	5	2

Intermediate 122

1	5	2	7	6	4
7	3	4	9	8	2
6	8	9	1	3	5
8	4	6	2	7	3
9	7	5	8	4	1
2	1	3	5	9	6
3	6	1	4	2	9
4	2	7	3	5	8
5	9	8	6	1	7

Intermediate 1

5	7	1	6	8	2	3	9	4
9	2	8	4	1	3	6	5	7
6	3	4	5	7	9	8	1	2
1	8	9	7	5	4	2	3	6
2	4	5	3	6	1	7	8	9
3	6	7	9	2	8	5	4	1
7	1	3	2	4	5	9	6	8
4	5	6	8	9	7	1	2	3
8	9	2	1	3	6	4	7	5

Intermediate 124

4	3	5	2	8	6	9	1	7
2	6	7	5	9	1	8	3	4
1	8	9	7	3	4	6	2	5
9	4	6	3	5	7	1	8	2
8	5	2	4	1	9	3	7	6
3	7	1	6	2	8	4	5	9
6	1	4	8	7	5	2	9	3
5	2	8	9	4	3	7	6	1
7	9	3	1	6	2	5	4	8

Intermediate 125

7	6	5	1	2	4
8	1	3	7	5	9
9	2	4	3	6	8
4	5	1	9	7	3
2	9	6	8	1	5
3	7	8	2	4	6
5	3	9	4	8	1
1	4	2	6	9	7
6	8	7	5	3	2

Intermediate 1

8	5	2	4	1	3	9	7	6
3	6	7	5	2	9	8	1	4
9	1	4	6	7	8	3	5	2
1	7	9	8	4	6	2	3	5
2	8	6	3	5	7	4	9	1
5	4	3	1	9	2	6	8	7
4	2	1	9	3	5	7	6	8
6	3	5	7	8	4	1	2	9
7	9	8	2	6	1	5	4	3

Intermediate 127

9	1	7	3	5	2	4	6	8
3	8	2	9	4	6	5	7	1
4	5	6	7	8	1	9	2	3
7	9	5	1	3	8	2	4	6
8	4	3	2	6	9	7	1	5
6	2	1	4	7	5	8	3	9
5	3	4	6	9	7	1	8	2
1	7	8	5	2	3	6	9	4
2	6	9	8	1	4	3	5	7

Intermediate 128

1	2	6	3	8	4
3	7	4	9	5	1
5	8	9	2	6	7
9	3	5	1	4	8
6	1	2	5	7	3
7	4	8	6	9	2
8	6	3	4	2	9
2	5	1	7	3	6
4	9	7	8	1	5

Intermediate 1

4	1	7	6	5	8	2	3	9
8	2	5	3	1	9	7	4	6
6	9	3	2	4	7	5	8	1
7	8	2	5	9	3	6	1	4
9	5	1	7	6	4	3	2	8
3	4	6	1	8	2	9	5	7
1	3	9	4	7	5	8	6	2
5	7	4	8	2	6	1	9	3
2	6	8	9	3	1	4	7	5

Intermediate 130

9	8	3	6	1	4
5	6	1	7	2	9
7	2	4	8	5	3
1	3	9	2	6	8
8	4	5	1	3	7
6	7	2	4	9	5
3	9	8	5	4	1
4	5	6	9	7	2
2	1	7	3	8	6

rmediate 131

3	5	6	2	8	7	4	1	9
4	7	8	9	3	1	2	5	6
2	9	1	4	5	6	3	7	8
5	1	2	6	9	3	7	8	4
6	8	9	7	1	4	5	2	3
7	3	4	5	2	8	9	6	1
8	2	3	1	7	9	6	4	5
1	4	5	3	6	2	8	9	7
9	6	7	8	4	5	1	3	2

Intermediate 132

1	7	5	9	2	6	3	4	8
6	3	9	1	4	8	5	7	2
8	4	2	5	7	3	6	1	9
2	5	8	6	1	9	4	3	7
7	6	4	8	3	2	1	9	5
3	9	1	4	5	7	8	2	6
5	2	3	7	6	1	9	8	4
4	8	7	3	9	5	2	6	1
9	1	6	2	8	4	7	5	3

Intermediate 133

7	2	5	8	1	4
4	6	9	5	2	3
3	8	1	6	7	9
2	7	6	4	8	1
5	9	8	7	3	6
1	3	4	9	5	2
6	4	3	1	9	8
8	1	7	2	6	5
9	5	2	3	4	7

rmediate 134

3	5	4	8	1	6	9	2	7
8	9	6	3	2	7	1	5	4
7	1	2	4	5	9	3	6	8
4	6	9	5	8	1	7	3	2
1	2	3	6	7	4	8	9	5
5	7	8	9	3	2	4	1	6
6	8	1	2	4	3	5	7	9
9	3	5	7	6	8	2	4	1
2	4	7	1	9	5	6	8	3

Intermediate 135

7	1	9	3	5	8	4	6	2
2	8	5	6	4	9	7	3	1
3	4	6	2	7	1	8	9	5
4	5	2	9	8	7	6	1	3
6	3	7	4	1	2	9	5	8
8	9	1	5	6	3	2	4	7
5	2	8	1	9	4	3	7	6
9	6	3	7	2	5	1	8	4
1	7	4	8	3	6	5	2	9

Intermediate 136

3	6	8	5	9	1
4	5	1	2	8	7
2	7	9	4	6	3
5	4	6	7	1	9
8	9	3	6	2	4
7	1	2	8	3	5
9	2	5	3	4	8
6	8	4	1	7	2
1	3	7	9	5	6

rmediate 137

7	4	2	3	9	5	8	1	6
5	6	3	8	1	4	9	2	7
8	9	1	2	6	7	5	3	4
6	8	9	4	2	3	7	5	1
1	2	7	5	8	9	4	6	3
3	5	4	1	7	6	2	8	9
9	3	8	6	4	2	1	7	5
2	7	6	9	5	1	3	4	8
4	1	5	7	3	8	6	9	2

Intermediate 138

4	3	2	5	1	7	9	6	8
5	6	8	3	4	9	1	2	7
7	9	1	2	8	6	3	5	4
8	5	6	4	3	1	2	7	9
9	1	7	6	2	8	5	4	3
2	4	3	9	7	5	8	1	6
6	2	4	1	9	3	7	8	5
1	8	9	7	5	4	6	3	2
3	7	5	8	6	2	4	9	1

Intermediate 139

8	2	5	9	3	6	1	4	7
6	9	4	8	7	1	5	2	3
7	1	3	2	4	5	9	6	8
2	3	7	4	5	9	8	1	6
5	4	1	6	8	2	3	7	9
9	6	8	7	1	3	4	5	2
4	8	2	1	9	7	6	3	5
1	5	6	3	2	8	7	9	4
3	7	9	5	6	4	2	8	1

Intermediate 140

3	5	7	8	9	4	6	1	2
1	2	4	5	6	7	8	3	9
6	8	9	1	2	3	4	5	7
2	3	5	6	1	9	7	4	8
7	1	8	2	4	5	9	6	3
4	9	6	7	3	8	5	2	1
9	7	2	3	5	6	1	8	4
5	4	3	9	8	1	2	7	6
8	6	1	4	7	2	3	9	5

Intermediate 141

3	2	4	9	8	6	7	1	5
9	6	5	1	2	7	8	3	4
7	1	8	3	4	5	9	2	6
1	7	9	4	3	8	6	5	2
4	3	6	2	5	9	1	7	8
8	5	2	6	7	1	3	4	9
5	9	1	7	6	4	2	8	3
6	8	3	5	1	2	4	9	7
2	4	7	8	9	3	5	6	1

Intermediate 142

6	4	3	7	9	2	8
5	7	1	8	3	4	6
8	9	2	5	6	1	3
7	1	6	4	2	9	5
9	2	8	6	5	3	1
3	5	4	1	7	8	9
1	6	5	9	4	7	2
2	8	7	3	1	6	4
4	3	9	2	8	5	7

Intermediate 14

4	2	7	8	6	9	5	3	1
5	6	8	1	3	4	9	2	7
9	3	1	2	7	5	8	6	4
1	7	4	9	8	3	2	5	6
2	8	3	4	5	6	1	7	9
6	9	5	7	1	2	3	4	8
8	5	2	6	9	7	4	1	3
3	1	6	5	4	8	7	9	2
7	4	9	3	2	1	6	8	5

Intermediate 144

5	3	9	7	4	6	2	8	1
6	1	7	5	8	2	9	4	3
8	4	2	3	9	1	6	5	7
7	8	4	1	5	9	3	6	2
9	5	3	2	6	7	4	1	8
1	2	6	8	3	4	7	9	5
2	6	5	9	1	3	8	7	4
3	9	1	4	7	8	5	2	6
4	7	8	6	2	5	1	3	9

Intermediate 145

1	4	7	2	5	8	3
9	2	3	1	4	6	5
5	6	8	3	7	9	1
2	1	5	9	3	7	4
3	7	4	8	6	2	9
8	9	6	4	1	5	7
4	3	2	5	8	1	6
6	5	9	7	2	3	8
7	8	1	6	9	4	2

Intermediate 14

9	1	3	7	5	8	4	2	6
8	7	6	4	9	2	5	1	3
4	2	5	1	3	6	7	8	9
1	3	9	8	4	7	2	6	5
6	4	2	9	1	5	3	7	8
5	8	7	2	6	3	9	4	1
7	9	8	3	2	1	6	5	4
2	5	4	6	8	9	1	3	7
3	6	1	5	7	4	8	9	2

Intermediate 147

9	3	2	7	1	6	5	8	4
4	8	1	5	2	9	6	7	3
5	6	7	3	4	8	2	9	1
2	9	8	1	5	4	3	6	7
3	1	5	6	8	7	4	2	9
6	7	4	9	3	2	8	1	5
7	2	3	4	6	1	9	5	8
8	4	9	2	7	5	1	3	6
1	5	6	8	9	3	7	4	2

Intermediate 148

6	3	5	9	2	8	7
8	4	1	3	7	5	2
9	2	7	4	1	6	8
1	5	6	2	3	4	9
2	8	9	1	5	7	3
3	7	4	6	8	9	1
4	9	2	8	6	3	5
5	6	8	7	9	1	4
7	1	3	5	4	2	6

Intermediate 14

3	8	6	4	5	7	9	1	2
9	1	4	6	8	2	5	3	7
7	2	5	9	1	3	4	6	8
1	7	9	2	3	4	6	8	5
6	4	3	5	9	8	7	2	1
8	5	2	1	7	6	3	4	9
4	9	8	3	2	5	1	7	6
5	3	7	8	6	1	2	9	4
2	6	1	7	4	9	8	5	3

Intermediate 150

8	7	2	6	3	4
3	4	9	5	7	1
1	5	6	9	8	2
6	9	3	1	2	5
4	1	5	7	6	8
7	2	8	3	4	9
5	8	4	2	1	7
9	6	1	8	5	3
2	3	7	4	9	6

ermediate 151

4	3	7	6	5	8	2	9	1
9	5	6	7	1	2	4	3	8
1	8	2	9	4	3	5	6	7
8	9	4	1	7	6	3	5	2
7	1	3	5	2	4	6	8	9
2	6	5	3	8	9	1	7	4
3	7	9	2	6	1	8	4	5
5	2	8	4	3	7	9	1	6
6	4	1	8	9	5	7	2	3

Intermediate 152

6	2	8	3	4	9	5	7	1
5	7	4	8	1	2	6	3	9
9	3	1	7	5	6	4	8	2
7	9	2	4	3	1	8	5	6
1	4	5	9	6	8	7	2	3
3	8	6	2	7	5	9	1	4
8	5	3	1	9	4	2	6	7
2	1	9	6	8	7	3	4	5
4	6	7	5	2	3	1	9	8

Intermediate 153

6	1	4	8	3	5
2	5	9	7	6	1
8	7	3	9	2	4
3	2	1	5	9	7
4	8	5	6	1	2
7	9	6	3	4	8
5	4	8	2	7	9
9	3	2	1	5	6
1	6	7	4	8	3

ermediate 154

2	4	7	9	5	8	3	6	1
8	6	3	4	7	1	5	9	2
9	1	5	2	3	6	4	7	8
3	7	6	8	1	5	2	4	9
4	5	8	3	9	2	6	1	7
1	9	2	6	4	7	8	3	5
5	2	4	1	6	9	7	8	3
6	8	9	7	2	3	1	5	4
7	3	1	5	8	4	9	2	6

Intermediate 155

3	8	5	7	4	9	2	6	1
2	4	6	5	3	1	7	9	8
7	9	1	6	8	2	3	4	5
4	1	9	8	2	5	6	7	3
8	6	2	9	7	3	5	1	4
5	7	3	1	6	4	8	2	9
6	3	4	2	1	8	9	5	7
9	2	8	4	5	7	1	3	6
1	5	7	3	9	6	4	8	2

Intermediate 156

8	3	4	1	7	6
2	1	9	3	5	8
5	6	7	9	2	4
3	7	1	5	6	2
4	2	5	8	9	3
6	9	8	4	1	7
7	4	2	6	8	9
9	5	3	7	4	1
1	8	6	2	3	5

ermediate 157

7	3	4	1	8	5	9	2	6
8	5	2	9	6	4	1	3	7
9	1	6	2	7	3	8	4	5
4	9	3	7	1	2	5	6	8
5	6	8	4	3	9	2	7	1
1	2	7	6	5	8	3	9	4
6	7	5	3	2	1	4	8	9
3	8	9	5	4	7	6	1	2
2	4	1	8	9	6	7	5	3

Intermediate 158

1	7	8	9	5	4	2	3	6
9	2	5	3	6	8	4	7	1
3	4	6	1	2	7	5	8	9
7	5	4	6	3	1	8	9	2
6	9	1	5	8	2	7	4	3
8	3	2	4	7	9	6	1	5
2	1	3	7	4	6	9	5	8
4	6	9	8	1	5	3	2	7
5	8	7	2	9	3	1	6	4

Intermediate 159

2	3	7	8	5	1	6	4	9
9	8	4	7	2	6	5	1	3
1	6	5	9	3	4	7	8	2
3	1	8	6	4	5	9	2	7
6	5	2	1	9	7	8	3	4
4	7	9	2	8	3	1	5	6
5	4	1	3	6	9	2	7	8
7	2	6	4	1	8	3	9	5
8	9	3	5	7	2	4	6	1

Intermediate 160

7	9	1	5	6	3	8	2	4
2	3	4	7	8	1	9	5	6
5	6	8	4	9	2	7	1	3
3	7	9	2	1	6	4	8	5
4	8	2	3	5	7	6	9	1
1	5	6	8	4	9	2	3	7
8	1	3	6	2	4	5	7	9
9	4	5	1	7	8	3	6	2
6	2	7	9	3	5	1	4	8

Intermediate 161

4	5	6	7	9	1	8	2	3
2	9	7	3	6	8	5	1	4
8	1	3	4	2	5	9	7	6
1	4	8	2	5	7	3	6	9
7	2	5	9	3	6	1	4	8
3	6	9	8	1	4	7	5	2
5	3	4	6	7	9	2	8	1
6	7	2	1	8	3	4	9	5
9	8	1	5	4	2	6	3	7

Intermediate 162

2	1	5	8	3	6	9
7	8	3	4	9	5	1
4	9	6	1	2	7	5
6	2	8	5	4	3	7
9	4	1	6	7	8	3
3	5	7	9	1	2	8
5	6	4	7	8	1	2
8	7	2	3	6	9	4
1	3	9	2	5	4	6

Intermediate 16

6	5	8	9	4	2	7	1	3
3	4	9	5	1	7	6	8	2
7	1	2	6	8	3	9	4	5
5	2	4	8	3	9	1	6	7
8	6	1	7	2	4	5	3	9
9	3	7	1	5	6	8	2	4
1	7	3	2	6	5	4	9	8
2	8	5	4	9	1	3	7	6
4	9	6	3	7	8	2	5	1

Intermediate 164

7	3	5	6	2	9	8	4	1
6	8	2	5	1	4	9	7	3
9	1	4	8	7	3	5	2	6
8	9	6	7	3	2	1	5	4
2	5	1	4	9	6	7	3	8
3	4	7	1	5	8	6	9	2
1	2	3	9	6	5	4	8	7
4	6	9	2	8	7	3	1	5
5	7	8	3	4	1	2	6	9

Intermediate 165

9	5	2	3	8	4	1
1	3	4	6	7	9	2
6	7	8	5	1	2	9
7	6	9	1	2	5	3
5	8	1	7	4	3	6
2	4	3	8	9	6	7
3	1	7	4	6	8	5
8	2	5	9	3	1	4
4	9	6	2	5	7	8

Intermediate 16

7	8	3	4	9	5	2	1	6
9	4	1	7	6	2	3	5	8
5	2	6	3	8	1	4	7	9
6	7	9	8	1	4	5	3	2
4	3	5	6	2	7	8	9	1
8	1	2	5	3	9	6	4	7
1	9	8	2	4	3	7	6	5
2	5	4	9	7	6	1	8	3
3	6	7	1	5	8	9	2	4

Intermediate 167

5	4	9	6	2	1	7	8	3
1	8	3	9	7	5	2	4	6
2	6	7	3	8	4	9	5	1
3	7	2	5	1	9	8	6	4
6	9	5	2	4	8	1	3	7
8	1	4	7	6	3	5	9	2
9	2	1	4	5	6	3	7	8
4	3	8	1	9	7	6	2	5
7	5	6	8	3	2	4	1	9

Intermediate 168

4	6	2	1	8	7	9
5	1	7	9	6	3	2
8	9	3	2	4	5	1
2	7	8	5	9	4	3
1	3	5	8	7	6	4
6	4	9	3	1	2	7
9	2	6	4	3	8	5
3	8	1	7	5	9	6
7	5	4	6	2	1	8

Intermediate 16

7	3	5	2	4	8	6	9	1
4	2	9	5	6	1	7	3	8
6	8	1	3	7	9	2	4	5
8	9	6	4	5	7	1	2	3
1	5	2	6	8	3	4	7	9
3	4	7	9	1	2	8	5	6
9	6	4	1	2	5	3	8	7
5	1	8	7	3	4	9	6	2
2	7	3	8	9	6	5	1	4

Intermediate 170

6	1	9	7	8	2
8	2	4	3	9	5
3	5	7	6	4	1
5	3	1	9	6	8
7	8	6	2	3	4
4	9	2	5	1	7
9	4	3	8	2	6
1	7	8	4	5	9
2	6	5	1	7	3

ermediate 171

8	3	6	5	9	7	1	2	4
4	1	5	6	2	8	7	9	3
7	9	2	3	1	4	5	6	8
6	2	9	4	3	1	8	7	5
1	4	7	8	5	2	6	3	9
3	5	8	7	6	9	2	4	1
5	7	4	9	8	6	3	1	2
9	8	1	2	7	3	4	5	6
2	6	3	1	4	5	9	8	7

Intermediate 172

9	8	3	4	1	5	6	2	7
2	4	7	3	6	9	8	5	1
5	1	6	2	7	8	3	4	9
3	6	9	5	8	1	2	7	4
7	2	1	9	3	4	5	6	8
8	5	4	6	2	7	9	1	3
1	3	8	7	5	2	4	9	6
6	9	2	1	4	3	7	8	5
4	7	5	8	9	6	1	3	2

Intermediate 173

3	9	2	6	1	5
4	5	6	7	8	3
7	8	1	2	9	4
2	6	3	5	4	8
5	4	7	9	6	1
8	1	9	3	2	7
1	3	4	8	5	6
6	2	8	1	7	9
9	7	5	4	3	2

ermediate 174

9	2	5	3	4	7	1	8	6
8	4	7	6	1	5	3	2	9
3	6	1	2	8	9	5	4	7
4	1	8	7	2	3	6	9	5
5	3	9	8	6	1	2	7	4
2	7	6	9	5	4	8	1	3
1	5	2	4	9	6	7	3	8
6	9	3	1	7	8	4	5	2
7	8	4	5	3	2	9	6	1

Intermediate 175

2	9	4	7	3	8	1	5	6
3	1	5	2	9	6	4	7	8
6	7	8	1	4	5	9	2	3
4	8	6	9	5	3	2	1	7
5	2	1	4	6	7	3	8	9
7	3	9	8	1	2	5	6	4
8	4	2	3	7	1	6	9	5
1	5	3	6	8	9	7	4	2
9	6	7	5	2	4	8	3	1

Intermediate 176

7	5	8	2	6	9
1	6	9	3	4	8
2	3	4	7	5	1
8	2	5	6	9	4
9	7	6	1	2	3
3	4	1	5	8	7
4	9	3	8	7	2
5	1	7	4	3	6
6	8	2	9	1	5

ermediate 177

8	2	5	9	4	6	1	3	7
3	6	9	2	1	7	8	5	4
1	4	7	8	3	5	9	2	6
4	8	3	1	6	9	2	7	5
9	1	6	7	5	2	3	4	8
5	7	2	3	8	4	6	9	1
2	3	8	4	7	1	5	6	9
7	5	1	6	9	3	4	8	2
6	9	4	5	2	8	7	1	3

Intermediate 178

1	5	6	7	8	9	2	4	3
7	8	2	4	1	3	9	5	6
9	3	4	2	5	6	7	8	1
3	9	8	5	4	2	6	1	7
2	1	5	6	3	7	8	9	4
6	4	7	1	9	8	3	2	5
8	6	1	9	7	5	4	3	2
4	7	3	8	2	1	5	6	9
5	2	9	3	6	4	1	7	8

Intermediate 179

5	2	3	6	7	1	8	9	4
6	1	7	8	4	9	2	3	5
4	8	9	5	2	3	1	6	7
7	4	1	9	8	6	3	5	2
9	3	2	7	1	5	4	8	6
8	5	6	2	3	4	7	1	9
2	6	8	3	9	7	5	4	1
1	7	5	4	6	8	9	2	3
3	9	4	1	5	2	6	7	8

Intermediate 180

1	9	5	3	4	6	8	2	7
6	4	7	8	2	5	9	3	1
8	2	3	1	7	9	4	5	6
7	3	6	9	1	2	5	8	4
9	8	2	7	5	4	1	6	3
4	5	1	6	8	3	2	7	9
2	7	9	4	6	8	3	1	5
3	1	8	5	9	7	6	4	2
5	6	4	2	3	1	7	9	8

Intermediate 181

8	9	6	7	1	5	4	2	3
3	5	7	6	2	4	8	9	1
1	2	4	8	9	3	6	5	7
5	8	2	9	3	6	7	1	4
4	3	9	1	7	8	5	6	2
6	7	1	5	4	2	9	3	8
9	1	8	3	5	7	2	4	6
2	6	3	4	8	9	1	7	5
7	4	5	2	6	1	3	8	9

Intermediate 182

9	1	5	6	4	8	3
7	6	2	9	5	3	1
3	4	8	7	1	2	5
8	5	1	2	9	6	4
2	3	4	8	7	5	9
6	9	7	1	3	4	8
1	2	6	4	8	9	7
4	8	3	5	2	7	6
5	7	9	3	6	1	2

Intermediate 18

3	6	4	9	2	5	8	1	7
5	9	8	1	7	3	2	6	4
7	1	2	6	8	4	9	3	5
1	8	9	7	3	2	5	4	6
6	3	5	8	4	9	1	7	2
2	4	7	5	6	1	3	8	9
4	5	1	3	9	7	6	2	8
9	7	6	2	1	8	4	5	3
8	2	3	4	5	6	7	9	1

Intermediate 184

9	8	4	2	5	1	7	3	6
7	5	1	6	9	3	8	4	2
2	6	3	7	8	4	9	1	5
5	9	8	3	4	2	6	7	1
4	7	2	5	1	6	3	8	9
3	1	6	8	7	9	5	2	4
6	4	7	9	2	8	1	5	3
8	2	9	1	3	5	4	6	7
1	3	5	4	6	7	2	9	8

Intermediate 185

1	3	5	8	4	6	2
6	9	2	7	1	5	3
4	7	8	9	2	3	5
5	1	6	2	3	4	8
2	8	7	1	5	9	4
9	4	3	6	7	8	1
7	2	9	4	8	1	6
8	5	4	3	6	7	9
3	6	1	5	9	2	7

Intermediate 18

4	8	7	9	5	3	2	1	6
9	1	5	2	6	7	3	4	8
2	3	6	8	1	4	7	5	9
1	6	2	4	7	5	9	8	3
3	5	9	6	8	1	4	7	2
7	4	8	3	9	2	1	6	5
6	2	4	1	3	8	5	9	7
8	7	3	5	4	9	6	2	1
5	9	1	7	2	6	8	3	4

Intermediate 187

7	2	4	8	1	5	9	3	6
5	3	6	2	9	7	1	4	8
8	9	1	6	3	4	2	5	7
6	4	7	9	5	8	3	1	2
9	5	3	7	2	1	8	6	4
2	1	8	3	4	6	5	7	9
1	7	5	4	8	2	6	9	3
3	6	2	1	7	9	4	8	5
4	8	9	5	6	3	7	2	1

Intermediate 188

3	4	1	6	5	8	2
5	6	7	2	4	9	3
9	8	2	1	3	7	4
4	3	5	9	8	1	7
6	1	9	7	2	3	8
2	7	8	4	6	5	9
1	9	6	3	7	2	5
7	5	4	8	9	6	1
8	2	3	5	1	4	6

Intermediate 18

3	5	6	8	2	9	7	4	1
4	7	9	6	1	5	8	3	2
8	1	2	4	3	7	5	6	9
9	2	3	7	5	1	4	8	6
5	4	8	9	6	2	1	7	3
7	6	1	3	4	8	9	2	5
6	8	7	1	9	3	2	5	4
2	9	4	5	7	6	3	1	8
1	3	5	2	8	4	6	9	7

Intermediate 190

3	6	2	9	8	1
9	7	8	5	3	4
4	1	5	2	6	7
8	9	6	7	2	5
7	4	3	8	1	9
2	5	1	3	4	6
5	8	4	1	7	3
6	2	7	4	9	8
1	3	9	6	5	2

ermediate 191

1	5	2	7	6	4	3	9	8
7	3	4	9	8	2	1	5	6
6	8	9	1	3	5	2	4	7
8	4	6	2	7	3	5	1	9
9	7	5	8	4	1	6	2	3
2	1	3	5	9	6	7	8	4
3	6	1	4	2	9	8	7	5
4	2	7	3	5	8	9	6	1
5	9	8	6	1	7	4	3	2

Intermediate 192

4	6	1	9	7	2	5	8	3
8	7	2	1	3	5	6	9	4
9	3	5	6	4	8	7	1	2
1	4	8	2	5	3	9	6	7
2	5	6	4	9	7	8	3	1
3	9	7	8	1	6	2	4	5
5	2	9	3	8	4	1	7	6
6	8	4	7	2	1	3	5	9
7	1	3	5	6	9	4	2	8

Intermediate 193

6	8	2	3	9	4
4	1	3	6	5	7
5	7	9	8	1	2
7	5	4	2	3	6
3	6	1	7	8	9
9	2	8	5	4	1
2	4	5	9	6	8
8	9	7	1	2	3
1	3	6	4	7	5

ermediate 194

4	3	5	2	8	6	9	1	7
2	6	7	5	9	1	8	3	4
1	8	9	7	3	4	6	2	5
9	4	6	3	5	7	1	8	2
8	5	2	4	1	9	3	7	6
3	7	1	6	2	8	4	5	9
6	1	4	8	7	5	2	9	3
5	2	8	9	4	3	7	6	1
7	9	3	1	6	2	5	4	8

Intermediate 195

7	6	5	1	2	4	8	3	9
8	1	3	7	5	9	4	2	6
9	2	4	3	6	8	1	5	7
4	5	1	9	7	3	2	6	8
2	9	6	8	1	5	7	4	3
3	7	8	2	4	6	5	9	1
5	3	9	4	8	1	6	7	2
1	4	2	6	9	7	3	8	5
6	8	7	5	3	2	9	1	4

Intermediate 196

4	1	3	9	7	6
5	2	9	8	1	4
6	7	8	3	5	2
8	4	6	2	3	5
3	5	7	4	9	1
1	9	2	6	8	7
9	3	5	7	6	8
7	8	4	1	2	9
2	6	1	5	4	3

ermediate 197

9	1	7	3	5	2	4	6	8
3	8	2	9	4	6	5	7	1
4	5	6	7	8	1	9	2	3
7	9	5	1	3	8	2	4	6
8	4	3	2	6	9	7	1	5
6	2	1	4	7	5	8	3	9
5	3	4	6	9	7	1	8	2
1	7	8	5	2	3	6	9	4
2	6	9	8	1	4	3	5	7

Intermediate 198

1	2	6	3	8	4	7	9	5
3	7	4	9	5	1	8	6	2
5	8	9	2	6	7	3	1	4
9	3	5	1	4	8	6	2	7
6	1	2	5	7	3	9	4	8
7	4	8	6	9	2	1	5	3
8	6	3	4	2	9	5	7	1
2	5	1	7	3	6	4	8	9
4	9	7	8	1	5	2	3	6

Intermediate 199

4	1	7	6	5	8	2	3	9
8	2	5	3	1	9	7	4	6
6	9	3	2	4	7	5	8	1
7	8	2	5	9	3	6	1	4
9	5	1	7	6	4	3	2	8
3	4	6	1	8	2	9	5	7
1	3	9	4	7	5	8	6	2
5	7	4	8	2	6	1	9	3
2	6	8	9	3	1	4	7	5

Intermediate 200

5	7	2	9	8	3	6	1	4
8	3	4	5	6	1	7	2	9
6	9	1	7	2	4	8	5	3
7	4	5	1	3	9	2	6	8
9	2	6	8	4	5	1	3	7
1	8	3	6	7	2	4	9	5
2	6	7	3	9	8	5	4	1
3	1	8	4	5	6	9	7	2
4	5	9	2	1	7	3	8	6

Intermediate 201

3	5	6	2	8	7	4	1	9
4	7	8	9	3	1	2	5	6
2	9	1	4	5	6	3	7	8
5	1	2	6	9	3	7	8	4
6	8	9	7	1	4	5	2	3
7	3	4	5	2	8	9	6	1
8	2	3	1	7	9	6	4	5
1	4	5	3	6	2	8	9	7
9	6	7	8	4	5	1	3	2

Intermediate 202

1	7	5	9	2	6	3
6	3	9	1	4	8	5
8	4	2	5	7	3	6
2	5	8	6	1	9	4
7	6	4	8	3	2	1
3	9	1	4	5	7	8
5	2	3	7	6	1	9
4	8	7	3	9	5	2
9	1	6	2	8	4	7

Intermediate 20

6	9	3	7	2	5	8	1	4
7	1	8	4	6	9	5	2	3
4	2	5	3	8	1	6	7	9
3	5	9	2	7	6	4	8	1
2	4	1	5	9	8	7	3	6
8	6	7	1	3	4	9	5	2
5	7	2	6	4	3	1	9	8
9	3	4	8	1	7	2	6	5
1	8	6	9	5	2	3	4	7

Intermediate 204

3	5	4	8	1	6	9	2	7
8	9	6	3	2	7	1	5	4
7	1	2	4	5	9	3	6	8
4	6	9	5	8	1	7	3	2
1	2	3	6	7	4	8	9	5
5	7	8	9	3	2	4	1	6
6	8	1	2	4	3	5	7	9
9	3	5	7	6	8	2	4	1
2	4	7	1	9	5	6	8	3

Intermediate 205

7	1	9	3	5	8	4
2	8	5	6	4	9	7
3	4	6	2	7	1	8
4	5	2	9	8	7	6
6	3	7	4	1	2	9
8	9	1	5	6	3	2
5	2	8	1	9	4	3
9	6	3	7	2	5	1
1	7	4	8	3	6	5

Intermediate 20

2	4	7	3	6	8	5	9	1
6	3	9	4	5	1	2	8	7
8	1	5	2	7	9	4	6	3
3	2	8	5	4	6	7	1	9
7	5	1	8	9	3	6	2	4
9	6	4	7	1	2	8	3	5
1	7	6	9	2	5	3	4	8
5	9	3	6	8	4	1	7	2
4	8	2	1	3	7	9	5	6

Intermediate 207

4	3	2	5	1	7	9	6	8
5	6	8	3	4	9	1	2	7
7	9	1	2	8	6	3	5	4
8	5	6	4	3	1	2	7	9
9	1	7	6	2	8	5	4	3
2	4	3	9	7	5	8	1	6
6	2	4	1	9	3	7	8	5
1	8	9	7	5	4	6	3	2
3	7	5	8	6	2	4	9	1

Intermediate 208

7	4	2	3	9	5	8
5	6	3	8	1	4	9
8	9	1	2	6	7	5
6	8	9	4	2	3	7
1	2	7	5	8	9	4
3	5	4	1	7	6	2
9	3	8	6	4	2	1
2	7	6	9	5	1	3
4	1	5	7	3	8	6

Intermediate 20

8	2	5	9	3	6	1	4	7
6	9	4	8	7	1	5	2	3
7	1	3	2	4	5	9	6	8
2	3	7	4	5	9	8	1	6
5	4	1	6	8	2	3	7	9
9	6	8	7	1	3	4	5	2
4	8	2	1	9	7	6	3	5
1	5	6	3	2	8	7	9	4
3	7	9	5	6	4	2	8	1

Intermediate 210

7	8	9	4	6	1	2
4	5	6	7	8	3	9
9	1	2	3	4	5	7
5	6	1	9	7	4	8
8	2	4	5	9	6	3
6	7	3	8	5	2	1
2	3	5	6	1	8	4
3	9	8	1	2	7	6
1	4	7	2	3	9	5

termediate 211

3	2	4	9	8	6	7	1	5
9	6	5	1	2	7	8	3	4
7	1	8	3	4	5	9	2	6
1	7	9	4	3	8	6	5	2
4	3	6	2	5	9	1	7	8
8	5	2	6	7	1	3	4	9
5	9	1	7	6	4	2	8	3
6	8	3	5	1	2	4	9	7
2	4	7	8	9	3	5	6	1

Intermediate 212

6	4	3	7	9	2	8	1	5
5	7	1	8	3	4	6	9	2
8	9	2	5	6	1	3	4	7
7	1	6	4	2	9	5	3	8
9	2	8	6	5	3	1	7	4
3	5	4	1	7	8	9	2	6
1	6	5	9	4	7	2	8	3
2	8	7	3	1	6	4	5	9
4	3	9	2	8	5	7	6	1

Intermediate 213

7	8	6	9	5	3	1
8	1	3	4	9	2	7
1	2	7	5	8	6	4
4	9	8	3	2	5	6
3	4	5	6	1	7	9
5	7	1	2	3	4	8
2	6	9	7	4	1	3
6	5	4	8	7	9	2
9	3	2	1	6	8	5

termediate 214

5	3	9	7	4	6	2	8	1
6	1	7	5	8	2	9	4	3
8	4	2	3	9	1	6	5	7
7	8	4	1	5	9	3	6	2
9	5	3	2	6	7	4	1	8
1	2	6	8	3	4	7	9	5
2	6	5	9	1	3	8	7	4
3	9	1	4	7	8	5	2	6
4	7	8	6	2	5	1	3	9

Intermediate 215

1	4	7	2	5	8	3	6	9
9	2	3	1	4	6	5	7	8
5	6	8	3	7	9	1	2	4
2	1	5	9	3	7	4	8	6
3	7	4	8	6	2	9	1	5
8	9	6	4	1	5	7	3	2
4	3	2	5	8	1	6	9	7
6	5	9	7	2	3	8	4	1
7	8	1	6	9	4	2	5	3

Intermediate 216

3	7	5	8	4	2	6
6	4	9	2	5	1	3
5	1	3	6	7	8	9
9	8	4	7	2	6	5
2	9	1	5	3	7	8
7	2	6	3	9	4	1
8	3	2	1	6	5	4
4	6	8	9	1	3	7
1	5	7	4	8	9	2

termediate 217

5	8	1	6	9	2	7	4	3
9	7	3	1	8	4	5	2	6
4	6	2	3	5	7	9	8	1
1	3	4	5	2	6	8	9	7
8	5	9	7	4	3	6	1	2
6	2	7	8	1	9	3	5	4
7	1	8	2	6	5	4	3	9
3	4	5	9	7	1	2	6	8
2	9	6	4	3	8	1	7	5

Intermediate 218

8	1	4	9	6	7	3	2	5
3	5	9	1	2	8	4	6	7
2	6	7	5	3	4	9	1	8
4	8	1	7	9	5	6	3	2
5	2	6	3	8	1	7	9	4
7	9	3	2	4	6	8	5	1
1	3	5	8	7	9	2	4	6
9	4	8	6	5	2	1	7	3
6	7	2	4	1	3	5	8	9

Intermediate 219

3	5	7	2	6	9	4	8	1
8	2	4	5	3	1	6	7	9
6	1	9	4	7	8	5	2	3
1	4	8	6	2	7	3	9	5
9	3	2	8	1	5	7	4	6
5	7	6	9	4	3	8	1	2
4	6	1	3	8	2	9	5	7
2	8	5	7	9	6	1	3	4
7	9	3	1	5	4	2	6	8

Intermediate 220

7	9	2	3	5	4	8	1	6
1	3	5	8	9	6	2	4	7
4	6	8	7	1	2	3	5	9
5	7	6	9	2	8	4	3	1
2	8	1	6	4	3	7	9	5
3	4	9	5	7	1	6	8	2
6	5	3	1	8	7	9	2	4
8	1	4	2	6	9	5	7	3
9	2	7	4	3	5	1	6	8

Intermediate 221

1	5	3	9	6	4	8	2	7
6	2	7	1	5	8	9	3	4
8	4	9	7	2	3	1	5	6
4	1	5	8	7	6	2	9	3
9	8	6	4	3	2	5	7	1
3	7	2	5	9	1	4	6	8
2	9	8	3	1	7	6	4	5
7	6	1	2	4	5	3	8	9
5	3	4	6	8	9	7	1	2

Intermediate 222

2	9	4	7	1	5
7	1	8	9	6	3
3	5	6	2	4	8
8	2	7	1	5	4
4	3	5	6	9	2
9	6	1	3	8	7
5	7	9	4	2	1
6	4	2	8	3	9
1	8	3	5	7	6

Intermediate 2

3	6	4	2	7	9	5	8	1
1	5	7	3	6	8	2	4	9
8	9	2	4	1	5	3	6	7
2	1	6	7	5	4	9	3	8
4	8	3	9	2	6	1	7	5
5	7	9	8	3	1	4	2	6
7	4	5	1	8	2	6	9	3
6	2	8	5	9	3	7	1	4
9	3	1	6	4	7	8	5	2

Intermediate 224

9	8	4	1	2	5	6	3	7
5	7	2	3	8	6	1	9	4
1	3	6	4	9	7	5	8	2
8	9	1	5	7	2	4	6	3
6	5	3	8	1	4	7	2	9
2	4	7	6	3	9	8	1	5
7	1	8	9	4	3	2	5	6
3	2	5	7	6	1	9	4	8
4	6	9	2	5	8	3	7	1

Intermediate 225

2	3	8	5	4	1
1	7	5	2	9	6
9	4	6	7	8	3
7	6	2	9	3	4
8	9	3	1	5	2
4	5	1	6	7	8
3	8	7	4	1	5
5	2	9	8	6	7
6	1	4	3	2	9

Intermediate 2.

2	1	4	7	6	3	9	5	8
6	7	9	5	8	2	3	1	4
3	8	5	4	9	1	6	2	7
4	5	7	1	3	8	2	6	9
8	6	1	2	4	9	7	3	5
9	2	3	6	5	7	8	4	1
5	9	2	3	7	4	1	8	6
7	3	6	8	1	5	4	9	2
1	4	8	9	2	6	5	7	3

Intermediate 227

9	6	2	5	7	3	8	1	4
3	1	7	2	4	8	5	6	9
4	8	5	9	6	1	3	7	2
6	2	1	7	8	5	4	9	3
5	3	4	1	9	2	6	8	7
7	9	8	4	3	6	1	2	5
8	4	6	3	2	9	7	5	1
1	7	9	6	5	4	2	3	8
2	5	3	8	1	7	9	4	6

Intermediate 228

5	8	6	1	2	7
7	9	2	3	4	5
3	1	4	6	8	9
6	2	1	4	5	8
8	3	9	7	6	2
4	5	7	9	1	3
9	4	5	2	7	6
1	6	8	5	3	4
2	7	3	8	9	1

Intermediate 2

6	8	3	9	7	4	5	2	1
2	4	7	5	3	1	8	6	9
9	1	5	6	8	2	7	3	4
7	6	1	4	9	8	3	5	2
4	5	2	3	1	7	6	9	8
3	9	8	2	5	6	1	4	7
5	7	9	1	4	3	2	8	6
8	3	6	7	2	9	4	1	5
1	2	4	8	6	5	9	7	3

Intermediate 230

1	8	5	2	9	3	4
8	1	6	9	2	5	7
9	3	4	7	6	8	1
2	5	8	1	4	6	9
4	2	3	6	1	7	5
6	7	9	4	8	2	3
7	9	1	5	3	4	6
3	4	7	8	5	1	2
5	6	2	3	7	9	8

termediate 231

7	5	6	8	1	3	9	2	4
3	8	2	9	7	4	6	1	5
9	4	1	2	5	6	7	3	8
8	3	5	1	9	7	2	4	6
6	7	4	3	8	2	1	5	9
1	2	9	6	4	5	8	7	3
2	6	7	4	3	9	5	8	1
4	9	8	5	2	1	3	6	7
5	1	3	7	6	8	4	9	2

Intermediate 232

7	5	6	3	9	1	8	4	2
3	4	1	2	5	8	6	7	9
8	9	2	4	6	7	5	1	3
5	7	9	6	8	4	2	3	1
4	2	8	5	1	3	9	6	7
1	6	3	7	2	9	4	5	8
6	3	7	8	4	2	1	9	5
9	8	4	1	7	5	3	2	6
2	1	5	9	3	6	7	8	4

Intermediate 233

4	7	2	5	9	3	6
6	1	3	8	4	5	7
7	4	9	6	8	2	1
1	9	8	3	7	6	2
8	2	7	1	3	4	5
3	5	6	4	1	8	9
5	3	1	2	6	9	8
2	8	4	9	5	7	3
9	6	5	7	2	1	4

termediate 234

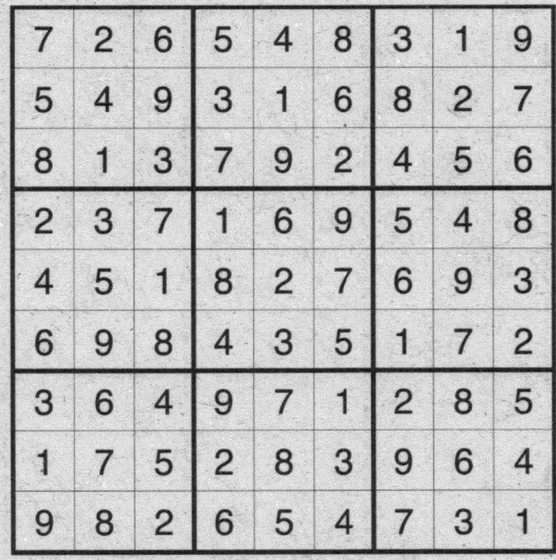

7	2	6	5	4	8	3	1	9
5	4	9	3	1	6	8	2	7
8	1	3	7	9	2	4	5	6
2	3	7	1	6	9	5	4	8
4	5	1	8	2	7	6	9	3
6	9	8	4	3	5	1	7	2
3	6	4	9	7	1	2	8	5
1	7	5	2	8	3	9	6	4
9	8	2	6	5	4	7	3	1

Intermediate 235

4	3	7	9	2	8	5	6	1
2	5	8	1	6	7	3	4	9
6	9	1	3	4	5	7	2	8
5	6	9	2	7	1	4	8	3
7	8	3	4	5	9	6	1	2
1	2	4	6	8	3	9	5	7
8	7	6	5	9	2	1	3	4
9	1	5	8	3	4	2	7	6
3	4	2	7	1	6	8	9	5

Intermediate 236

8	3	7	1	5	6	9
7	6	8	9	1	4	2
6	2	4	5	3	8	7
1	4	9	2	7	3	5
5	8	3	6	9	1	4
4	1	5	7	6	2	8
9	5	2	8	4	7	3
2	7	6	3	8	9	1
3	9	1	4	2	5	6

termediate 237

7	5	8	4	3	9	2	6	1
3	4	2	1	5	6	8	9	7
6	9	1	7	2	8	3	4	5
1	2	6	8	4	5	7	3	9
4	7	3	6	9	1	5	8	2
5	8	9	2	7	3	4	1	6
2	3	4	9	6	7	1	5	8
8	6	5	3	1	2	9	7	4
9	1	7	5	8	4	6	2	3

Intermediate 238

6	8	5	1	3	7	2	9	4
1	2	4	9	5	6	3	7	8
7	9	3	2	8	4	5	1	6
2	5	9	6	1	8	7	4	3
3	1	8	7	4	9	6	5	2
4	6	7	3	2	5	9	8	1
8	7	6	4	9	3	1	2	5
9	4	1	5	6	2	8	3	7
5	3	2	8	7	1	4	6	9

Intermediate 239

5	6	2	9	7	3	1	8	4
4	8	9	6	1	2	7	5	3
1	3	7	4	8	5	9	2	6
9	2	8	5	3	4	6	1	7
3	4	6	7	2	1	8	9	5
7	1	5	8	6	9	4	3	2
6	7	3	1	5	8	2	4	9
2	9	1	3	4	7	5	6	8
8	5	4	2	9	6	3	7	1

Intermediate 240

7	6	1	4	9	2	8	5	3
8	4	2	3	5	1	7	6	9
3	5	9	6	8	7	1	4	2
9	7	4	5	6	8	3	2	1
6	1	5	9	2	3	4	7	8
2	8	3	7	1	4	6	9	5
1	2	6	8	7	9	5	3	4
4	9	7	1	3	5	2	8	6
5	3	8	2	4	6	9	1	7

Intermediate 241

8	1	6	4	5	3	9	2	7
4	5	2	1	7	9	3	6	8
7	3	9	8	6	2	1	4	5
9	6	3	5	8	7	4	1	2
5	8	4	2	3	1	7	9	6
1	2	7	9	4	6	5	8	3
6	7	1	3	2	4	8	5	9
2	9	5	7	1	8	6	3	4
3	4	8	6	9	5	2	7	1

Intermediate 242

8	2	3	4	1	5
4	5	6	3	9	7
9	7	1	8	6	2
3	6	5	9	8	1
7	4	9	2	3	6
2	1	8	5	7	4
1	3	2	6	5	8
5	9	4	7	2	3
6	8	7	1	4	9

Intermediate 2

1	3	2	6	4	9	8	5	7
8	5	4	3	1	7	6	2	9
6	7	9	8	2	5	1	3	4
7	1	6	9	3	4	2	8	5
2	9	8	5	6	1	7	4	3
3	4	5	7	8	2	9	1	6
5	2	7	4	9	8	3	6	1
4	8	3	1	7	6	5	9	2
9	6	1	2	5	3	4	7	8

Intermediate 244

8	2	9	3	6	1	5	7	4
6	1	3	7	5	4	8	2	9
4	5	7	2	8	9	6	1	3
3	6	5	4	1	8	7	9	2
7	8	2	5	9	3	1	4	6
1	9	4	6	2	7	3	5	8
5	3	8	9	7	2	4	6	1
2	4	6	1	3	5	9	8	7
9	7	1	8	4	6	2	3	5

Intermediate 245

9	1	3	6	2	4
2	8	4	1	5	7
5	7	6	9	8	3
4	9	8	5	7	2
1	2	7	8	3	6
6	3	5	4	9	1
3	4	9	2	1	5
7	5	1	3	6	8
8	6	2	7	4	9

Intermediate 2

2	1	5	3	7	9	6	4	8
6	4	8	1	2	5	3	7	9
7	9	3	4	6	8	1	2	5
9	2	6	8	1	3	4	5	7
3	5	1	7	4	2	8	9	6
4	8	7	5	9	6	2	1	3
8	7	2	6	5	4	9	3	1
1	3	9	2	8	7	5	6	4
5	6	4	9	3	1	7	8	2

Intermediate 247

2	1	6	3	7	8	4	5	9
3	4	7	9	1	5	6	2	8
9	5	8	4	2	6	7	1	3
1	9	5	2	3	7	8	4	6
4	6	2	8	5	9	1	3	7
7	8	3	6	4	1	5	9	2
5	2	1	7	6	3	9	8	4
6	3	9	1	8	4	2	7	5
8	7	4	5	9	2	3	6	1

Intermediate 248

9	5	6	2	1	7
1	2	7	8	3	4
3	8	4	5	9	6
7	1	3	9	2	5
4	9	2	1	6	8
8	6	5	7	4	3
6	4	9	3	5	2
5	7	1	6	8	9
2	3	8	4	7	1

Intermediate 2

5	7	3	6	8	9	1	2	4
8	6	2	5	1	4	3	9	7
4	9	1	2	3	7	6	5	8
6	8	5	3	4	1	2	7	9
1	2	7	9	6	8	5	4	3
9	3	4	7	2	5	8	6	1
3	1	6	4	9	2	7	8	5
7	4	8	1	5	6	9	3	2
2	5	9	8	7	3	4	1	6

Intermediate 250

8	4	7	6	1	2
6	9	5	4	3	8
1	2	3	5	7	9
4	5	6	8	9	3
3	7	8	1	2	6
9	1	2	7	4	5
2	6	4	9	5	7
5	8	9	3	6	1
7	3	1	2	8	4

Hard 1

6	1	3	7	2	9	5	8	4
4	7	9	5	8	3	2	1	6
2	5	8	4	6	1	7	9	3
9	2	5	1	3	6	8	4	7
1	3	7	2	4	8	6	5	9
8	4	6	9	7	5	1	3	2
5	8	4	6	9	7	3	2	1
3	6	2	8	1	4	9	7	5
7	9	1	3	5	2	4	6	8

Hard 2

4	2	8	1	7	5	6	3	9
6	5	3	8	9	2	1	7	4
7	9	1	4	6	3	5	8	2
8	7	5	9	4	6	2	1	3
9	1	2	7	3	8	4	6	5
3	4	6	2	5	1	7	9	8
5	3	9	6	1	4	8	2	7
1	8	4	3	2	7	9	5	6
2	6	7	5	8	9	3	4	1

Hard 3

9	2	7	5	4	8
1	3	5	6	7	9
4	8	6	1	3	2
2	1	4	7	6	5
5	9	3	8	2	1
6	7	8	3	9	4
3	5	1	2	8	6
7	4	2	9	5	3
8	6	9	4	1	7

Hard 4

7	6	4	5	9	2	3	8	1
3	2	8	1	4	6	9	5	7
5	9	1	3	7	8	2	4	6
4	8	6	7	1	9	5	2	3
9	5	7	8	2	3	6	1	4
1	3	2	4	6	5	7	9	8
2	1	5	6	8	7	4	3	9
6	4	3	9	5	1	8	7	2
8	7	9	2	3	4	1	6	5

Hard 5

3	5	6	4	8	1	7	9	2
2	8	7	3	5	9	4	1	6
9	4	1	6	7	2	3	5	8
4	7	3	1	2	8	9	6	5
5	2	8	9	3	6	1	4	7
1	6	9	5	4	7	8	2	3
6	3	4	7	9	5	2	8	1
7	1	2	8	6	4	5	3	9
8	9	5	2	1	3	6	7	4

Hard 6

8	9	5	1	2	6
1	6	7	9	3	4
3	2	4	5	7	8
7	1	9	4	5	2
4	8	3	6	9	1
6	5	2	7	8	3
5	4	6	8	1	9
2	7	1	3	6	5
9	3	8	2	4	7

Hard 7

6	9	5	3	1	7	2	4	8
8	3	4	6	9	2	7	1	5
7	1	2	5	4	8	6	3	9
5	2	6	7	3	1	8	9	4
9	7	1	4	8	5	3	6	2
3	4	8	9	2	6	1	5	7
2	5	3	8	6	4	9	7	1
4	8	9	1	7	3	5	2	6
1	6	7	2	5	9	4	8	3

Hard 8

9	3	8	2	1	7	4	5	6
4	7	1	5	6	9	3	8	2
2	5	6	8	3	4	7	9	1
3	9	2	6	5	1	8	7	4
5	8	4	7	9	2	6	1	3
1	6	7	3	4	8	5	2	9
6	2	9	4	7	5	1	3	8
8	4	5	1	2	3	9	6	7
7	1	3	9	8	6	2	4	5

Hard 9

3	7	8	6	9	4	1	2	5
9	1	5	7	8	2	3	4	6
2	4	6	1	5	3	7	8	9
4	6	2	8	7	1	5	9	3
7	8	3	9	2	5	4	6	1
1	5	9	3	4	6	8	7	2
5	2	7	4	1	9	6	3	8
6	9	4	5	3	8	2	1	7
8	3	1	2	6	7	9	5	4

Hard 10

8	9	7	3	4	5	2	1	6
4	5	1	6	7	2	3	8	9
2	3	6	8	9	1	4	7	5
6	2	5	4	8	9	1	3	7
7	8	9	1	2	3	6	5	4
1	4	3	5	6	7	8	9	2
9	1	2	7	3	4	5	6	8
3	7	8	2	5	6	9	4	1
5	6	4	9	1	8	7	2	3

Hard 11

1	4	6	5	7	8	2	3	9
7	3	2	9	6	1	4	5	8
5	8	9	2	3	4	7	1	6
2	7	1	6	4	9	5	8	3
3	6	8	7	2	5	1	9	4
4	9	5	8	1	3	6	2	7
6	5	3	1	9	7	8	4	2
9	1	7	4	8	2	3	6	5
8	2	4	3	5	6	9	7	1

Hard 12

7	2	9	3	5	6
1	5	6	4	7	8
3	4	8	9	2	1
6	9	2	7	1	4
4	1	5	8	3	2
8	3	7	5	6	9
2	8	1	6	9	3
5	6	4	1	8	7
9	7	3	2	4	5

Hard 13

9	1	5	6	2	8	7	3	4
6	2	3	7	9	4	8	1	5
4	7	8	3	5	1	6	9	2
8	4	6	9	1	7	5	2	3
1	3	2	8	4	5	9	6	7
5	9	7	2	6	3	4	8	1
2	6	4	1	7	9	3	5	8
3	5	9	4	8	2	1	7	6
7	8	1	5	3	6	2	4	9

Hard 14

1	4	8	9	7	6	2	5	3
7	3	9	1	5	2	8	4	6
2	5	6	8	3	4	7	9	1
8	9	3	2	6	5	4	1	7
4	1	5	3	8	7	9	6	2
6	2	7	4	9	1	5	3	8
9	7	4	6	2	3	1	8	5
3	8	2	5	1	9	6	7	4
5	6	1	7	4	8	3	2	9

Hard 15

4	2	3	1	6	7
6	8	1	9	5	2
9	5	7	3	8	4
8	6	4	5	7	3
7	9	2	6	1	8
3	1	5	2	4	9
5	4	9	8	2	6
1	7	8	4	3	5
2	3	6	7	9	1

Hard 16

9	8	4	7	2	5	1	3	6
1	2	5	4	3	6	9	8	7
6	3	7	8	9	1	2	4	5
7	9	6	1	4	8	5	2	3
4	5	2	9	7	3	6	1	8
3	1	8	5	6	2	4	7	9
2	6	9	3	8	4	7	5	1
5	7	3	2	1	9	8	6	4
8	4	1	6	5	7	3	9	2

Hard 17

2	8	6	7	4	9	3	5	1
9	7	3	5	1	8	4	2	6
1	4	5	2	3	6	8	7	9
5	1	4	6	2	7	9	3	8
8	3	7	9	5	4	1	6	2
6	9	2	1	8	3	5	4	7
7	2	1	3	9	5	6	8	4
3	6	8	4	7	1	2	9	5
4	5	9	8	6	2	7	1	3

Hard 18

3	4	7	2	5	8
9	1	5	6	3	4
6	2	8	1	7	9
7	5	4	8	1	2
2	9	1	3	6	5
8	6	3	9	4	7
4	7	2	5	8	1
5	8	6	7	9	3
1	3	9	4	2	6

Hard 19

8	6	3	9	1	4	2	5	7
7	2	1	5	3	8	6	9	4
9	4	5	2	6	7	3	8	1
1	5	9	3	4	2	7	6	8
6	3	8	7	5	1	4	2	9
2	7	4	8	9	6	5	1	3
5	1	6	4	7	9	8	3	2
3	8	7	1	2	5	9	4	6
4	9	2	6	8	3	1	7	5

Hard 20

9	5	4	8	7	6
6	2	8	9	3	1
7	1	3	2	4	5
1	6	2	3	9	7
3	8	9	4	5	2
4	7	5	1	6	8
5	4	7	6	8	9
8	9	1	5	2	3
2	3	6	7	1	4

Hard 21

4	6	1	5	7	2	8	9	3
5	7	3	8	9	4	1	2	6
8	9	2	1	3	6	4	5	7
2	3	5	7	4	9	6	8	1
6	4	7	2	8	1	5	3	9
9	1	8	3	6	5	7	4	2
1	8	6	4	2	3	9	7	5
7	2	9	6	5	8	3	1	4
3	5	4	9	1	7	2	6	8

Hard 22

6	3	7	4	5	9	2	8	1
4	8	5	1	2	3	9	7	6
9	1	2	6	8	7	3	4	5
1	5	9	2	3	8	4	6	7
2	6	4	5	7	1	8	9	3
8	7	3	9	4	6	5	1	2
3	2	6	7	9	4	1	5	8
5	9	1	8	6	2	7	3	4
7	4	8	3	1	5	6	2	9

Hard 23

3	5	7	2	4	8
6	8	9	3	5	1
1	2	4	6	7	9
2	9	8	5	1	7
7	6	3	4	8	2
4	1	5	9	6	3
8	4	2	1	3	5
5	3	6	7	9	4
9	7	1	8	2	6

Hard 24

3	9	6	5	4	8	2	7	1
1	4	7	2	3	9	5	8	6
5	2	8	6	1	7	9	3	4
2	5	9	3	7	1	4	6	8
8	7	3	4	9	6	1	5	2
4	6	1	8	5	2	7	9	3
6	8	4	7	2	5	3	1	9
7	1	2	9	8	3	6	4	5
9	3	5	1	6	4	8	2	7

Hard 25

4	2	3	5	8	6	7	1	9
8	1	6	9	2	7	3	4	5
5	7	9	4	1	3	8	2	6
6	9	4	2	3	8	1	5	7
7	5	8	1	6	9	4	3	2
1	3	2	7	4	5	6	9	8
9	6	7	3	5	1	2	8	4
3	4	5	8	7	2	9	6	1
2	8	1	6	9	4	5	7	3

Hard 26

9	4	6	5	2	7
8	5	1	6	4	3
7	2	3	1	8	9
1	7	5	2	9	8
2	3	4	7	1	6
6	8	9	4	3	5
3	6	7	8	5	1
5	1	2	9	7	4
4	9	8	3	6	2

Hard 27

6	3	8	2	4	1	9	5	7
7	9	2	5	3	6	4	1	8
1	4	5	7	8	9	6	2	3
8	2	6	9	5	4	7	3	1
3	1	4	8	6	7	2	9	5
9	5	7	1	2	3	8	6	4
2	8	3	6	7	5	1	4	9
4	6	1	3	9	8	5	7	2
5	7	9	4	1	2	3	8	6

Hard 28

3	1	6	5	4	7	8	9	2
5	4	9	6	8	2	7	1	3
7	2	8	3	9	1	6	4	5
8	3	4	9	2	6	1	5	7
6	7	1	4	3	5	9	2	8
9	5	2	1	7	8	3	6	4
1	6	3	7	5	4	2	8	9
4	8	7	2	1	9	5	3	6
2	9	5	8	6	3	4	7	1

Hard 29

1	8	2	4	5	3	9	7	6
7	3	5	1	6	9	2	4	8
9	4	6	2	7	8	1	3	5
6	9	1	7	8	2	3	5	4
5	2	8	9	3	4	6	1	7
3	7	4	5	1	6	8	2	9
8	1	9	3	4	5	7	6	2
2	5	7	6	9	1	4	8	3
4	6	3	8	2	7	5	9	1

Hard 30

7	5	9	6	2	4	1	8	3
6	4	1	9	8	3	2	5	7
2	8	3	5	7	1	6	9	4
4	9	6	7	5	2	3	1	8
3	7	5	8	1	9	4	2	6
8	1	2	4	3	6	5	7	9
9	2	8	3	4	5	7	6	1
1	6	4	2	9	7	8	3	5
5	3	7	1	6	8	9	4	2

Hard 31

7	6	2	1	3	4	9	8	5
9	4	8	7	5	2	3	1	6
1	5	3	6	8	9	2	4	7
8	7	5	9	4	6	1	2	3
2	9	6	3	7	1	4	5	8
3	1	4	5	2	8	6	7	9
4	3	1	8	6	7	5	9	2
5	8	9	2	1	3	7	6	4
6	2	7	4	9	5	8	3	1

Hard 32

6	5	8	2	4	9
4	2	3	1	6	7
7	9	1	3	5	8
8	3	2	9	7	6
9	1	4	8	2	5
5	6	7	4	3	1
1	7	6	5	8	4
3	8	5	6	9	2
2	4	9	7	1	3

Hard 33

3	2	6	9	4	7	1	5	8
9	8	7	1	5	6	3	4	2
4	1	5	8	2	3	6	7	9
7	3	1	2	6	4	9	8	5
2	9	4	3	8	5	7	6	1
5	6	8	7	9	1	2	3	4
8	7	3	4	1	2	5	9	6
1	5	9	6	3	8	4	2	7
6	4	2	5	7	9	8	1	3

Hard 34

7	8	1	3	6	2	5	9	4
2	5	9	7	8	4	1	3	6
6	3	4	9	5	1	7	8	2
4	1	6	5	2	3	9	7	8
5	7	8	1	4	9	2	6	3
3	9	2	8	7	6	4	5	1
8	6	7	2	1	5	3	4	9
9	2	5	4	3	8	6	1	7
1	4	3	6	9	7	8	2	5

Hard 35

6	9	3	1	8	4
2	5	7	3	9	6
4	1	8	5	2	7
5	3	9	2	4	8
7	4	1	6	3	5
8	6	2	9	7	1
9	2	6	4	5	3
3	8	5	7	1	9
1	7	4	8	6	2

Hard 36

9	6	2	5	7	1	4	8	3
7	3	8	9	2	4	5	1	6
1	4	5	3	6	8	7	9	2
2	7	1	4	3	9	6	5	8
3	8	4	1	5	6	9	2	7
5	9	6	7	8	2	1	3	4
6	1	9	2	4	3	8	7	5
8	5	3	6	9	7	2	4	1
4	2	7	8	1	5	3	6	9

Hard 37

4	9	6	1	2	5	8	3	7
5	7	2	6	8	3	9	1	4
1	3	8	4	7	9	2	5	6
6	5	7	8	9	1	4	2	3
3	4	1	2	6	7	5	9	8
8	2	9	3	5	4	6	7	1
9	6	4	7	3	2	1	8	5
7	8	5	9	1	6	3	4	2
2	1	3	5	4	8	7	6	9

Hard 38

5	3	2	9	8	4
6	8	9	7	5	1
7	4	1	6	2	3
2	6	4	1	7	5
1	9	3	2	6	8
8	5	7	3	4	9
9	1	8	4	3	6
3	7	5	8	1	2
4	2	6	5	9	7

Hard 39

4	6	1	7	8	2	5	9	3
7	2	3	9	1	5	4	8	6
9	5	8	3	4	6	1	2	7
8	9	6	4	5	3	2	7	1
5	7	2	6	9	1	3	4	8
1	3	4	8	2	7	6	5	9
2	1	9	5	3	8	7	6	4
6	4	5	1	7	9	8	3	2
3	8	7	2	6	4	9	1	5

Hard 40

5	6	2	9	7	3
7	1	3	8	4	6
4	8	9	1	2	5
6	3	5	4	9	2
8	7	4	3	5	1
2	9	1	6	8	7
1	5	7	2	6	9
3	2	8	5	1	4
9	4	6	7	3	8

Hard 41

6	4	8	9	2	3	1	7	5
1	5	3	6	8	7	2	9	4
7	9	2	4	5	1	3	6	8
3	8	6	1	4	2	9	5	7
4	1	5	7	9	8	6	2	3
9	2	7	5	3	6	8	4	1
2	3	9	8	7	5	4	1	6
5	6	4	3	1	9	7	8	2
8	7	1	2	6	4	5	3	9

Hard 42

8	6	2	4	5	3	9	1	7
5	7	1	9	8	6	2	3	4
4	3	9	7	1	2	8	5	6
6	4	3	5	7	8	1	2	9
2	9	7	3	6	1	4	8	5
1	8	5	2	4	9	6	7	3
9	2	8	6	3	5	7	4	1
7	5	6	1	2	4	3	9	8
3	1	4	8	9	7	5	6	2

Hard 43

5	2	3	1	7	4
8	6	1	9	5	2
7	9	4	3	6	8
2	5	9	6	8	7
1	3	6	2	4	9
4	7	8	5	1	3
9	8	7	4	2	6
6	4	5	7	3	1
3	1	2	8	9	5

Hard 44

8	9	7	2	6	3	5	1	4
2	6	1	5	7	4	8	3	9
3	4	5	9	8	1	7	2	6
5	7	8	6	3	9	2	4	1
4	1	6	7	2	5	3	9	8
9	2	3	1	4	8	6	5	7
6	5	4	8	1	2	9	7	3
1	8	9	3	5	7	4	6	2
7	3	2	4	9	6	1	8	5

Hard 45

3	4	9	5	8	1	2	6	7
5	6	7	2	3	4	8	9	1
8	1	2	7	9	6	3	4	5
4	5	3	8	1	7	9	2	6
6	7	8	9	5	2	1	3	4
9	2	1	6	4	3	5	7	8
7	8	5	4	2	9	6	1	3
1	9	6	3	7	5	4	8	2
2	3	4	1	6	8	7	5	9

Hard 46

6	7	4	2	3	9
8	5	9	4	6	1
1	2	3	5	7	8
2	8	7	6	4	3
3	9	6	1	8	5
4	1	5	7	9	2
5	6	8	9	2	4
7	4	2	3	1	6
9	3	1	8	5	7

Hard 47

1	9	6	7	2	4	5	3	8
8	3	4	9	5	6	2	1	7
5	2	7	8	1	3	6	4	9
6	7	8	1	4	9	3	5	2
3	4	9	5	6	2	7	8	1
2	5	1	3	8	7	4	9	6
4	6	3	2	9	1	8	7	5
9	8	2	4	7	5	1	6	3
7	1	5	6	3	8	9	2	4

Hard 48

7	5	8	1	2	9	4	3	6
2	6	9	4	3	7	1	5	8
1	3	4	5	6	8	7	2	9
5	2	1	3	7	6	8	9	4
8	4	3	9	1	2	5	6	7
9	7	6	8	4	5	2	1	3
6	1	5	7	8	3	9	4	2
3	9	7	2	5	4	6	8	1
4	8	2	6	9	1	3	7	5

Hard 49

5	7	2	6	8	3	9	1	4
1	8	6	2	4	9	7	3	5
9	4	3	5	7	1	8	2	6
6	3	5	8	1	2	4	7	9
4	9	7	3	6	5	1	8	2
8	2	1	7	9	4	5	6	3
2	5	8	9	3	7	6	4	1
3	6	4	1	5	8	2	9	7
7	1	9	4	2	6	3	5	8

Hard 50

5	6	9	4	7	1	3	8	2
8	1	3	2	5	9	7	4	6
2	4	7	3	8	6	1	5	9
9	8	4	1	3	7	2	6	5
6	7	1	8	2	5	9	3	4
3	2	5	6	9	4	8	1	7
7	9	8	5	6	3	4	2	1
1	3	6	9	4	2	5	7	8
4	5	2	7	1	8	6	9	3

Hard 51

7	3	8	4	5	9	6	2	1
4	9	1	6	2	7	3	5	8
2	5	6	3	8	1	9	4	7
8	4	7	1	6	3	2	9	5
1	2	3	5	9	4	7	8	6
9	6	5	8	7	2	4	1	3
6	1	9	7	4	8	5	3	2
3	7	2	9	1	5	8	6	4
5	8	4	2	3	6	1	7	9

Hard 52

2	6	9	5	7	1
1	3	7	2	4	8
4	8	5	9	3	6
7	2	4	1	5	9
5	9	8	3	6	7
3	1	6	8	2	4
6	7	1	4	8	5
8	4	2	6	9	3
9	5	3	7	1	2

Hard 53

3	7	4	1	8	9	2	6	5
1	6	8	2	7	5	3	4	9
2	5	9	3	6	4	7	8	1
4	2	3	5	9	1	6	7	8
5	1	6	7	2	8	9	3	4
8	9	7	4	3	6	5	1	2
6	8	5	9	1	3	4	2	7
7	4	1	6	5	2	8	9	3
9	3	2	8	4	7	1	5	6

Hard 54

7	2	8	1	9	3	5	6	4
9	1	6	8	4	5	7	3	2
3	4	5	6	2	7	1	9	8
5	6	9	2	7	1	4	8	3
1	3	4	5	6	8	9	2	7
8	7	2	4	3	9	6	1	5
4	9	7	3	1	2	8	5	6
6	5	3	9	8	4	2	7	1
2	8	1	7	5	6	3	4	9

Hard 55

7	8	4	1	3	5
9	1	3	2	4	6
2	5	6	8	7	9
6	9	8	3	1	4
5	2	1	6	9	7
3	4	7	5	2	8
8	6	9	4	5	3
1	3	5	7	8	2
4	7	2	9	6	1

Hard 56

3	8	2	4	9	7	5	1	6
9	1	7	5	6	3	4	2	8
5	4	6	1	8	2	7	9	3
6	2	8	7	1	5	3	4	9
1	5	9	6	3	4	8	7	2
7	3	4	8	2	9	1	6	5
8	6	5	9	4	1	2	3	7
2	9	1	3	7	8	6	5	4
4	7	3	2	5	6	9	8	1

Hard 57

4	7	8	5	1	2	6	9	3
3	5	2	9	4	6	1	7	8
9	6	1	8	7	3	2	4	5
8	1	3	2	6	4	9	5	7
5	2	7	1	3	9	8	6	4
6	9	4	7	5	8	3	1	2
7	8	5	3	9	1	4	2	6
1	3	6	4	2	7	5	8	9
2	4	9	6	8	5	7	3	1

Hard 58

8	7	6	9	3	4
9	3	2	6	5	1
1	4	5	2	7	8
4	9	7	1	2	5
5	2	8	7	6	3
6	1	3	4	8	9
2	6	1	3	9	7
7	8	9	5	4	6
3	5	4	8	1	2

Hard 59

8	9	1	2	6	5	3	4	7
7	6	3	9	8	4	5	1	2
2	4	5	7	1	3	8	6	9
1	5	6	3	2	9	4	7	8
3	7	8	1	4	6	2	9	5
4	2	9	8	5	7	1	3	6
5	3	7	4	9	2	6	8	1
6	8	4	5	7	1	9	2	3
9	1	2	6	3	8	7	5	4

Hard 60

9	6	8	1	5	3
2	3	4	6	9	7
5	1	7	2	4	8
6	9	3	5	1	4
1	7	5	3	8	2
8	4	2	7	6	9
3	2	9	4	7	5
4	5	1	8	3	6
7	8	6	9	2	1

Hard 61

7	6	5	4	8	2	1	9	3
2	8	1	6	9	3	4	5	7
9	4	3	7	1	5	2	6	8
5	7	8	9	2	4	6	3	1
1	9	4	3	6	8	5	7	2
3	2	6	5	7	1	8	4	9
4	1	9	8	5	7	3	2	6
8	3	7	2	4	6	9	1	5
6	5	2	1	3	9	7	8	4

Hard 62

1	6	2	4	7	8	5	9	3
5	8	3	6	9	1	7	2	4
9	4	7	5	2	3	6	8	1
8	1	5	7	4	6	9	3	2
6	7	9	8	3	2	1	4	5
2	3	4	9	1	5	8	6	7
3	5	6	1	8	4	2	7	9
7	2	8	3	5	9	4	1	6
4	9	1	2	6	7	3	5	8

Hard 63

3	6	1	4	7	2
4	8	9	1	3	5
7	2	5	6	8	9
1	5	7	8	6	3
6	3	4	2	9	1
8	9	2	5	4	7
9	1	8	7	5	6
2	7	3	9	1	4
5	4	6	3	2	8

Hard 64

9	5	6	4	1	7	3	2	8
4	7	8	3	5	2	1	6	9
1	2	3	6	8	9	4	5	7
3	4	2	1	9	8	6	7	5
5	6	1	7	2	3	8	9	4
7	8	9	5	4	6	2	1	3
6	9	4	8	7	1	5	3	2
8	1	7	2	3	5	9	4	6
2	3	5	9	6	4	7	8	1

Hard 65

2	1	4	9	3	5	7	8	6
3	7	9	6	8	2	5	1	4
8	6	5	4	1	7	2	3	9
6	8	1	7	5	4	3	9	2
7	9	3	8	2	1	6	4	5
4	5	2	3	6	9	8	7	1
9	2	8	5	4	3	1	6	7
1	4	6	2	7	8	9	5	3
5	3	7	1	9	6	4	2	8

Hard 66

5	6	2	7	9	4
7	8	3	1	2	6
1	9	4	5	8	3
6	2	5	3	7	8
9	3	7	4	6	1
4	1	8	2	5	9
8	7	1	6	3	2
3	5	6	9	4	7
2	4	9	8	1	5

Hard 67

1	3	2	6	8	9	7	5	4
4	5	7	1	3	2	6	8	9
6	8	9	4	7	5	2	1	3
3	1	8	5	2	6	4	9	7
2	9	4	3	1	7	8	6	5
5	7	6	8	9	4	1	3	2
7	6	5	9	4	8	3	2	1
9	4	1	2	6	3	5	7	8
8	2	3	7	5	1	9	4	6

Hard 68

5	8	9	6	7	1	4	3	2
6	1	3	8	2	4	9	5	7
2	4	7	3	9	5	8	6	1
4	6	1	2	5	8	3	7	9
7	2	5	9	3	6	1	8	4
3	9	8	1	4	7	6	2	5
1	5	4	7	6	3	2	9	8
8	3	2	5	1	9	7	4	6
9	7	6	4	8	2	5	1	3

Hard 69

8	6	3	5	1	7	9	2	4
7	9	2	8	6	4	3	5	1
1	4	5	9	3	2	7	6	8
2	5	8	1	7	6	4	3	9
9	3	1	2	4	8	5	7	6
4	7	6	3	5	9	8	1	2
3	8	7	6	9	1	2	4	5
5	1	9	4	2	3	6	8	7
6	2	4	7	8	5	1	9	3

Hard 70

9	8	5	4	6	3	7	1	2
1	6	2	5	7	9	8	3	4
4	3	7	8	1	2	6	5	9
8	5	1	6	2	7	9	4	3
6	4	3	9	5	8	2	7	1
7	2	9	1	3	4	5	6	8
2	7	6	3	8	1	4	9	5
3	9	8	7	4	5	1	2	6
5	1	4	2	9	6	3	8	7

Hard 71

5	8	9	1	2	4	3	6	7
6	3	1	5	7	8	4	2	9
2	7	4	6	9	3	8	1	5
9	2	5	7	3	6	1	4	8
3	1	8	2	4	9	7	5	6
4	6	7	8	5	1	2	9	3
1	9	2	3	6	7	5	8	4
7	5	6	4	8	2	9	3	1
8	4	3	9	1	5	6	7	2

Hard 72

7	5	3	8	9	2
6	8	9	3	4	1
1	2	4	5	6	7
2	4	8	7	3	9
5	3	6	1	8	4
9	1	7	2	5	6
4	6	1	9	7	3
8	7	2	4	1	5
3	9	5	6	2	8

Hard 73

5	4	8	9	7	2	6	1	3
9	1	7	8	3	6	2	4	5
6	3	2	4	1	5	7	8	9
3	8	9	5	6	1	4	7	2
2	5	6	3	4	7	8	9	1
4	7	1	2	8	9	3	5	6
1	9	4	6	2	8	5	3	7
7	2	3	1	5	4	9	6	8
8	6	5	7	9	3	1	2	4

Hard 74

5	1	3	8	2	6	9	4	7
2	4	6	7	9	1	8	5	3
8	9	7	3	5	4	6	1	2
1	5	8	2	4	7	3	6	9
6	2	4	9	1	3	7	8	5
3	7	9	5	6	8	1	2	4
4	8	5	6	7	9	2	3	1
7	3	2	1	8	5	4	9	6
9	6	1	4	3	2	5	7	8

Hard 75

7	1	3	6	9	4
4	6	2	1	8	5
5	8	9	2	3	7
2	3	5	8	4	6
6	4	7	9	5	1
8	9	1	7	2	3
9	2	6	3	7	8
3	5	8	4	1	9
1	7	4	5	6	2

Hard 76

4	3	2	5	8	7	1	6	9
8	6	5	9	1	4	2	3	7
7	9	1	2	6	3	8	4	5
2	8	3	4	9	1	7	5	6
9	5	7	6	2	8	4	1	3
1	4	6	3	7	5	9	2	8
3	2	9	7	4	6	5	8	1
5	1	4	8	3	9	6	7	2
6	7	8	1	5	2	3	9	4

Hard 77

4	7	1	5	8	2	6	9	3
5	6	2	7	9	3	8	4	1
3	9	8	1	4	6	5	2	7
6	8	4	3	1	7	9	5	2
7	2	3	6	5	9	1	8	4
9	1	5	4	2	8	7	3	6
8	4	7	9	3	1	2	6	5
1	5	9	2	6	4	3	7	8
2	3	6	8	7	5	4	1	9

Hard 78

6	7	3	8	1	4
2	9	8	5	7	6
1	4	5	3	9	2
7	1	4	6	2	5
3	6	9	4	8	7
5	8	2	9	3	1
8	3	6	7	4	9
9	5	1	2	6	3
4	2	7	1	5	8

Hard 79

7	2	3	4	8	5	1	9	6
9	5	4	1	2	6	3	8	7
6	8	1	7	9	3	5	4	2
1	3	6	8	4	7	9	2	5
2	7	5	3	1	9	4	6	8
8	4	9	5	6	2	7	1	3
3	1	2	6	5	4	8	7	9
5	6	8	9	7	1	2	3	4
4	9	7	2	3	8	6	5	1

Hard 80

1	9	6	5	7	2	4
6	4	7	1	9	8	3
7	2	3	8	5	1	6
2	5	9	7	8	3	1
8	1	4	3	2	6	9
3	6	8	2	4	5	7
9	3	2	4	1	7	5
4	8	5	6	3	9	2
5	7	1	9	6	4	8

Hard 81

2	9	4	1	3	7	6	8	5
5	8	1	2	6	9	3	7	4
6	3	7	4	5	8	9	1	2
7	4	6	9	8	5	1	2	3
8	1	5	3	2	6	4	9	7
9	2	3	7	1	4	5	6	8
4	6	8	5	9	2	7	3	1
1	5	2	6	7	3	8	4	9
3	7	9	8	4	1	2	5	6

Hard 82

9	7	4	8	1	6	5	2	3
2	8	5	7	3	9	4	1	6
1	6	3	2	4	5	7	8	9
3	2	9	4	5	7	1	6	8
6	1	7	9	8	3	2	5	4
4	5	8	1	6	2	9	3	7
5	9	1	6	7	8	3	4	2
7	4	6	3	2	1	8	9	5
8	3	2	5	9	4	6	7	1

Hard 83

1	6	8	2	7	9	3
7	3	9	1	8	4	5
8	4	5	7	6	1	2
6	9	3	8	2	5	7
2	7	4	6	1	3	9
3	1	2	5	4	6	8
9	2	6	3	5	7	4
5	8	1	4	9	2	6
4	5	7	9	3	8	1

Hard 84

9	4	6	5	1	7	2	3	8
5	8	2	9	4	3	1	6	7
7	1	3	2	6	8	4	9	5
6	2	4	7	8	5	9	1	3
8	7	1	3	9	4	5	2	6
3	9	5	1	2	6	7	8	4
4	3	9	6	5	1	8	7	2
1	5	7	8	3	2	6	4	9
2	6	8	4	7	9	3	5	1

Hard 85

1	2	8	6	7	4	9	3	5
9	3	6	8	5	2	7	1	4
4	5	7	1	3	9	8	6	2
2	7	3	5	4	1	6	8	9
8	9	5	7	6	3	4	2	1
6	1	4	9	2	8	3	5	7
3	4	1	2	8	7	5	9	6
5	8	2	4	9	6	1	7	3
7	6	9	3	1	5	2	4	8

Hard 86

2	9	1	6	8	5	7
8	7	5	3	9	2	4
9	8	2	4	3	6	1
4	5	3	9	7	8	6
7	1	4	8	2	3	5
5	6	7	2	4	1	9
1	2	8	5	6	9	3
3	4	6	1	5	7	8
6	3	9	7	1	4	2

Hard 87

9	4	6	2	3	5	8	1	7
7	3	1	8	4	6	2	9	5
8	5	2	7	9	1	3	4	6
1	2	8	3	5	9	6	7	4
3	7	5	6	2	4	9	8	1
4	6	9	1	7	8	5	2	3
5	8	3	4	1	2	7	6	9
6	9	4	5	8	7	1	3	2
2	1	7	9	6	3	4	5	8

Hard 88

9	5	6	4	8	2	7	1	3
7	1	8	3	6	9	2	5	4
4	3	2	5	7	1	6	8	9
5	7	9	6	3	4	8	2	1
8	4	1	7	2	5	9	3	6
6	2	3	9	1	8	4	7	5
3	9	5	8	4	7	1	6	2
1	8	4	2	5	6	3	9	7
2	6	7	1	9	3	5	4	8

Hard 89

8	1	7	9	6	3	5	2	4
3	4	2	1	8	5	6	7	9
9	5	6	2	4	7	8	1	3
7	8	9	3	5	2	4	6	1
1	2	3	6	9	4	7	8	5
4	6	5	7	1	8	9	3	2
2	7	8	5	3	9	1	4	6
5	3	1	4	7	6	2	9	8
6	9	4	8	2	1	3	5	7

Hard 90

6	8	9	2	3	5	7	4	1
7	1	5	4	9	6	8	2	3
2	3	4	8	7	1	5	6	9
8	2	7	6	1	4	9	3	5
1	4	6	9	5	3	2	7	8
9	5	3	7	8	2	6	1	4
3	6	2	5	4	9	1	8	7
4	9	8	1	2	7	3	5	6
5	7	1	3	6	8	4	9	2

Hard 91

2	4	7	5	6	8	3	1	9
5	1	8	7	9	3	6	2	4
6	9	3	1	2	4	5	7	8
1	3	6	2	5	9	4	8	7
4	2	5	6	8	7	9	3	1
7	8	9	3	4	1	2	5	6
8	5	4	9	1	2	7	6	3
9	7	2	8	3	6	1	4	5
3	6	1	4	7	5	8	9	2

Hard 92

6	8	1	7	4	2	3
2	7	3	5	1	9	4
9	4	5	3	6	8	2
3	9	8	6	7	4	5
4	5	7	8	2	1	6
1	2	6	9	3	5	8
5	1	2	4	9	3	7
7	3	4	1	8	6	9
8	6	9	2	5	7	1

Hard 93

2	5	1	3	7	6	4	9	8
7	3	9	8	4	2	5	1	6
4	6	8	9	5	1	7	2	3
9	2	4	1	3	5	8	6	7
1	7	5	2	6	8	3	4	9
3	8	6	7	9	4	1	5	2
5	9	2	4	8	7	6	3	1
6	1	7	5	2	3	9	8	4
8	4	3	6	1	9	2	7	5

Hard 94

7	9	6	3	4	2	5	1	8
1	3	4	5	6	8	7	9	2
5	8	2	7	9	1	4	6	3
4	7	9	6	5	3	8	2	1
3	5	8	1	2	7	6	4	9
6	2	1	9	8	4	3	5	7
8	1	5	2	3	6	9	7	4
9	4	7	8	1	5	2	3	6
2	6	3	4	7	9	1	8	5

Hard 95

8	7	3	2	9	4	6
5	4	1	8	6	7	3
9	6	2	3	5	1	8
6	8	9	7	1	3	5
4	1	7	6	2	5	9
2	3	5	9	4	8	7
7	2	8	4	3	6	1
1	9	6	5	7	2	4
3	5	4	1	8	9	2

Hard 96

3	1	7	8	2	5	9	4	6
4	5	2	9	1	6	7	8	3
9	6	8	3	4	7	1	2	5
2	4	3	1	6	8	5	7	9
5	7	1	2	9	4	6	3	8
6	8	9	5	7	3	2	1	4
7	9	5	4	3	2	8	6	1
8	2	4	6	5	1	3	9	7
1	3	6	7	8	9	4	5	2

Hard 97

9	1	2	7	4	6	8	5	3
4	7	3	5	8	9	6	2	1
6	5	8	2	1	3	7	4	9
7	6	9	3	5	8	4	1	2
1	8	4	6	9	2	3	7	5
2	3	5	1	7	4	9	6	8
8	9	6	4	2	5	1	3	7
3	2	1	9	6	7	5	8	4
5	4	7	8	3	1	2	9	6

Hard 98

1	3	5	2	8	6	9
4	8	2	7	3	9	5
6	7	9	1	5	4	8
9	5	3	4	1	2	6
7	2	4	5	6	8	1
8	1	6	3	9	7	2
2	9	7	6	4	1	3
3	6	1	8	7	5	4
5	4	8	9	2	3	7

Hard 99

3	6	9	4	7	1	5	2	8
1	8	4	9	2	5	3	7	6
2	7	5	3	6	8	4	9	1
5	4	2	7	8	3	6	1	9
6	9	8	5	1	2	7	4	3
7	1	3	6	9	4	8	5	2
8	2	6	1	4	7	9	3	5
4	3	1	8	5	9	2	6	7
9	5	7	2	3	6	1	8	4

Hard 100

[illegible]	1	8	7	3	5	9	2
3	5	4	9	1	6	8	7
[illegible]	9	2	5	6	1	3	4
[illegible]	7	6	2	4	9	5	8
[illegible]	4	3	1	5	7	2	6
2	6	7	8	9	3	4	1
4	8	9	3	7	2	6	5
7	3	5	4	2	8	1	9
5	2	1	6	8	4	7	3

Hard 101

1	2	5	9	4	6	8	3	7
6	3	7	5	2	8	9	1	4
8	4	9	7	1	3	5	6	2
5	7	2	6	8	4	1	9	3
3	8	4	1	5	9	2	7	6
9	1	6	2	3	7	4	5	8
4	6	1	8	7	5	3	2	9
2	9	8	3	6	1	7	4	5
7	5	3	4	9	2	6	8	1

Hard 102

6	5	2	7	9	3	8	1	4
4	7	8	2	1	6	5	3	9
9	1	3	4	5	8	2	6	7
7	9	1	3	8	2	4	5	6
2	8	5	6	4	9	1	7	3
3	6	4	1	7	5	9	8	2
8	2	6	9	3	1	7	4	5
1	4	9	5	6	7	3	2	8
5	3	7	8	2	4	6	9	1

Hard 103

8	4	2	3	5	6	9	7
3	6	9	4	7	1	8	5
5	9	6	8	1	2	3	4
6	7	5	9	8	3	1	2
1	8	4	2	3	5	7	6
2	5	1	7	6	8	4	9
7	1	3	6	9	4	2	8
4	3	7	5	2	9	6	1
9	2	8	1	4	7	5	3

Hard 104

3	2	6	1	4	7	5	8	9
9	7	1	2	5	8	3	6	4
4	8	5	3	6	9	7	1	2
5	3	9	4	7	1	6	2	8
6	4	8	5	2	3	9	7	1
2	1	7	8	9	6	4	3	5
7	5	3	9	1	2	8	4	6
8	9	2	6	3	4	1	5	7
1	6	4	7	8	5	2	9	3

Hard 105

4	6	9	5	8	2	7	1	3
1	2	3	4	6	7	8	5	9
5	7	8	9	1	3	2	4	6
2	8	4	1	7	6	9	3	5
3	1	5	8	4	9	6	7	2
6	9	7	2	3	5	4	8	1
7	4	2	3	9	1	5	6	8
8	5	1	6	2	4	3	9	7
9	3	6	7	5	8	1	2	4

Hard 106

5	8	3	4	9	6	7	1
6	3	1	8	7	4	5	2
1	4	2	5	6	8	9	3
3	7	4	6	5	2	8	9
9	5	7	2	8	1	3	6
8	2	9	1	3	7	4	5
2	1	5	7	4	9	6	8
4	6	8	9	2	3	1	7
7	9	6	3	1	5	2	4

Hard 107

7	8	5	1	3	9	2	4	6
9	1	6	2	4	8	7	3	5
4	2	3	5	7	6	8	9	1
5	7	4	8	1	2	9	6	3
1	6	8	9	5	3	4	2	7
2	3	9	4	6	7	5	1	8
3	4	7	6	9	5	1	8	2
8	5	1	3	2	4	6	7	9
6	9	2	7	8	1	3	5	4

Hard 108

1	8	7	3	4	2	9	6	5
2	5	9	7	6	1	3	4	8
3	6	4	5	9	8	7	1	2
7	9	2	1	5	3	6	8	4
8	3	6	2	7	4	1	5	9
5	4	1	6	8	9	2	3	7
4	7	3	8	2	6	5	9	1
6	2	8	9	1	5	4	7	3
9	1	5	4	3	7	8	2	6

Hard 109

5	1	2	9	6	8	4	7	3
3	4	9	7	1	2	8	5	6
6	7	8	3	4	5	9	1	2
2	5	6	4	8	9	1	3	7
8	9	1	5	7	3	6	2	4
4	3	7	6	2	1	5	8	9
7	6	5	8	3	4	2	9	1
9	2	4	1	5	7	3	6	8
1	8	3	2	9	6	7	4	5

Hard 110

8	5	2	4	6	3	9	1	7
6	1	7	5	2	9	8	3	4
9	3	4	7	1	8	2	5	6
1	4	8	2	3	5	6	7	9
2	6	3	9	7	1	4	8	5
5	7	9	8	4	6	1	2	3
4	8	1	6	5	7	3	9	2
3	2	5	1	9	4	7	6	8
7	9	6	3	8	2	5	4	1

Hard 111

8	9	5	1	3	6	2	4	7
6	2	1	7	8	4	3	9	5
7	3	4	9	2	5	1	6	8
9	8	6	5	1	3	7	2	4
3	1	7	2	4	8	9	5	6
4	5	2	6	7	9	8	1	3
1	6	3	8	5	2	4	7	9
2	4	9	3	6	7	5	8	1
5	7	8	4	9	1	6	3	2

Hard 112

7	5	3	6	8	9	4
4	2	8	5	7	1	3
9	1	6	2	3	4	5
1	6	4	7	2	8	9
8	7	2	9	5	3	1
3	9	5	1	4	6	2
5	3	7	8	9	2	6
2	4	1	3	6	7	8
6	8	9	4	1	5	7

Hard 113

2	4	6	9	1	7	3	5	8
1	9	5	4	3	8	2	6	7
7	8	3	5	2	6	9	1	4
4	5	8	2	6	9	1	7	3
9	2	7	1	5	3	4	8	6
3	6	1	7	8	4	5	2	9
5	3	9	6	7	1	8	4	2
8	7	2	3	4	5	6	9	1
6	1	4	8	9	2	7	3	5

Hard 114

1	9	5	7	8	6	3	4	2
2	7	3	5	9	4	6	8	1
6	4	8	1	2	3	5	7	9
3	5	6	2	7	8	1	9	4
9	8	7	3	4	1	2	5	6
4	1	2	6	5	9	8	3	7
5	6	1	9	3	7	4	2	8
7	2	4	8	6	5	9	1	3
8	3	9	4	1	2	7	6	5

Hard 115

6	2	5	7	4	1	8	9
3	4	9	6	8	2	5	7
7	8	1	9	5	3	6	2
8	3	6	1	2	7	4	5
4	5	2	3	9	8	1	6
9	1	7	4	6	5	2	3
5	6	4	8	7	9	3	1
1	9	8	2	3	6	7	4
2	7	3	5	1	4	9	8

Hard 116

4	5	6	3	1	7	9	2	8
3	7	9	8	5	2	4	6	1
1	8	2	9	4	6	7	5	3
8	9	3	1	6	5	2	4	7
7	1	5	2	8	4	3	9	6
2	6	4	7	9	3	8	1	5
5	2	1	4	7	8	6	3	9
6	3	8	5	2	9	1	7	4
9	4	7	6	3	1	5	8	2

Hard 117

8	4	5	3	7	2	9	1	6
2	6	7	9	1	4	8	3	5
1	9	3	5	6	8	2	4	7
7	5	2	8	9	3	1	6	4
3	1	4	6	2	7	5	8	9
9	8	6	1	4	5	7	2	3
4	7	8	2	5	6	3	9	1
5	3	9	4	8	1	6	7	2
6	2	1	7	3	9	4	5	8

Hard 118

5	2	1	9	7	3	6	8
3	6	8	4	2	1	5	7
7	4	9	5	6	8	2	1
6	8	2	3	9	7	4	5
4	9	3	8	1	5	7	2
1	7	5	6	4	2	9	3
8	3	4	2	5	6	1	9
9	5	7	1	8	4	3	6
2	1	6	7	3	9	8	4

Hard 119

8	1	4	9	3	2	6	7	5
3	6	9	5	4	7	8	2	1
7	5	2	6	8	1	9	3	4
9	8	1	7	6	3	4	5	2
4	2	7	8	5	9	3	1	6
5	3	6	1	2	4	7	8	9
1	4	8	2	7	6	5	9	3
2	7	3	4	9	5	1	6	8
6	9	5	3	1	8	2	4	7

Hard 120

5	1	8	6	2	4	7
8	2	9	5	6	3	1
2	7	4	3	5	8	9
3	9	2	8	1	5	4
1	3	6	4	7	9	2
9	5	7	1	3	6	8
6	4	5	7	9	2	3
4	6	1	2	8	7	5
7	8	3	9	4	1	6

Hard 121

5	1	9	6	8	4	2	7	3
6	7	3	5	1	2	4	8	9
2	8	4	7	3	9	6	5	1
9	2	5	1	4	6	7	3	8
7	3	1	8	2	5	9	4	6
8	4	6	9	7	3	5	1	2
1	9	7	2	5	8	3	6	4
3	5	2	4	6	1	8	9	7
4	6	8	3	9	7	1	2	5

Hard 122

9	1	8	7	2	4	6	3	5
2	4	5	3	1	6	7	8	9
3	7	6	8	5	9	1	2	4
8	3	7	9	4	5	2	1	6
1	9	4	2	6	7	8	5	3
5	6	2	1	3	8	4	9	7
4	5	9	6	8	1	3	7	2
6	2	1	5	7	3	9	4	8
7	8	3	4	9	2	5	6	1

Hard 123

1	6	8	4	5	9	3
5	3	9	2	1	7	8
3	5	7	1	6	2	4
6	4	1	8	2	3	7
2	7	5	3	9	4	6
4	9	2	6	8	1	5
9	8	4	7	3	5	1
8	2	3	5	7	6	9
7	1	6	9	4	8	2

Hard 124

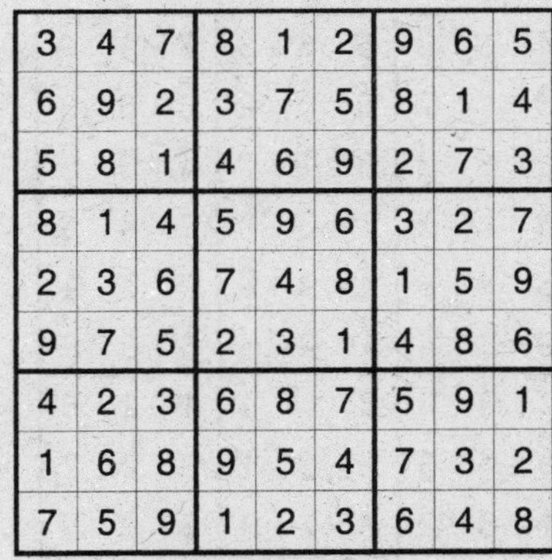

3	4	7	8	1	2	9	6	5
6	9	2	3	7	5	8	1	4
5	8	1	4	6	9	2	7	3
8	1	4	5	9	6	3	2	7
2	3	6	7	4	8	1	5	9
9	7	5	2	3	1	4	8	6
4	2	3	6	8	7	5	9	1
1	6	8	9	5	4	7	3	2
7	5	9	1	2	3	6	4	8

Hard 125

1	7	2	5	8	3	6	9	4
8	9	6	1	4	2	7	5	3
3	4	5	6	7	9	1	8	2
9	5	7	4	1	6	2	3	8
6	8	4	2	3	5	9	1	7
2	1	3	7	9	8	5	4	6
4	6	1	8	5	7	3	2	9
5	2	9	3	6	4	8	7	1
7	3	8	9	2	1	4	6	5

Hard 126

1	2	9	5	8	4	7
7	6	3	8	9	1	2
2	7	4	1	3	5	6
8	5	6	3	1	2	4
4	8	2	7	6	9	3
3	4	1	9	5	7	8
9	3	5	6	2	8	1
6	9	7	2	4	3	5
5	1	8	4	7	6	9

Hard 127

9	3	4	7	8	5	1	2	6
5	7	1	6	2	9	3	8	4
2	6	8	3	1	4	5	7	9
8	9	2	5	4	3	6	1	7
4	5	6	8	7	1	9	3	2
7	1	3	9	6	2	8	4	5
1	4	5	2	9	8	7	6	3
3	2	7	1	5	6	4	9	8
6	8	9	4	3	7	2	5	1

Hard 128

3	5	7	4	6	2	1	9	8
9	1	6	8	5	7	2	3	4
2	8	4	9	1	3	7	5	6
1	9	2	6	8	4	5	7	3
4	3	5	1	7	9	6	8	2
6	7	8	2	3	5	9	4	1
7	2	1	3	9	8	4	6	5
5	6	3	7	4	1	8	2	9
8	4	9	5	2	6	3	1	7

Hard 129

3	7	5	1	4	9	6	8	2
4	6	9	8	5	2	3	7	1
8	1	2	3	6	7	9	4	5
5	8	3	6	7	4	1	2	9
1	9	6	5	2	8	4	3	7
2	4	7	9	1	3	5	6	8
7	3	1	2	9	6	8	5	4
6	5	4	7	8	1	2	9	3
9	2	8	4	3	5	7	1	6

Hard 130

9	1	7	3	5	8	4	6	2
3	6	2	9	4	7	5	8	1
4	5	8	6	2	1	9	7	3
1	7	6	4	9	2	3	5	8
2	4	9	5	8	3	6	1	7
5	8	3	1	7	6	2	4	9
8	9	5	2	1	4	7	3	6
6	2	1	7	3	5	8	9	4
7	3	4	8	6	9	1	2	5

Hard 131

1	6	3	2	7	9	5	8	4
7	5	4	6	1	8	9	2	3
8	9	2	3	4	5	1	6	7
6	7	1	9	2	3	8	4	5
5	2	9	4	8	7	6	3	1
3	4	8	5	6	1	2	7	9
9	1	7	8	3	6	4	5	2
4	8	5	7	9	2	3	1	6
2	3	6	1	5	4	7	9	8

Hard 132

7	4	1	3	5	9	6	[illegible]
5	6	8	7	2	4	9	[illegible]
9	2	3	6	8	1	4	[illegible]
1	3	9	8	7	5	2	[illegible]
4	7	6	9	1	2	5	[illegible]
2	8	5	4	6	3	7	[illegible]
8	9	2	1	4	7	3	[illegible]
3	1	7	5	9	6	8	[illegible]
6	5	4	2	3	8	1	[illegible]

Hard 133

5	7	2	8	1	4	6	9	3
6	3	1	5	9	2	7	8	4
4	8	9	6	3	7	5	1	2
3	4	6	7	2	9	1	5	8
1	9	7	3	5	8	4	2	6
2	5	8	1	4	6	9	3	7
7	1	4	2	8	5	3	6	9
8	6	3	9	7	1	2	4	5
9	2	5	4	6	3	8	7	1

Hard 134

4	9	6	5	8	3	7	1	2
5	1	7	9	4	2	8	6	3
2	8	3	6	1	7	4	5	9
6	2	1	7	3	8	9	4	5
3	5	8	4	9	6	2	7	1
9	7	4	1	2	5	6	3	8
7	3	9	8	5	4	1	2	6
8	4	5	2	6	1	3	9	7
1	6	2	3	7	9	5	8	4

Hard 135

9	1	3	7	4	5	8	2
8	5	6	2	9	1	7	4
2	7	4	3	6	8	5	9
4	2	1	6	5	3	9	7
5	6	9	8	2	7	3	1
3	8	7	4	1	9	2	6
6	3	5	9	7	4	1	8
7	4	8	1	3	2	6	5
1	9	2	5	8	6	4	3

Hard 136

5	6	9	8	1	3	7	2	4
7	3	1	2	9	4	6	5	8
4	8	2	6	5	7	9	1	3
1	9	5	7	3	8	2	4	6
2	4	8	5	6	9	1	3	7
3	7	6	1	4	2	8	9	5
8	5	7	4	2	1	3	6	9
6	1	3	9	7	5	4	8	2
9	2	4	3	8	6	5	7	1

Hard 137

3	2	8	6	5	9	4	7	1
4	6	9	3	1	7	5	8	2
7	1	5	8	4	2	3	9	6
6	3	2	7	9	5	8	1	4
8	4	7	1	2	3	6	5	9
5	9	1	4	6	8	7	2	3
2	5	3	9	8	4	1	6	7
9	7	6	5	3	1	2	4	8
1	8	4	2	7	6	9	3	5

Hard 138

8	1	6	5	7	3	9	2
9	3	2	1	6	4	5	7
4	5	7	8	9	2	3	6
2	4	9	3	1	6	8	5
3	6	8	9	5	7	1	4
1	7	5	2	4	8	6	3
5	8	3	4	2	1	7	9
6	9	4	7	8	5	2	1
7	2	1	6	3	9	4	8

Hard 139

6	4	3	9	1	7	8	2	5
1	9	2	8	6	5	3	7	4
7	5	8	2	3	4	6	9	1
3	1	9	4	8	6	7	5	2
2	8	7	1	5	3	9	4	6
4	6	5	7	9	2	1	8	3
8	7	4	3	2	1	5	6	9
9	3	6	5	4	8	2	1	7
5	2	1	6	7	9	4	3	8

Hard 140

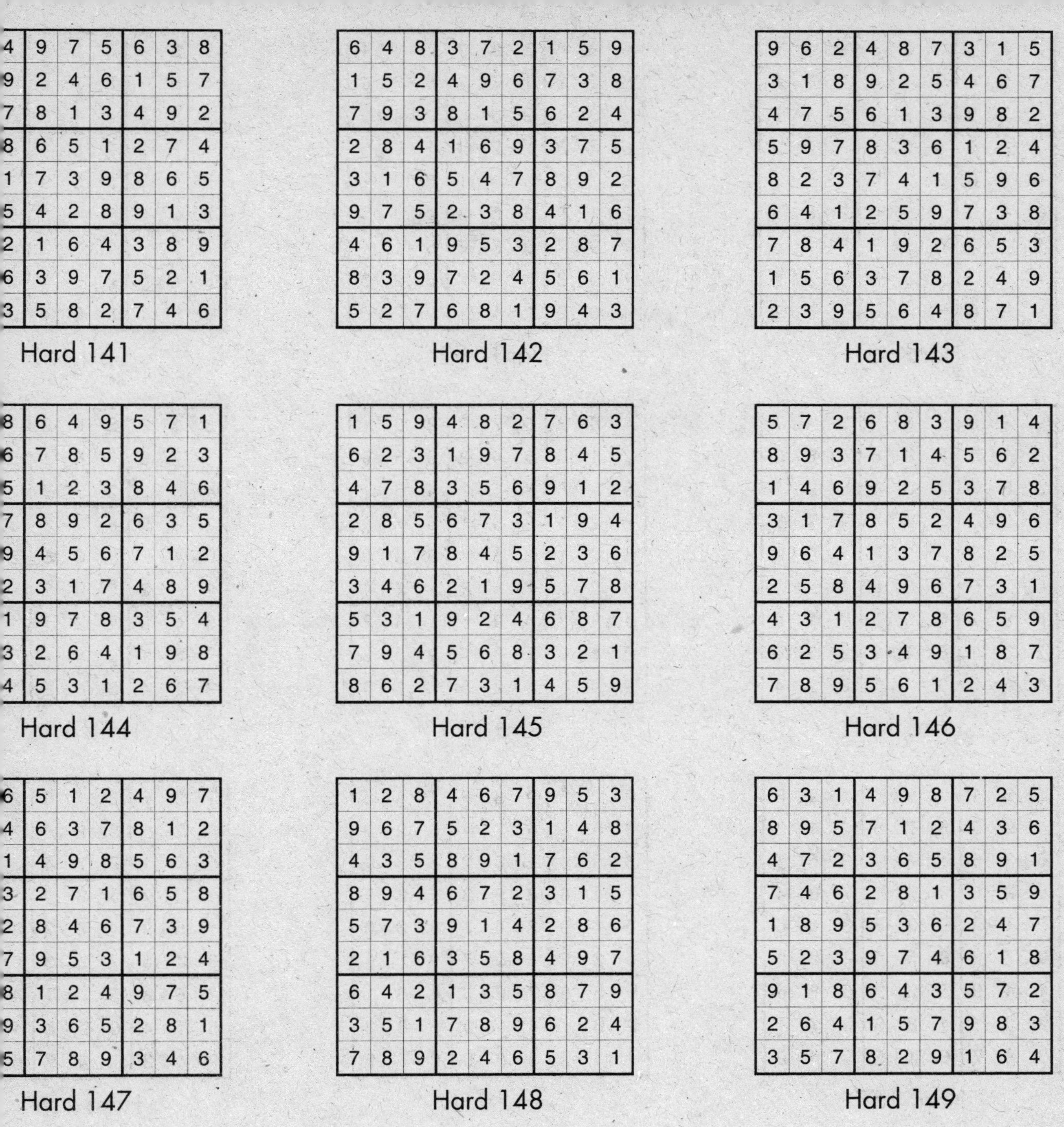

4	9	7	5	6	3	8
9	2	4	6	1	5	7
7	8	1	3	4	9	2
8	6	5	1	2	7	4
1	7	3	9	8	6	5
5	4	2	8	9	1	3
2	1	6	4	3	8	9
6	3	9	7	5	2	1
3	5	8	2	7	4	6

Hard 141

6	4	8	3	7	2	1	5	9
1	5	2	4	9	6	7	3	8
7	9	3	8	1	5	6	2	4
2	8	4	1	6	9	3	7	5
3	1	6	5	4	7	8	9	2
9	7	5	2	3	8	4	1	6
4	6	1	9	5	3	2	8	7
8	3	9	7	2	4	5	6	1
5	2	7	6	8	1	9	4	3

Hard 142

9	6	2	4	8	7	3	1	5
3	1	8	9	2	5	4	6	7
4	7	5	6	1	3	9	8	2
5	9	7	8	3	6	1	2	4
8	2	3	7	4	1	5	9	6
6	4	1	2	5	9	7	3	8
7	8	4	1	9	2	6	5	3
1	5	6	3	7	8	2	4	9
2	3	9	5	6	4	8	7	1

Hard 143

8	6	4	9	5	7	1
6	7	8	5	9	2	3
5	1	2	3	8	4	6
7	8	9	2	6	3	5
9	4	5	6	7	1	2
2	3	1	7	4	8	9
1	9	7	8	3	5	4
3	2	6	4	1	9	8
4	5	3	1	2	6	7

Hard 144

1	5	9	4	8	2	7	6	3
6	2	3	1	9	7	8	4	5
4	7	8	3	5	6	9	1	2
2	8	5	6	7	3	1	9	4
9	1	7	8	4	5	2	3	6
3	4	6	2	1	9	5	7	8
5	3	1	9	2	4	6	8	7
7	9	4	5	6	8	3	2	1
8	6	2	7	3	1	4	5	9

Hard 145

5	7	2	6	8	3	9	1	4
8	9	3	7	1	4	5	6	2
1	4	6	9	2	5	3	7	8
3	1	7	8	5	2	4	9	6
9	6	4	1	3	7	8	2	5
2	5	8	4	9	6	7	3	1
4	3	1	2	7	8	6	5	9
6	2	5	3	4	9	1	8	7
7	8	9	5	6	1	2	4	3

Hard 146

6	5	1	2	4	9	7
4	6	3	7	8	1	2
1	4	9	8	5	6	3
3	2	7	1	6	5	8
2	8	4	6	7	3	9
7	9	5	3	1	2	4
8	1	2	4	9	7	5
9	3	6	5	2	8	1
5	7	8	9	3	4	6

Hard 147

1	2	8	4	6	7	9	5	3
9	6	7	5	2	3	1	4	8
4	3	5	8	9	1	7	6	2
8	9	4	6	7	2	3	1	5
5	7	3	9	1	4	2	8	6
2	1	6	3	5	8	4	9	7
6	4	2	1	3	5	8	7	9
3	5	1	7	8	9	6	2	4
7	8	9	2	4	6	5	3	1

Hard 148

6	3	1	4	9	8	7	2	5
8	9	5	7	1	2	4	3	6
4	7	2	3	6	5	8	9	1
7	4	6	2	8	1	3	5	9
1	8	9	5	3	6	2	4	7
5	2	3	9	7	4	6	1	8
9	1	8	6	4	3	5	7	2
2	6	4	1	5	7	9	8	3
3	5	7	8	2	9	1	6	4

Hard 149

9	5	8	3	6	1	4	7	2
3	1	2	9	7	4	6	5	8
6	7	4	2	5	8	9	1	3
7	3	1	8	9	6	5	2	4
2	4	6	5	3	7	1	8	9
5	8	9	1	4	2	3	6	7
1	2	3	6	8	9	7	4	5
4	6	5	7	2	3	8	9	1
8	9	7	4	1	5	2	3	6

Hard 150

2	8	1	3	7	5	9	4	6
3	5	4	9	1	6	2	7	8
6	7	9	4	8	2	3	1	5
7	3	5	8	6	1	4	9	2
8	9	6	2	3	4	7	5	1
1	4	2	7	5	9	6	8	3
5	1	3	6	9	7	8	2	4
4	6	7	1	2	8	5	3	9
9	2	8	5	4	3	1	6	7

Hard 151

6	3	4	2	8	9	7	5	1
5	2	9	1	7	4	8	3	6
7	8	1	5	3	6	2	4	9
9	4	3	7	2	8	1	6	5
8	7	5	6	4	1	3	9	2
2	1	6	9	5	3	4	8	7
3	9	7	8	6	2	5	1	4
1	5	8	4	9	7	6	2	3
4	6	2	3	1	5	9	7	8

Hard 152

9	3	4	5	2	7	1
1	5	7	8	9	6	4
6	8	2	4	1	3	5
4	7	9	2	5	1	6
5	1	8	3	6	9	7
3	2	6	7	4	8	9
7	9	5	1	3	2	8
8	4	3	6	7	5	2
2	6	1	9	8	4	3

Hard 153

9	2	8	1	6	5	3	4	7
3	1	4	7	9	8	5	6	2
5	6	7	2	3	4	8	9	1
1	8	9	3	2	6	4	7	5
2	4	3	5	1	7	6	8	9
6	7	5	4	8	9	1	2	3
4	9	2	6	5	3	7	1	8
7	3	1	8	4	2	9	5	6
8	5	6	9	7	1	2	3	4

Hard 154

4	6	3	5	7	9	2	8	1
7	1	8	6	4	2	3	5	9
9	5	2	8	1	3	4	6	7
8	2	4	9	6	1	5	7	3
5	7	1	2	3	4	6	9	8
6	3	9	7	5	8	1	2	4
1	8	5	3	9	6	7	4	2
2	4	6	1	8	7	9	3	5
3	9	7	4	2	5	8	1	6

Hard 155

8	1	2	5	6	3	7
3	7	9	4	8	1	5
4	5	6	2	7	9	8
2	9	5	8	1	6	3
6	4	7	3	9	5	2
1	8	3	7	4	2	9
5	6	8	1	2	7	4
7	3	1	9	5	4	6
9	2	4	6	3	8	1

Hard 156

7	5	1	3	9	6	4	2	8
4	9	2	5	7	8	6	1	3
8	3	6	1	4	2	9	5	7
5	2	8	9	6	1	7	3	4
9	1	4	2	3	7	8	6	5
6	7	3	8	5	4	1	9	2
1	4	9	7	2	3	5	8	6
2	6	5	4	8	9	3	7	1
3	8	7	6	1	5	2	4	9

Hard 157

7	2	5	9	3	6	1	4	8
3	8	1	5	7	4	6	9	2
6	9	4	1	8	2	3	5	7
1	4	6	3	9	8	7	2	5
5	7	9	2	4	1	8	3	6
8	3	2	6	5	7	9	1	4
9	5	8	7	2	3	4	6	1
2	6	7	4	1	9	5	8	3
4	1	3	8	6	5	2	7	9

Hard 158

7	9	3	8	1	5	2
4	2	5	9	3	6	7
6	8	1	2	7	4	3
2	3	7	1	8	9	5
1	5	9	4	6	2	8
8	4	6	7	5	3	9
3	6	8	5	9	1	4
5	7	4	6	2	8	1
9	1	2	3	4	7	6

Hard 159

4	2	8	7	5	9	3	6	1
9	3	7	4	6	1	5	2	8
1	5	6	2	8	3	9	4	7
2	6	1	3	9	8	4	7	5
7	8	3	5	4	2	1	9	6
5	4	9	1	7	6	8	3	2
3	7	4	8	2	5	6	1	9
6	1	5	9	3	7	2	8	4
8	9	2	6	1	4	7	5	3

Hard 160

7	8	2	5	4	3
9	3	4	6	1	8
1	5	6	7	9	2
3	1	8	2	7	4
6	7	5	8	3	9
4	2	9	1	5	6
8	4	7	3	2	5
5	9	1	4	6	7
2	6	3	9	8	1

Hard 161

7	9	4	2	1	5	8	3	6
2	8	6	7	4	3	9	5	1
1	3	5	6	8	9	2	4	7
3	1	9	4	6	7	5	2	8
4	2	8	5	3	1	6	7	9
5	6	7	8	9	2	3	1	4
6	5	1	9	2	4	7	8	3
8	7	3	1	5	6	4	9	2
9	4	2	3	7	8	1	6	5

Hard 162

6	2	9	1	3	5	8	4	7
8	1	4	9	2	7	5	6	3
3	5	7	6	8	4	9	1	2
9	6	2	5	7	3	1	8	4
4	7	3	8	6	1	2	9	5
5	8	1	4	9	2	7	3	6
7	9	5	3	1	6	4	2	8
1	4	6	2	5	8	3	7	9
2	3	8	7	4	9	6	5	1

Hard 163

5	1	8	7	3	9
6	9	4	8	1	2
7	2	3	4	5	6
4	8	1	5	2	3
9	5	2	6	7	1
3	6	7	9	8	4
1	7	9	2	6	5
2	3	6	1	4	8
8	4	5	3	9	7

Hard 164

8	6	1	5	7	3	9	2	4
9	2	5	1	4	6	8	3	7
7	3	4	8	9	2	5	6	1
5	7	9	4	6	1	2	8	3
4	8	6	3	2	7	1	5	9
3	1	2	9	8	5	4	7	6
6	9	3	2	1	8	7	4	5
1	5	8	7	3	4	6	9	2
2	4	7	6	5	9	3	1	8

Hard 165

1	6	2	5	3	9	8	7	4
3	7	4	2	8	6	5	9	1
5	8	9	7	4	1	6	2	3
8	9	3	6	5	4	7	1	2
2	4	1	8	9	7	3	5	6
6	5	7	1	2	3	9	4	8
4	2	5	9	6	8	1	3	7
9	1	8	3	7	2	4	6	5
7	3	6	4	1	5	2	8	9

Hard 166

7	4	6	1	5	9
5	8	9	7	2	3
1	3	2	4	8	6
2	6	3	5	4	1
8	7	4	6	9	2
9	5	1	3	7	8
6	9	8	2	1	4
4	2	5	8	3	7
3	1	7	9	6	5

Hard 167

8	3	2	6	7	4	1	9	5
4	7	9	5	8	1	6	2	3
1	5	6	9	2	3	7	8	4
5	1	7	8	3	9	4	6	2
3	9	4	1	6	2	5	7	8
6	2	8	7	4	5	9	3	1
7	4	5	3	9	8	2	1	6
2	6	3	4	1	7	8	5	9
9	8	1	2	5	6	3	4	7

Hard 168

9	7	8	4	2	5	1	3	6
3	1	2	7	8	6	5	4	9
5	4	6	3	9	1	2	7	8
7	2	9	8	5	3	4	6	1
6	5	1	9	7	4	3	8	2
8	3	4	1	6	2	9	5	7
1	8	7	5	3	9	6	2	4
2	9	3	6	4	8	7	1	5
4	6	5	2	1	7	8	9	3

Hard 169

1	7	8	9	2	4	3	5	6
9	4	6	5	1	3	8	7	2
2	5	3	6	7	8	4	9	1
3	6	7	2	4	9	5	1	8
4	2	1	7	8	5	9	6	3
5	8	9	1	3	6	7	2	4
6	9	4	8	5	1	2	3	7
7	3	5	4	6	2	1	8	9
8	1	2	3	9	7	6	4	5

Hard 170

7	4	9	2	6	1	3	8	5
2	3	6	4	5	8	9	1	7
1	5	8	3	7	9	4	6	2
3	7	1	6	8	5	2	4	9
4	6	5	1	9	2	8	7	3
8	9	2	7	3	4	1	5	6
5	1	7	8	2	3	6	9	4
9	2	4	5	1	6	7	3	8
6	8	3	9	4	7	5	2	1

Hard 171

2	9	3	8	6	5	4	1	7
5	4	7	9	1	3	6	2	8
6	8	1	4	2	7	9	3	5
7	2	8	1	4	9	5	6	3
4	6	9	5	3	2	7	8	1
3	1	5	6	7	8	2	9	4
8	3	2	7	9	4	1	5	6
9	7	6	3	5	1	8	4	2
1	5	4	2	8	6	3	7	9

Hard 172

3	9	6	1	2	7
2	8	1	5	9	4
7	4	5	3	6	8
6	5	4	7	3	9
8	1	3	2	5	6
9	7	2	4	8	1
4	2	9	8	7	5
5	3	7	6	1	2
1	6	8	9	4	3

Hard 173

3	6	8	5	9	2	4	7	1
4	5	7	1	3	8	2	6	9
9	1	2	7	4	6	3	5	8
5	3	9	2	7	1	6	8	4
7	8	6	9	5	4	1	3	2
1	2	4	6	8	3	5	9	7
2	9	1	8	6	5	7	4	3
6	7	3	4	1	9	8	2	5
8	4	5	3	2	7	9	1	6

Hard 174

8	5	2	4	6	3	9	1	7
9	6	3	5	1	7	4	2	8
7	4	1	8	2	9	6	5	3
1	8	4	2	9	5	7	3	6
2	7	9	6	3	4	5	8	1
5	3	6	7	8	1	2	9	4
4	1	7	9	5	8	3	6	2
3	2	5	1	7	6	8	4	9
6	9	8	3	4	2	1	7	5

Hard 175

3	2	8	5	4	6
5	4	7	2	9	1
6	9	1	3	7	8
7	1	9	6	2	3
8	3	2	4	5	7
4	5	6	8	1	9
9	6	4	7	3	5
1	7	5	9	8	2
2	8	3	1	6	4

Hard 176

8	7	3	6	1	4	2	9	5
4	5	6	9	7	2	1	8	3
9	1	2	5	8	3	4	6	7
2	9	8	3	4	1	5	7	6
5	3	1	7	9	6	8	2	4
6	4	7	8	2	5	9	3	1
1	2	9	4	6	7	3	5	8
3	6	4	2	5	8	7	1	9
7	8	5	1	3	9	6	4	2

Hard 177

9	2	3	7	6	8	1	5	4
1	4	7	9	2	5	6	3	8
5	6	8	1	4	3	7	2	9
2	9	4	8	1	7	5	6	3
7	5	6	2	3	9	8	4	1
3	8	1	6	5	4	9	7	2
8	7	2	3	9	6	4	1	5
4	3	9	5	7	1	2	8	6
6	1	5	4	8	2	3	9	7

Hard 178

4	5	1	3	8	6
6	2	7	1	9	5
3	9	8	7	2	4
2	3	6	9	5	8
5	7	4	6	3	1
8	1	9	4	7	2
7	8	3	5	1	9
9	4	5	2	6	3
1	6	2	8	4	7

Hard 179

9	6	4	5	1	7	2	3	8
1	8	2	6	9	3	4	5	7
3	7	5	4	8	2	6	9	1
5	3	9	7	6	4	8	1	2
6	1	7	8	2	5	3	4	9
2	4	8	9	3	1	5	7	6
4	2	6	1	5	9	7	8	3
7	9	3	2	4	8	1	6	5
8	5	1	3	7	6	9	2	4

Hard 180

6	8	2	1	9	3
5	7	3	8	4	6
4	9	1	7	2	5
2	6	9	5	3	1
7	4	5	2	6	8
1	3	8	4	7	9
8	2	4	3	5	7
9	1	7	6	8	2
3	5	6	9	1	4

ard 181

7	1	3	9	4	5	8	2	6
2	4	8	6	1	3	5	9	7
5	6	9	8	7	2	1	3	4
9	2	1	3	5	4	6	7	8
8	5	4	7	2	6	9	1	3
6	3	7	1	8	9	2	4	5
1	9	6	4	3	8	7	5	2
4	7	2	5	6	1	3	8	9
3	8	5	2	9	7	4	6	1

Hard 182

4	2	7	5	3	8	1	6	9
9	8	1	4	6	7	5	3	2
3	5	6	9	1	2	4	7	8
1	3	4	2	8	5	7	9	6
2	6	9	3	7	1	8	4	5
8	7	5	6	4	9	3	2	1
5	4	3	1	9	6	2	8	7
6	1	8	7	2	3	9	5	4
7	9	2	8	5	4	6	1	3

Hard 183

7	2	9	6	3	4
1	8	4	2	5	9
5	3	6	7	8	1
8	4	7	1	6	3
9	5	3	8	4	2
2	6	1	9	7	5
4	9	8	3	1	6
3	7	5	4	2	8
6	1	2	5	9	7

ard 184

8	1	3	7	2	4	9	6	5
6	2	4	9	5	1	3	7	8
5	7	9	6	8	3	1	2	4
7	3	5	4	9	2	6	8	1
4	8	1	5	3	6	2	9	7
9	6	2	8	1	7	4	5	3
3	9	7	1	6	8	5	4	2
1	5	8	2	4	9	7	3	6
2	4	6	3	7	5	8	1	9

Hard 185

2	4	6	7	5	1	8	9	3
3	5	8	2	6	9	1	4	7
7	9	1	3	8	4	2	5	6
6	1	5	8	9	3	7	2	4
4	7	3	5	1	2	6	8	9
8	2	9	4	7	6	3	1	5
5	3	2	6	4	8	9	7	1
9	6	7	1	2	5	4	3	8
1	8	4	9	3	7	5	6	2

Hard 186

8	3	4	1	6	7
7	1	5	8	9	2
6	2	9	3	4	5
9	6	3	5	7	8
2	5	8	4	1	9
4	7	1	2	3	6
3	9	2	6	5	1
5	8	7	9	2	4
1	4	6	7	8	3

ard 187

8	9	3	5	1	6	4	2	7
5	6	1	2	7	4	9	8	3
4	2	7	8	9	3	6	1	5
6	4	9	7	5	1	8	3	2
1	7	8	6	3	2	5	4	9
2	3	5	9	4	8	7	6	1
3	5	2	4	6	7	1	9	8
7	8	4	1	2	9	3	5	6
9	1	6	3	8	5	2	7	4

Hard 188

1	2	5	9	3	7	8	4	6
9	3	6	8	4	5	1	2	7
8	7	4	1	2	6	3	5	9
2	8	7	6	1	4	9	3	5
3	5	9	2	7	8	4	6	1
4	6	1	5	9	3	2	7	8
5	9	3	7	8	2	6	1	4
6	4	8	3	5	1	7	9	2
7	1	2	4	6	9	5	8	3

Hard 189

6	8	9	5	7	1	3	2	4
1	4	2	6	8	3	7	9	5
5	3	7	9	2	4	1	6	8
8	9	6	1	3	7	5	4	2
7	1	5	4	9	2	6	8	3
3	2	4	8	5	6	9	1	7
9	5	3	2	1	8	4	7	6
2	6	1	7	4	5	8	3	9
4	7	8	3	6	9	2	5	1

Hard 190

7	2	4	9	8	6	1	3	5
5	8	3	7	1	2	6	9	4
6	9	1	3	4	5	7	8	2
3	1	2	8	9	7	5	4	6
4	6	9	5	2	1	8	7	3
8	5	7	4	6	3	9	2	1
9	7	5	6	3	4	2	1	8
1	4	6	2	7	8	3	5	9
2	3	8	1	5	9	4	6	7

Hard 191

5	9	2	8	7	6	3	1	4
1	6	3	9	5	4	2	7	8
4	7	8	2	1	3	9	5	6
3	8	4	7	6	9	1	2	5
6	2	5	1	3	8	7	4	9
7	1	9	4	2	5	6	8	3
9	5	7	6	8	1	4	3	2
2	3	6	5	4	7	8	9	1
8	4	1	3	9	2	5	6	7

Hard 192

2	5	9	3	6	8
3	1	4	7	5	9
6	8	7	1	2	4
7	4	3	8	9	2
8	6	5	4	1	7
1	9	2	5	3	6
9	2	8	6	4	3
4	3	1	2	7	5
5	7	6	9	8	1

Hard 19

9	6	4	2	8	5	3	1	7
5	7	1	4	3	9	8	6	2
3	2	8	6	7	1	9	4	5
8	5	6	3	9	2	4	7	1
4	3	2	5	1	7	6	8	9
1	9	7	8	4	6	2	5	3
7	4	5	9	2	8	1	3	6
2	1	3	7	6	4	5	9	8
6	8	9	1	5	3	7	2	4

Hard 194

1	5	6	4	8	9	2	3	7
7	2	9	3	6	1	5	8	4
3	4	8	5	7	2	1	6	9
2	9	3	6	1	5	7	4	8
5	8	4	7	2	3	6	9	1
6	1	7	8	9	4	3	2	5
4	7	5	2	3	8	9	1	6
8	3	1	9	5	6	4	7	2
9	6	2	1	4	7	8	5	3

Hard 195

8	1	3	5	6	4
4	2	5	9	3	7
6	7	9	8	1	2
2	3	8	6	7	9
9	4	7	1	5	3
1	5	6	2	4	8
7	8	4	3	2	5
3	6	2	4	9	1
5	9	1	7	8	6

Hard 19

4	8	1	5	6	9	3	7	2
3	6	9	4	7	2	5	8	1
2	7	5	1	8	3	9	4	6
7	9	8	6	1	5	4	2	3
6	3	4	2	9	8	1	5	7
5	1	2	7	3	4	6	9	8
8	2	3	9	4	6	7	1	5
9	5	7	3	2	1	8	6	4
1	4	6	8	5	7	2	3	9

Hard 197

8	7	2	9	6	3	4	1	5
4	6	9	5	7	1	2	3	8
1	3	5	8	4	2	7	6	9
5	8	4	7	9	6	3	2	1
6	9	3	2	1	8	5	4	7
7	2	1	3	5	4	9	8	6
2	1	7	6	3	9	8	5	4
9	4	8	1	2	5	6	7	3
3	5	6	4	8	7	1	9	2

Hard 198

1	9	7	5	4	8
4	8	2	6	9	3
3	5	6	2	7	1
7	1	8	9	6	2
9	2	4	1	3	5
5	6	3	7	8	4
6	4	1	8	2	7
8	7	5	3	1	9
2	3	9	4	5	6

Hard 19

5	8	1	6	9	2	7	4	3
2	9	4	1	3	7	8	6	5
3	6	7	4	8	5	9	1	2
1	3	8	9	2	6	4	5	7
6	4	9	5	7	3	1	2	8
7	2	5	8	1	4	3	9	6
8	7	6	2	4	1	5	3	9
9	1	2	3	5	8	6	7	4
4	5	3	7	6	9	2	8	1

Hard 200

6	4	5	1	2	3
2	8	7	4	6	9
9	3	1	5	7	8
5	6	8	2	3	1
1	7	9	6	8	4
3	2	4	7	9	5
4	9	2	8	5	7
8	5	6	3	1	2
7	1	3	9	4	6

ard 201

4	6	3	7	2	8	5	1	9
5	7	8	3	9	1	6	4	2
9	1	2	6	4	5	3	7	8
1	3	4	9	5	6	2	8	7
6	5	7	8	1	2	9	3	4
2	8	9	4	7	3	1	5	6
7	4	5	1	6	9	8	2	3
8	2	6	5	3	7	4	9	1
3	9	1	2	8	4	7	6	5

Hard 202

1	5	7	6	3	8	2	4	9
9	8	2	7	4	5	1	3	6
4	3	6	1	9	2	5	7	8
5	4	3	8	1	6	7	9	2
8	2	1	9	7	3	6	5	4
6	7	9	2	5	4	3	8	1
7	6	8	3	2	9	4	1	5
2	1	5	4	8	7	9	6	3
3	9	4	5	6	1	8	2	7

Hard 203

9	7	5	2	6	8
6	3	1	9	4	7
4	2	8	1	3	5
5	8	2	4	9	1
1	4	7	3	5	6
3	6	9	7	8	2
8	5	3	6	2	9
2	1	4	5	7	3
7	9	6	8	1	4

ard 204

8	2	6	9	3	5	1	4	7
7	4	9	2	1	6	3	5	8
3	1	5	8	4	7	2	6	9
5	3	1	6	7	2	8	9	4
9	6	2	1	8	4	5	7	3
4	7	8	5	9	3	6	2	1
6	8	4	7	2	1	9	3	5
1	5	7	3	6	9	4	8	2
2	9	3	4	5	8	7	1	6

Hard 205

7	2	4	5	3	8	6	9	1
1	3	5	6	9	7	2	8	4
8	6	9	1	2	4	3	7	5
5	4	8	2	6	3	7	1	9
3	7	2	4	1	9	8	5	6
6	9	1	7	8	5	4	2	3
9	1	3	8	7	6	5	4	2
2	5	7	3	4	1	9	6	8
4	8	6	9	5	2	1	3	7

Hard 206

1	4	7	8	2	3
8	5	2	6	9	7
3	6	9	1	4	5
6	3	8	2	7	1
5	2	4	3	8	9
7	9	1	4	5	6
9	8	3	5	1	4
4	7	6	9	3	2
2	1	5	7	6	8

ard 207

1	9	5	8	7	4	2	6	3
4	3	2	5	6	1	9	7	8
6	8	7	9	2	3	1	4	5
9	5	6	1	8	7	3	2	4
7	4	3	6	9	2	8	5	1
8	2	1	3	4	5	6	9	7
2	7	8	4	3	9	5	1	6
5	6	9	7	1	8	4	3	2
3	1	4	2	5	6	7	8	9

Hard 208

7	1	4	3	2	5	9	8	6
5	9	3	7	8	6	1	2	4
6	8	2	4	9	1	3	5	7
9	3	7	1	4	8	5	6	2
1	2	8	6	5	9	7	4	3
4	5	6	2	3	7	8	9	1
8	4	1	9	6	3	2	7	5
2	7	9	5	1	4	6	3	8
3	6	5	8	7	2	4	1	9

Hard 209

7	2	3	1	6	5	8	9	4
4	5	9	7	8	3	2	6	1
6	8	1	4	9	2	3	7	5
3	9	7	6	5	8	4	1	2
8	4	2	3	1	7	6	5	9
1	6	5	9	2	4	7	8	3
9	7	4	5	3	6	1	2	8
5	3	8	2	7	1	9	4	6
2	1	6	8	4	9	5	3	7

Hard 210

8	9	3	6	2	4	7	1	5
6	7	4	1	9	5	2	3	8
1	2	5	7	3	8	9	6	4
9	8	6	2	4	3	1	5	7
5	4	2	8	1	7	3	9	6
3	1	7	5	6	9	8	4	2
7	3	8	9	5	6	4	2	1
2	6	9	4	7	1	5	8	3
4	5	1	3	8	2	6	7	9

Hard 211

4	1	3	8	5	6	9	2	7
2	7	5	1	4	9	3	6	8
9	6	8	7	2	3	1	4	5
1	8	2	4	7	5	6	9	3
3	4	7	9	6	1	8	5	2
5	9	6	3	8	2	7	1	4
6	3	4	5	9	8	2	7	1
7	2	1	6	3	4	5	8	9
8	5	9	2	1	7	4	3	6

Hard 212

2	1	6	5	4	3
7	4	8	6	9	2
3	9	5	7	8	1
6	2	4	1	3	7
1	7	9	2	5	8
5	8	3	4	6	9
4	3	1	8	7	6
8	5	7	9	2	4
9	6	2	3	1	5

Hard 21

7	2	6	1	9	4	8	3	5
8	1	9	5	2	3	4	6	7
3	4	5	6	7	8	9	1	2
9	5	7	8	1	6	2	4	3
4	8	2	7	3	5	1	9	6
1	6	3	9	4	2	5	7	8
2	7	1	3	8	9	6	5	4
5	3	4	2	6	1	7	8	9
6	9	8	4	5	7	3	2	1

Hard 214

1	2	9	7	3	5	6	4	8
3	5	6	4	2	8	1	9	7
4	7	8	6	9	1	2	3	5
2	9	7	1	6	3	5	8	4
5	4	1	2	8	7	3	6	9
6	8	3	9	5	4	7	1	2
7	6	5	8	1	9	4	2	3
8	3	2	5	4	6	9	7	1
9	1	4	3	7	2	8	5	6

Hard 215

8	6	1	9	5	3
2	7	9	4	8	6
3	4	5	7	1	2
7	1	2	5	9	4
9	3	4	8	6	1
5	8	6	2	3	7
4	5	8	1	2	9
6	2	7	3	4	5
1	9	3	6	7	8

Hard 21

1	9	5	8	3	6	2	4	7
7	3	6	9	4	2	8	1	5
8	4	2	1	5	7	6	9	3
5	1	3	6	7	4	9	8	2
9	6	4	5	2	8	3	7	1
2	7	8	3	9	1	4	5	6
6	5	7	2	8	9	1	3	4
3	2	9	4	1	5	7	6	8
4	8	1	7	6	3	5	2	9

Hard 217

6	9	1	8	4	2	5	7	3
2	7	3	5	1	9	8	6	4
5	8	4	6	7	3	9	1	2
8	4	6	3	2	7	1	5	9
9	1	5	4	8	6	2	3	7
3	2	7	9	5	1	4	8	6
7	3	8	1	9	4	6	2	5
4	5	2	7	6	8	3	9	1
1	6	9	2	3	5	7	4	8

Hard 218

3	8	1	9	7	2
4	2	6	1	3	5
5	7	9	6	8	4
6	9	4	2	1	7
1	3	8	4	5	9
7	5	2	3	6	8
2	4	7	5	9	1
9	1	3	8	4	6
8	6	5	7	2	3

Hard 21

5	6	4	3	7	2	8	1	9
7	2	8	1	4	9	6	3	5
9	3	1	5	6	8	2	4	7
1	8	6	2	3	7	9	5	4
2	7	9	8	5	4	3	6	1
3	4	5	6	9	1	7	8	2
4	9	3	7	1	6	5	2	8
8	5	7	4	2	3	1	9	6
6	1	2	9	8	5	4	7	3

Hard 220

1	2	5	8	3	6
9	3	6	4	2	7
4	8	7	5	9	1
2	4	1	6	5	3
3	5	9	7	8	2
6	7	8	9	1	4
5	9	2	1	6	8
7	6	3	2	4	5
8	1	4	3	7	9

Hard 221

7	6	1	5	8	3	2	9	4
9	8	3	4	2	6	1	7	5
2	4	5	7	9	1	6	3	8
5	7	4	6	1	9	3	8	2
6	9	2	8	3	7	4	5	1
1	3	8	2	4	5	7	6	9
3	5	9	1	6	4	8	2	7
4	2	7	3	5	8	9	1	6
8	1	6	9	7	2	5	4	3

Hard 222

7	8	3	9	1	5	6	2	4
9	2	4	8	7	6	1	3	5
1	6	5	2	3	4	9	8	7
6	1	9	7	4	2	8	5	3
3	4	8	1	5	9	7	6	2
2	5	7	6	8	3	4	9	1
4	7	2	3	9	8	5	1	6
5	9	6	4	2	1	3	7	8
8	3	1	5	6	7	2	4	9

Hard 223

1	8	4	2	9	6
6	5	9	3	7	1
7	2	3	4	8	5
2	7	6	5	1	3
9	4	1	8	6	7
5	3	8	9	2	4
8	9	7	1	5	2
4	1	2	6	3	9
3	6	5	7	4	8

Hard 224

1	4	3	2	9	5	8	7	6
5	6	7	1	8	3	9	2	4
9	8	2	6	4	7	1	5	3
2	5	1	9	6	4	7	3	8
3	7	4	5	1	8	6	9	2
8	9	6	3	7	2	4	1	5
4	2	8	7	3	9	5	6	1
7	1	5	4	2	6	3	8	9
6	3	9	8	5	1	2	4	7

Hard 225

3	6	5	9	7	8	1	4	2
7	8	2	1	4	5	3	9	6
1	9	4	6	3	2	5	7	8
8	3	9	7	5	6	4	2	1
6	5	1	2	9	4	8	3	7
2	4	7	3	8	1	9	6	5
9	1	8	4	6	7	2	5	3
4	2	6	5	1	3	7	8	9
5	7	3	8	2	9	6	1	4

Hard 226

8	6	7	5	9	2
9	3	5	8	1	4
1	2	4	3	7	6
5	8	9	4	2	1
3	4	2	6	8	7
6	7	1	9	3	5
2	1	6	7	5	3
4	5	8	1	6	9
7	9	3	2	4	8

Hard 227

1	3	4	8	2	6	5	7	9
9	8	5	7	1	3	6	2	4
6	2	7	4	5	9	8	1	3
5	9	8	2	3	7	4	6	1
7	1	6	9	8	4	2	3	5
2	4	3	1	6	5	9	8	7
8	6	9	5	7	1	3	4	2
3	5	1	6	4	2	7	9	8
4	7	2	3	9	8	1	5	6

Hard 228

1	5	4	2	7	9	3	6	8
8	6	9	1	5	3	2	7	4
7	2	3	4	8	6	5	9	1
4	3	6	8	1	5	9	2	7
5	7	2	6	9	4	1	8	3
9	8	1	3	2	7	4	5	6
6	4	5	7	3	2	8	1	9
2	1	7	9	4	8	6	3	5
3	9	8	5	6	1	7	4	2

Hard 229

8	6	1	4	9	2	5	7	3
4	5	7	3	6	8	9	1	2
2	9	3	7	5	1	6	8	4
3	1	2	5	8	4	7	9	6
9	4	5	2	7	6	1	3	8
6	7	8	1	3	9	4	2	5
5	2	6	9	1	3	8	4	7
7	3	9	8	4	5	2	6	1
1	8	4	6	2	7	3	5	9

Hard 230

2	1	5	9	3	7	4	6	8
6	7	4	1	8	5	2	3	9
3	9	8	2	4	6	1	5	7
4	2	9	3	6	8	5	7	1
5	3	6	7	9	1	8	4	2
7	8	1	4	5	2	3	9	6
8	6	2	5	7	3	9	1	4
9	5	7	8	1	4	6	2	3
1	4	3	6	2	9	7	8	5

Hard 231

6	4	5	2	7	8	3	1	9
9	7	1	5	3	4	2	8	6
2	8	3	6	9	1	5	4	7
1	6	4	7	2	5	9	3	8
3	5	7	8	1	9	4	6	2
8	9	2	4	6	3	1	7	5
4	2	9	3	8	7	6	5	1
5	1	8	9	4	6	7	2	3
7	3	6	1	5	2	8	9	4

Hard 232

5	6	1	9	7	2
3	7	8	4	6	1
2	9	4	8	3	5
4	5	2	3	9	6
6	8	3	1	4	7
7	1	9	2	5	8
8	4	7	5	1	9
9	3	5	6	2	4
1	2	6	7	8	3

Hard 233

8	9	5	7	1	3	6	2	4
2	6	1	4	8	5	3	7	9
7	3	4	9	2	6	5	1	8
6	2	8	1	9	4	7	3	5
5	1	9	6	3	7	8	4	2
3	4	7	8	5	2	9	6	1
9	7	2	3	4	8	1	5	6
1	5	3	2	6	9	4	8	7
4	8	6	5	7	1	2	9	3

Hard 234

6	3	5	4	1	7	9	2	8
8	7	1	3	9	2	6	4	5
4	2	9	5	6	8	3	1	7
5	6	3	7	2	9	4	8	1
7	8	2	6	4	1	5	3	9
9	1	4	8	3	5	7	6	2
1	4	7	2	5	3	8	9	6
2	5	6	9	8	4	1	7	3
3	9	8	1	7	6	2	5	4

Hard 235

4	2	8	5	3	9
3	5	6	7	1	2
9	1	7	8	4	6
6	3	4	2	5	1
8	7	1	3	9	4
5	9	2	6	7	8
1	6	5	9	2	7
7	8	9	4	6	3
2	4	3	1	8	5

Hard 236

8	6	7	9	5	3	1	2	4
1	4	9	2	6	8	7	5	3
2	3	5	7	1	4	6	8	9
6	5	4	3	7	1	8	9	2
7	2	1	4	8	9	3	6	5
9	8	3	5	2	6	4	7	1
3	9	6	8	4	5	2	1	7
4	1	2	6	9	7	5	3	8
5	7	8	1	3	2	9	4	6

Hard 237

2	1	8	9	3	4	7	5	6
3	4	7	5	6	1	9	8	2
5	6	9	2	8	7	1	3	4
4	8	2	7	9	3	6	1	5
9	3	6	4	1	5	8	2	7
1	7	5	6	2	8	3	4	9
6	5	1	8	4	9	2	7	3
7	2	3	1	5	6	4	9	8
8	9	4	3	7	2	5	6	1

Hard 238

3	6	4	5	2	8
7	8	2	9	1	4
9	5	1	6	7	3
6	9	8	3	4	1
1	2	3	7	5	6
5	4	7	8	9	2
4	3	5	1	6	9
2	7	9	4	8	5
8	1	6	2	3	7

Hard 239

3	6	4	5	2	8	1	7	9
7	8	2	9	1	4	5	3	6
9	5	1	6	7	3	8	2	4
6	9	8	3	4	1	7	5	2
1	2	3	7	5	6	9	4	8
5	4	7	8	9	2	3	6	1
4	3	5	1	6	9	2	8	7
2	7	9	4	8	5	6	1	3
8	1	6	2	3	7	4	9	5

Hard 240

3	4	2	6	5	8	7
5	7	3	8	9	2	1
2	1	9	5	3	4	6
7	5	8	1	4	6	9
8	6	4	2	7	5	3
6	9	7	3	8	1	2
9	2	1	7	6	3	4
4	8	6	9	1	7	5
1	3	5	4	2	9	8

Hard 241

3	7	5	2	4	6	9	8	1
6	8	4	3	1	9	7	2	5
9	1	2	5	7	8	3	6	4
7	6	1	4	8	2	5	9	3
2	3	8	1	9	5	6	4	7
4	5	9	6	3	7	8	1	2
5	9	6	7	2	4	1	3	8
1	4	7	8	6	3	2	5	9
8	2	3	9	5	1	4	7	6

Hard 242

9	7	8	3	6	2	5	4	1
3	1	6	4	5	8	2	7	9
2	4	5	7	9	1	3	6	8
6	3	9	5	7	4	1	8	2
7	2	4	8	1	3	9	5	6
5	8	1	9	2	6	7	3	4
1	9	3	6	4	5	8	2	7
8	6	7	2	3	9	4	1	5
4	5	2	1	8	7	6	9	3

Hard 243

6	5	8	7	4	3	9
4	9	2	6	1	5	7
9	1	3	4	8	2	6
2	4	5	8	9	6	3
8	2	7	9	5	4	1
5	3	6	1	2	7	8
7	6	9	5	3	1	2
1	8	4	3	7	9	5
3	7	1	2	6	8	4

Hard 244

8	1	6	9	2	4	7	3	5
9	2	7	1	5	3	8	4	6
3	4	5	6	7	8	9	1	2
2	8	9	7	4	6	3	5	1
7	5	3	2	9	1	4	6	8
1	6	4	8	3	5	2	7	9
4	9	1	3	6	2	5	8	7
5	7	8	4	1	9	6	2	3
6	3	2	5	8	7	1	9	4

Hard 245

1	9	6	2	3	7	5	4	8
2	3	5	4	9	8	1	6	7
4	7	8	1	5	6	9	2	3
7	1	3	9	2	4	6	8	5
8	2	9	3	6	5	4	7	1
5	6	4	7	8	1	2	3	9
6	8	2	5	1	3	7	9	4
9	4	1	8	7	2	3	5	6
3	5	7	6	4	9	8	1	2

Hard 246

6	4	2	8	5	7	9
4	1	6	7	3	2	8
8	3	9	5	6	1	4
5	6	8	1	7	9	3
9	7	3	2	1	4	5
7	9	5	4	8	6	2
2	8	1	3	9	5	7
3	2	7	6	4	8	1
1	5	4	9	2	3	6

Hard 247

4	5	7	3	8	9	2	6	1
8	3	1	6	2	5	9	4	7
6	9	2	4	1	7	8	3	5
9	4	5	2	3	6	1	7	8
3	1	8	5	7	4	6	9	2
7	2	6	1	9	8	3	5	4
5	8	3	7	6	2	4	1	9
1	7	9	8	4	3	5	2	6
2	6	4	9	5	1	7	8	3

Hard 248

2	7	3	9	6	4	5	1	8
8	9	4	5	1	3	7	2	6
5	1	6	7	8	2	9	3	4
9	3	7	6	5	8	2	4	1
1	4	8	2	9	7	3	6	5
6	5	2	3	4	1	8	7	9
3	6	9	1	7	5	4	8	2
4	2	1	8	3	9	6	5	7
7	8	5	4	2	6	1	9	3

Hard 249

3	1	7	6	9	2	8	4	5
9	4	8	3	5	1	7	6	2
2	5	6	4	7	8	9	1	3
7	8	2	5	3	4	1	9	6
1	6	5	9	2	7	3	8	4
4	9	3	8	1	6	2	5	7
5	2	9	1	6	3	4	7	8
6	3	4	7	8	9	5	2	1
8	7	1	2	4	5	6	3	9

Hard 250

2	5	7	4	6	8	9	3	1
3	6	8	5	1	9	4	7	2
4	9	1	2	3	7	5	8	6
5	2	3	6	7	4	1	9	8
6	1	9	8	2	3	7	4	5
7	8	4	9	5	1	2	6	3
8	3	2	7	4	5	6	1	9
9	7	6	1	8	2	3	5	4
1	4	5	3	9	6	8	2	7

Extreme 1

1	6	9	7	8	2	3	4	5
2	4	8	9	5	3	6	7	1
3	7	5	6	1	4	8	9	2
8	2	6	1	4	5	7	3	9
5	9	4	3	2	7	1	6	8
7	1	3	8	9	6	2	5	4
6	5	1	2	3	9	4	8	7
4	3	2	5	7	8	9	1	6
9	8	7	4	6	1	5	2	3

Extreme 2

7	8	1	4	6	3	2
4	9	5	7	2	8	3
6	2	3	9	1	5	7
5	3	7	1	4	9	6
8	1	6	5	3	2	4
9	4	2	8	7	6	5
3	6	4	2	9	1	8
1	7	8	6	5	4	9
2	5	9	3	8	7	1

Extreme 3

9	8	6	3	4	1	7	5	2
1	3	2	5	6	7	9	4	8
7	4	5	8	9	2	6	1	3
8	5	1	9	7	4	3	2	6
2	9	3	1	8	6	5	7	4
4	6	7	2	5	3	8	9	1
6	1	9	4	3	5	2	8	7
3	2	8	7	1	9	4	6	5
5	7	4	6	2	8	1	3	9

Extreme 4

7	1	4	2	8	5	9	3	6
8	9	5	3	1	6	2	4	7
2	3	6	9	4	7	1	5	8
1	7	8	4	2	9	3	6	5
6	2	3	8	5	1	4	7	9
4	5	9	6	7	3	8	1	2
5	4	1	7	9	2	6	8	3
9	6	7	1	3	8	5	2	4
3	8	2	5	6	4	7	9	1

Extreme 5

3	5	7	9	6	1	8
6	9	4	7	2	8	3
8	1	2	3	4	5	6
7	8	5	4	1	6	9
9	2	6	5	3	7	1
1	4	3	8	9	2	5
2	7	8	6	5	9	4
4	6	9	1	7	3	2
5	3	1	2	8	4	7

Extreme 6

4	1	8	2	6	3	7	5	9
2	3	7	4	5	9	6	8	1
9	5	6	7	1	8	2	3	4
1	6	2	8	4	5	9	7	3
3	8	9	6	2	7	4	1	5
5	7	4	3	9	1	8	2	6
6	9	3	1	7	2	5	4	8
7	4	1	5	8	6	3	9	2
8	2	5	9	3	4	1	6	7

Extreme 7

4	5	7	1	3	9	6	8	2
6	8	1	5	2	7	4	9	3
9	2	3	4	6	8	5	7	1
5	1	8	6	7	4	3	2	9
2	4	9	8	5	3	1	6	7
7	3	6	9	1	2	8	4	5
8	6	5	2	9	1	7	3	4
3	9	4	7	8	5	2	1	6
1	7	2	3	4	6	9	5	8

Extreme 8

8	4	1	2	7	3	9
9	2	6	5	1	8	7
5	3	7	9	4	6	8
1	6	8	4	3	9	5
2	5	4	8	6	7	3
3	7	9	1	2	5	4
4	8	2	3	5	1	6
6	9	5	7	8	2	1
7	1	3	6	9	4	2

Extreme 9

4	5	9	3	6	8	2	7	1
7	2	6	9	4	1	3	5	8
8	3	1	2	5	7	9	4	6
2	4	8	5	7	9	6	1	3
5	9	3	6	1	2	4	8	7
6	1	7	8	3	4	5	9	2
9	7	2	4	8	3	1	6	5
1	6	4	7	2	5	8	3	9
3	8	5	1	9	6	7	2	4

Extreme 10

7	8	5	4	9	6	3	2	1
2	6	9	3	8	1	4	5	7
1	3	4	2	5	7	6	8	9
6	9	2	5	4	3	7	1	8
8	4	1	6	7	2	9	3	5
5	7	3	8	1	9	2	4	6
9	2	7	1	3	8	5	6	4
3	5	8	7	6	4	1	9	2
4	1	6	9	2	5	8	7	3

Extreme 11

9	6	2	4	7	8	1
7	9	5	8	2	6	3
2	1	7	3	4	9	5
3	2	8	1	9	5	4
1	7	6	5	8	3	2
8	3	4	9	6	1	7
5	8	3	2	1	4	6
4	5	9	6	3	7	8
6	4	1	7	5	2	9

Extreme 12

4	9	5	7	1	3	8	2	6
3	8	1	2	5	6	7	4	9
7	2	6	8	9	4	1	3	5
9	1	4	3	2	7	5	6	8
2	5	3	6	8	9	4	7	1
6	7	8	1	4	5	3	9	2
5	3	2	4	6	1	9	8	7
8	4	9	5	7	2	6	1	3
1	6	7	9	3	8	2	5	4

Extreme 13

5	6	9	2	7	1	4	8	3
1	2	8	6	3	4	5	9	7
7	3	4	8	5	9	6	1	2
3	5	2	4	6	8	9	7	1
4	7	6	9	1	3	8	2	5
9	8	1	7	2	5	3	4	6
2	9	7	3	8	6	1	5	4
6	4	5	1	9	2	7	3	8
8	1	3	5	4	7	2	6	9

Extreme 14

9	5	1	2	6	8	3
2	9	3	7	4	1	5
5	6	4	8	7	9	2
3	7	8	5	9	6	4
4	1	6	9	2	3	7
7	3	2	4	8	5	1
6	2	9	1	3	4	8
8	4	5	6	1	7	9
1	8	7	3	5	2	6

Extreme 15

5	2	6	1	3	8	7	4	9
7	8	4	9	6	5	3	1	2
1	9	3	7	2	4	5	6	8
2	5	9	8	7	1	6	3	4
8	4	1	3	5	6	9	2	7
3	6	7	4	9	2	8	5	1
9	3	5	2	4	7	1	8	6
4	7	8	6	1	3	2	9	5
6	1	2	5	8	9	4	7	3

Extreme 16

1	8	6	2	9	5	7	4	3
2	4	3	1	6	7	8	5	9
5	7	9	3	4	8	1	6	2
3	5	4	6	1	9	2	7	8
7	9	1	4	8	2	6	3	5
6	2	8	5	7	3	4	9	1
4	1	2	9	5	6	3	8	7
8	3	5	7	2	4	9	1	6
9	6	7	8	3	1	5	2	4

Extreme 17

3	5	9	1	6	2	4	7
2	6	7	8	4	1	5	3
1	4	2	3	5	9	6	8
4	2	3	5	8	6	7	9
9	8	1	6	7	4	2	5
6	7	4	9	2	3	8	1
5	1	8	2	3	7	9	6
7	3	5	4	9	8	1	2
8	9	6	7	1	5	3	4

Extreme 18

2	6	8	3	4	9	5	7	1
9	7	3	6	1	5	8	2	4
1	4	5	7	2	8	9	3	6
8	3	7	2	9	1	6	4	5
4	9	6	5	3	7	1	8	2
5	1	2	4	8	6	3	9	7
6	5	9	8	7	2	4	1	3
3	2	1	9	5	4	7	6	8
7	8	4	1	6	3	2	5	9

Extreme 19

7	2	1	4	3	6	8	5	9
8	9	3	5	2	7	1	4	6
4	5	6	8	9	1	2	3	7
3	4	7	6	1	5	9	2	8
9	6	2	3	4	8	7	1	5
1	8	5	2	7	9	3	6	4
5	7	9	1	6	2	4	8	3
6	1	4	9	8	3	5	7	2
2	3	8	7	5	4	6	9	1

Extreme 20

3	4	8	9	7	1	6	5	2
5	2	9	8	3	6	7	4	1
1	7	6	2	5	4	3	8	9
2	5	1	6	4	9	8	7	3
4	8	7	5	1	3	9	2	6
9	6	3	7	8	2	4	1	5
6	3	5	4	2	7	1	9	8
7	9	2	1	6	8	5	3	4
8	1	4	3	9	5	2	6	7

Extreme 21

8	2	6	9	3	4	1	7	5
7	9	1	2	8	5	6	3	4
3	4	5	1	6	7	9	8	2
4	1	8	3	2	9	5	6	7
5	3	2	4	7	6	8	9	1
6	7	9	5	1	8	4	2	3
1	5	3	8	9	2	7	4	6
2	8	7	6	4	1	3	5	9
9	6	4	7	5	3	2	1	8

Extreme 22

6	5	9	4	8	1	7	2	3
3	7	4	5	6	2	8	1	9
1	8	2	7	9	3	6	5	4
7	9	8	6	1	5	3	4	2
2	4	6	3	7	9	5	8	1
5	3	1	2	4	8	9	6	7
8	1	5	9	2	7	4	3	6
4	2	7	8	3	6	1	9	5
9	6	3	1	5	4	2	7	8

Extreme 23

9	4	8	3	7	1	6	2	5
5	6	1	2	8	9	4	3	7
2	3	7	4	5	6	8	9	1
3	8	5	6	2	7	9	1	4
1	9	2	5	4	8	3	7	6
4	7	6	9	1	3	2	5	8
6	2	4	7	3	5	1	8	9
7	1	9	8	6	2	5	4	3
8	5	3	1	9	4	7	6	2

Extreme 24

7	5	1	3	8	9	4
9	8	3	4	2	6	1
6	4	2	5	7	1	8
8	2	5	6	1	4	7
1	3	6	7	9	5	2
4	7	9	2	3	8	6
2	9	4	8	6	3	5
3	6	7	1	5	2	9
5	1	8	9	4	7	3

Extreme 25

2	8	5	4	9	1	7	3	6
3	9	7	5	6	2	4	1	8
1	4	6	7	3	8	9	2	5
8	7	3	6	4	9	1	5	2
4	1	2	8	5	7	3	6	9
5	6	9	1	2	3	8	4	7
6	2	8	9	1	4	5	7	3
7	3	4	2	8	5	6	9	1
9	5	1	3	7	6	2	8	4

Extreme 26

2	8	9	6	5	1	7	3	4
4	3	1	7	8	2	9	6	5
6	5	7	3	4	9	8	2	1
7	9	8	1	2	4	3	5	6
5	1	6	9	3	8	4	7	2
3	2	4	5	6	7	1	8	9
1	4	2	8	7	6	5	9	3
8	6	3	4	9	5	2	1	7
9	7	5	2	1	3	6	4	8

Extreme 27

9	1	3	8	2	4	[illegible]	6
7	6	2	5	9	1	8	4
4	5	8	3	6	7	9	2
5	7	9	4	1	2	6	3
3	8	4	6	5	9	1	7
6	2	1	7	8	3	4	5
2	3	6	9	4	8	7	1
1	9	5	2	7	6	3	8
8	4	7	1	3	5	2	9

Extreme 28

8	4	5	1	9	6	3	2	7
9	1	7	3	4	2	8	6	5
6	2	3	5	7	8	9	1	4
1	3	8	6	5	9	7	4	2
5	6	9	7	2	4	1	3	8
2	7	4	8	1	3	5	9	6
3	5	6	2	8	1	4	7	9
4	8	1	9	6	7	2	5	3
7	9	2	4	3	5	6	8	1

Extreme 29

1	7	2	9	6	3	4	8	5
8	3	5	4	1	2	6	7	9
4	6	9	5	7	8	3	1	2
2	1	3	6	8	4	5	9	7
9	4	7	1	2	5	8	3	6
5	8	6	3	9	7	1	2	4
3	2	8	7	4	6	9	5	1
6	5	1	2	3	9	7	4	8
7	9	4	8	5	1	2	6	3

Extreme 30

7	9	5	1	2	6	4	3
6	1	8	7	3	4	9	5
2	3	4	5	8	9	6	7
8	7	1	6	9	2	5	4
3	6	2	8	4	5	1	9
5	4	9	3	1	7	8	2
1	5	3	9	7	8	2	6
4	8	6	2	5	3	7	1
9	2	7	4	6	1	3	8

Extreme 31

6	5	8	4	2	9	3	7	1
4	7	1	3	5	8	9	6	2
9	2	3	1	6	7	8	4	5
1	6	7	5	3	2	4	8	9
2	9	5	8	4	6	1	3	7
8	3	4	7	9	1	5	2	6
5	4	6	9	7	3	2	1	8
7	8	9	2	1	4	6	5	3
3	1	2	6	8	5	7	9	4

Extreme 32

8	5	2	1	7	3	9	6	4
6	7	9	2	4	8	5	3	1
3	4	1	6	5	9	2	7	8
7	6	4	8	3	2	1	9	5
5	9	3	4	6	1	7	8	2
1	2	8	5	9	7	3	4	6
9	8	5	3	1	6	4	2	7
2	1	7	9	8	4	6	5	3
4	3	6	7	2	5	8	1	9

Extreme 33

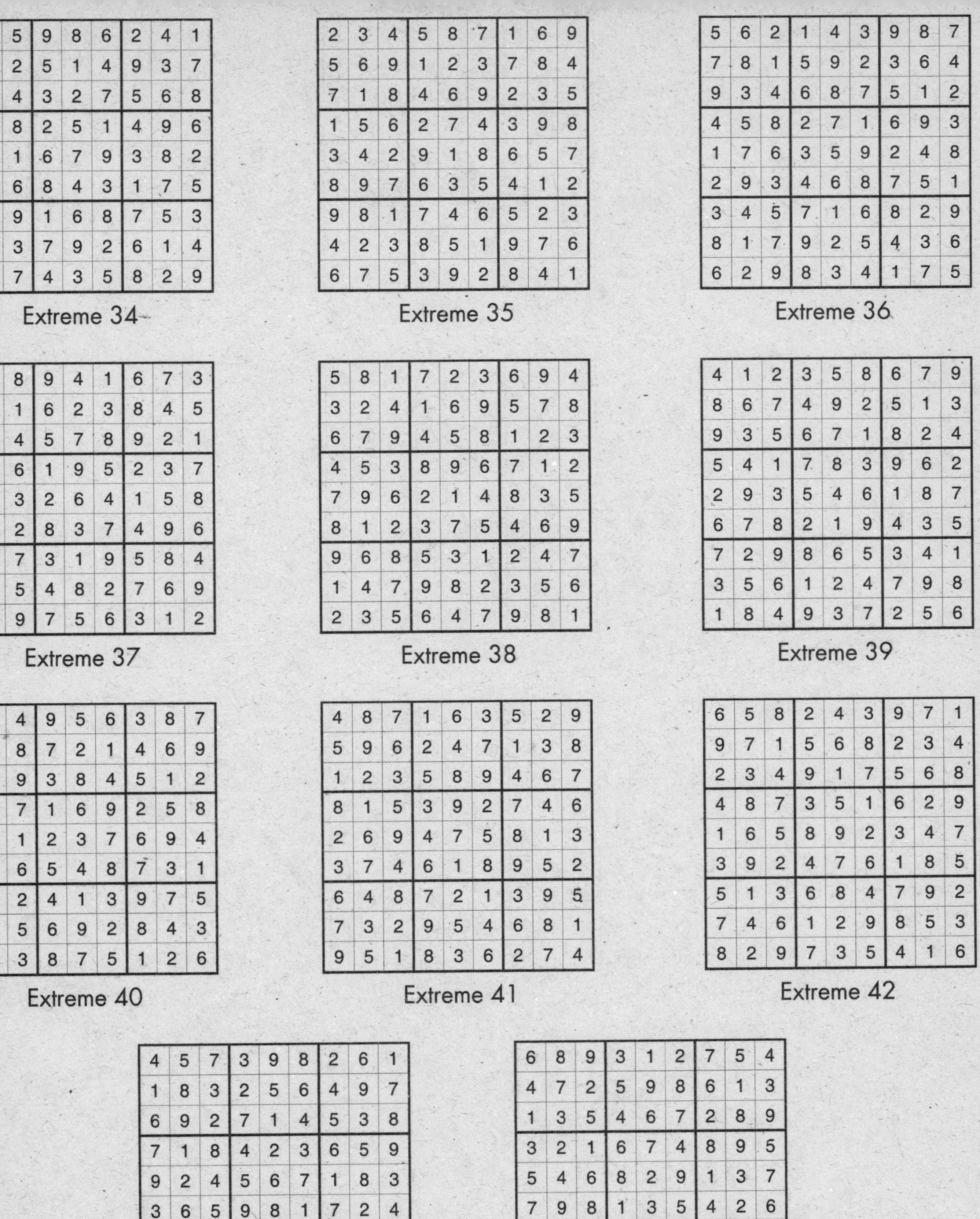

5	9	8	6	2	4	1
2	5	1	4	9	3	7
4	3	2	7	5	6	8
8	2	5	1	4	9	6
1	6	7	9	3	8	2
6	8	4	3	1	7	5
9	1	6	8	7	5	3
3	7	9	2	6	1	4
7	4	3	5	8	2	9

Extreme 34

2	3	4	5	8	7	1	6	9
5	6	9	1	2	3	7	8	4
7	1	8	4	6	9	2	3	5
1	5	6	2	7	4	3	9	8
3	4	2	9	1	8	6	5	7
8	9	7	6	3	5	4	1	2
9	8	1	7	4	6	5	2	3
4	2	3	8	5	1	9	7	6
6	7	5	3	9	2	8	4	1

Extreme 35

5	6	2	1	4	3	9	8	7
7	8	1	5	9	2	3	6	4
9	3	4	6	8	7	5	1	2
4	5	8	2	7	1	6	9	3
1	7	6	3	5	9	2	4	8
2	9	3	4	6	8	7	5	1
3	4	5	7	1	6	8	2	9
8	1	7	9	2	5	4	3	6
6	2	9	8	3	4	1	7	5

Extreme 36

8	9	4	1	6	7	3
1	6	2	3	8	4	5
4	5	7	8	9	2	1
6	1	9	5	2	3	7
3	2	6	4	1	5	8
2	8	3	7	4	9	6
7	3	1	9	5	8	4
5	4	8	2	7	6	9
9	7	5	6	3	1	2

Extreme 37

5	8	1	7	2	3	6	9	4
3	2	4	1	6	9	5	7	8
6	7	9	4	5	8	1	2	3
4	5	3	8	9	6	7	1	2
7	9	6	2	1	4	8	3	5
8	1	2	3	7	5	4	6	9
9	6	8	5	3	1	2	4	7
1	4	7	9	8	2	3	5	6
2	3	5	6	4	7	9	8	1

Extreme 38

4	1	2	3	5	8	6	7	9
8	6	7	4	9	2	5	1	3
9	3	5	6	7	1	8	2	4
5	4	1	7	8	3	9	6	2
2	9	3	5	4	6	1	8	7
6	7	8	2	1	9	4	3	5
7	2	9	8	6	5	3	4	1
3	5	6	1	2	4	7	9	8
1	8	4	9	3	7	2	5	6

Extreme 39

4	9	5	6	3	8	7
8	7	2	1	4	6	9
9	3	8	4	5	1	2
7	1	6	9	2	5	8
1	2	3	7	6	9	4
6	5	4	8	7	3	1
2	4	1	3	9	7	5
5	6	9	2	8	4	3
3	8	7	5	1	2	6

Extreme 40

4	8	7	1	6	3	5	2	9
5	9	6	2	4	7	1	3	8
1	2	3	5	8	9	4	6	7
8	1	5	3	9	2	7	4	6
2	6	9	4	7	5	8	1	3
3	7	4	6	1	8	9	5	2
6	4	8	7	2	1	3	9	5
7	3	2	9	5	4	6	8	1
9	5	1	8	3	6	2	7	4

Extreme 41

6	5	8	2	4	3	9	7	1
9	7	1	5	6	8	2	3	4
2	3	4	9	1	7	5	6	8
4	8	7	3	5	1	6	2	9
1	6	5	8	9	2	3	4	7
3	9	2	4	7	6	1	8	5
5	1	3	6	8	4	7	9	2
7	4	6	1	2	9	8	5	3
8	2	9	7	3	5	4	1	6

Extreme 42

4	5	7	3	9	8	2	6	1
1	8	3	2	5	6	4	9	7
6	9	2	7	1	4	5	3	8
7	1	8	4	2	3	6	5	9
9	2	4	5	6	7	1	8	3
3	6	5	9	8	1	7	2	4
5	3	1	6	7	9	8	4	2
8	4	6	1	3	2	9	7	5
2	7	9	8	4	5	3	1	6

Extreme 43

6	8	9	3	1	2	7	5	4
4	7	2	5	9	8	6	1	3
1	3	5	4	6	7	2	8	9
3	2	1	6	7	4	8	9	5
5	4	6	8	2	9	1	3	7
7	9	8	1	3	5	4	2	6
8	1	4	9	5	6	3	7	2
9	6	7	2	8	3	5	4	1
2	5	3	7	4	1	9	6	8

Extreme 44

3	2	5	4	1	8	9	7	6
4	8	9	7	6	5	3	2	1
6	7	1	9	2	3	4	5	8
2	4	7	8	3	1	5	6	9
5	6	3	2	7	9	1	8	4
9	1	8	5	4	6	7	3	2
1	9	6	3	8	7	2	4	5
7	5	2	6	9	4	8	1	3
8	3	4	1	5	2	6	9	7

Extreme 45

2	6	9	4	7	1	5	8	3
7	3	4	8	9	5	6	2	1
8	1	5	2	6	3	4	7	9
1	4	3	5	8	9	2	6	7
9	2	6	7	1	4	8	3	5
5	7	8	3	2	6	9	1	4
3	5	1	6	4	2	7	9	8
4	8	2	9	3	7	1	5	6
6	9	7	1	5	8	3	4	2

Extreme 46

6	5	8	2	7	9	3
2	4	9	3	5	1	6
7	3	1	4	6	8	2
4	9	3	8	1	5	7
8	1	7	6	2	3	4
5	2	6	7	9	4	8
9	7	4	1	8	6	5
1	6	2	5	3	7	9
3	8	5	9	4	2	1

Extreme 47

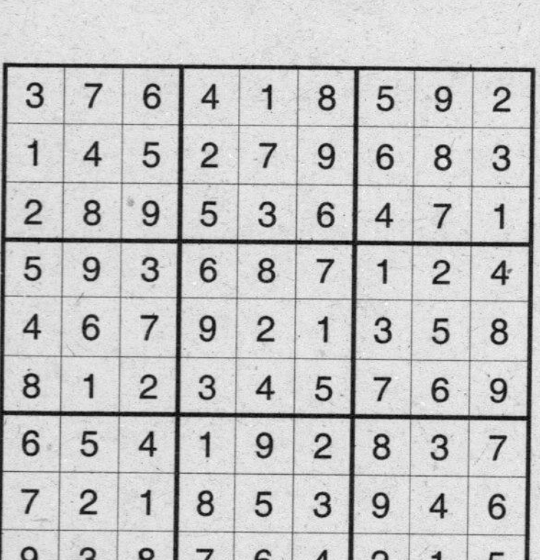

6	5	8	2	7	9	3	4	1
2	4	9	3	5	1	6	7	8
7	3	1	4	6	8	2	5	9
4	9	3	8	1	5	7	2	6
8	1	7	6	2	3	4	9	5
5	2	6	7	9	4	8	1	3
9	7	4	1	8	6	5	3	2
1	6	2	5	3	7	9	8	4
3	8	5	9	4	2	1	6	7

Extreme 48

4	9	2	8	7	3	6	1	5
8	5	3	9	6	1	2	7	4
7	6	1	2	4	5	3	9	8
2	7	8	5	3	6	9	4	1
9	1	6	4	8	7	5	2	3
3	4	5	1	9	2	7	8	6
5	8	7	3	1	9	4	6	2
6	3	4	7	2	8	1	5	9
1	2	9	6	5	4	8	3	7

Extreme 49

6	7	1	4	8	2	5
5	3	8	1	6	9	4
9	4	2	7	5	3	6
7	1	6	3	2	5	8
2	5	9	8	4	1	7
3	8	4	6	9	7	1
4	6	3	9	1	8	2
8	2	7	5	3	6	9
1	9	5	2	7	4	3

Extreme 50

3	7	6	4	1	8	5	9	2
1	4	5	2	7	9	6	8	3
2	8	9	5	3	6	4	7	1
5	9	3	6	8	7	1	2	4
4	6	7	9	2	1	3	5	8
8	1	2	3	4	5	7	6	9
6	5	4	1	9	2	8	3	7
7	2	1	8	5	3	9	4	6
9	3	8	7	6	4	2	1	5

Extreme 51

9	6	4	8	1	5	2	3	7
5	2	3	9	6	7	8	4	1
1	7	8	2	3	4	6	5	9
8	9	5	3	2	6	1	7	4
6	1	2	4	7	9	5	8	3
3	4	7	5	8	1	9	2	6
2	3	6	1	4	8	7	9	5
4	5	1	7	9	2	3	6	8
7	8	9	6	5	3	4	1	2

Extreme 52

1	7	5	6	2	4	8
4	6	8	3	7	9	5
9	2	3	8	5	1	4
5	8	6	4	1	2	9
7	3	1	5	9	8	6
2	9	4	7	3	6	1
3	4	7	9	6	5	2
6	1	9	2	8	7	3
8	5	2	1	4	3	7

Extreme 53

8	1	4	6	2	3	9	7	5
3	7	2	4	9	5	6	1	8
5	6	9	7	8	1	2	3	4
4	2	7	8	3	9	5	6	1
1	8	5	2	4	6	7	9	3
6	9	3	1	5	7	4	8	2
7	4	8	9	1	2	3	5	6
9	5	1	3	6	4	8	2	7
2	3	6	5	7	8	1	4	9

Extreme 54

1	2	5	7	8	9	3	4	6
9	8	4	1	3	6	5	7	2
3	7	6	2	4	5	1	8	9
7	3	9	8	5	2	4	6	1
8	5	1	9	6	4	2	3	7
6	4	2	3	7	1	8	9	5
2	9	3	4	1	7	6	5	8
4	6	7	5	2	8	9	1	3
5	1	8	6	9	3	7	2	4

Extreme 55

3	1	6	3	5	4	9
5	4	2	7	6	1	8
6	5	8	9	7	2	3
1	2	7	4	8	3	6
4	3	1	5	9	7	2
3	6	9	8	4	5	1
2	7	3	6	1	9	4
9	8	5	1	2	6	7
7	9	4	2	3	8	5

Extreme 56

4	7	1	6	5	2	8	9	3
8	2	5	9	3	7	1	4	6
6	3	9	8	1	4	2	5	7
1	4	7	5	6	9	3	2	8
9	6	3	1	2	8	4	7	5
2	5	8	4	7	3	6	1	9
3	8	4	2	9	5	7	6	1
5	1	2	7	8	6	9	3	4
7	9	6	3	4	1	5	8	2

Extreme 57

2	3	8	7	9	5	1	4	6
4	9	1	8	2	6	5	7	3
5	6	7	3	1	4	8	2	9
3	7	2	4	8	1	9	6	5
8	4	5	9	6	2	3	1	7
9	1	6	5	7	3	2	8	4
6	8	9	2	3	7	4	5	1
7	2	4	1	5	9	6	3	8
1	5	3	6	4	8	7	9	2

Extreme 58

1	6	4	5	2	7	8
5	8	1	3	9	4	6
4	2	7	9	1	3	5
8	3	9	1	6	5	4
9	5	2	6	7	8	1
6	7	8	4	3	2	9
7	9	6	2	8	1	3
2	4	3	8	5	9	7
3	1	5	7	4	6	2

Extreme 59

3	7	4	6	1	9	5	8	2
5	6	1	2	7	8	4	9	3
8	9	2	3	4	5	1	6	7
9	3	6	7	5	4	2	1	8
7	4	8	9	2	1	3	5	6
1	2	5	8	6	3	7	4	9
2	5	9	1	8	7	6	3	4
6	1	3	4	9	2	8	7	5
4	8	7	5	3	6	9	2	1

Extreme 60

5	3	1	6	7	2	4	8	9
9	2	4	3	8	5	1	7	6
6	7	8	4	9	1	2	3	5
1	4	3	5	2	7	6	9	8
2	6	9	8	1	3	5	4	7
7	8	5	9	4	6	3	1	2
3	9	6	7	5	4	8	2	1
4	1	7	2	6	8	9	5	3
8	5	2	1	3	9	7	6	4

Extreme 61

7	6	3	8	5	4	1
1	9	4	7	2	3	8
3	1	2	5	7	6	9
4	7	9	3	6	2	5
2	8	6	1	3	9	4
6	2	5	4	1	8	7
9	5	8	6	4	1	3
5	4	1	9	8	7	2
8	3	7	2	9	5	6

Extreme 62

3	1	6	9	5	7	2	4	8
2	5	8	4	1	3	9	7	6
7	9	4	6	8	2	1	3	5
8	6	1	7	3	4	5	9	2
9	4	2	5	6	1	7	8	3
5	7	3	8	2	9	4	6	1
4	2	5	3	7	8	6	1	9
1	8	9	2	4	6	3	5	7
6	3	7	1	9	5	8	2	4

Extreme 63

1	5	2	4	8	6	7	3	9
6	9	7	1	3	5	2	4	8
8	3	4	9	7	2	6	1	5
5	6	1	7	9	3	8	2	4
9	2	8	5	6	4	3	7	1
4	7	3	2	1	8	5	9	6
7	4	6	3	5	9	1	8	2
2	1	5	8	4	7	9	6	3
3	8	9	6	2	1	4	5	7

Extreme 64

8	5	7	4	6	1	9	3	2
9	3	6	2	7	5	1	4	8
1	2	4	9	8	3	5	6	7
2	4	5	8	9	7	3	1	6
3	9	1	5	2	6	8	7	4
6	7	8	3	1	4	2	5	9
4	1	9	7	3	8	6	2	5
5	6	2	1	4	9	7	8	3
7	8	3	6	5	2	4	9	1

Extreme 65

8	6	4	2	1	5	9	3	7
5	9	1	6	7	3	4	2	8
2	7	3	4	8	9	1	5	6
6	3	7	5	9	8	2	4	1
1	2	9	7	3	4	8	6	5
4	5	8	1	2	6	3	7	9
7	8	2	3	6	1	5	9	4
9	4	6	8	5	2	7	1	3
3	1	5	9	4	7	6	8	2

Extreme 66

4	1	7	3	5	8	2	6	9
5	2	3	9	6	4	7	1	8
6	8	9	2	7	1	4	5	3
8	6	4	1	9	5	3	2	7
2	9	5	4	3	7	1	8	6
3	7	1	8	2	6	5	9	4
7	3	6	5	8	2	9	4	1
9	4	2	6	1	3	8	7	5
1	5	8	7	4	9	6	3	2

Extreme 67

4	7	3	2	1	6	9	5	8
5	9	2	4	3	8	1	7	6
8	1	6	9	5	7	2	3	4
2	8	4	3	9	1	7	6	5
3	5	7	8	6	2	4	9	1
9	6	1	5	7	4	8	2	3
1	4	5	6	2	9	3	8	7
7	3	9	1	8	5	6	4	2
6	2	8	7	4	3	5	1	9

Extreme 68

2	1	4	3	8	6	9
5	6	9	7	4	2	8
3	7	8	5	9	1	6
9	8	1	6	3	4	5
7	3	5	8	2	9	1
4	2	6	1	5	7	3
6	9	7	2	1	8	4
1	4	3	9	7	5	2
8	5	2	4	6	3	7

Extreme 69

1	8	5	7	2	3	9	6	4
9	3	6	4	8	5	2	7	1
4	7	2	1	9	6	5	8	3
6	2	8	9	3	7	1	4	5
7	1	4	8	5	2	3	9	6
5	9	3	6	1	4	7	2	8
2	5	7	3	6	8	4	1	9
3	6	9	2	4	1	8	5	7
8	4	1	5	7	9	6	3	2

Extreme 70

7	4	8	3	6	1	5	9	2
5	6	9	4	7	2	1	3	8
1	2	3	5	8	9	7	4	6
2	5	1	6	9	8	3	7	4
8	9	4	7	1	3	6	2	5
6	3	7	2	5	4	8	1	9
9	7	5	1	2	6	4	8	3
3	1	2	8	4	5	9	6	7
4	8	6	9	3	7	2	5	1

Extreme 71

5	7	1	4	8	3	6
8	2	4	9	5	6	3
9	6	3	7	1	2	5
3	9	2	6	7	8	1
6	4	8	1	2	5	9
1	5	7	3	4	9	8
4	1	9	8	6	7	2
2	3	6	5	9	4	7
7	8	5	2	3	1	4

Extreme 72

4	5	6	3	7	8	9	2	1
7	8	1	6	9	2	5	3	4
2	9	3	1	4	5	6	7	8
5	1	9	7	2	6	8	4	3
8	2	4	9	1	3	7	5	6
3	6	7	5	8	4	1	9	2
6	4	5	8	3	9	2	1	7
9	7	2	4	6	1	3	8	5
1	3	8	2	5	7	4	6	9

Extreme 73

2	7	3	4	8	6	5	1	9
9	6	5	1	3	7	2	4	8
4	1	8	2	5	9	6	3	7
5	3	1	9	6	8	4	7	2
8	2	7	3	4	5	1	9	6
6	9	4	7	1	2	3	8	5
7	4	6	5	9	1	8	2	3
1	8	9	6	2	3	7	5	4
3	5	2	8	7	4	9	6	1

Extreme 74

6	5	4	3	1	8	9
3	1	9	6	7	2	8
8	7	2	4	9	5	6
4	9	7	2	3	1	5
1	8	3	5	4	6	7
2	6	5	7	8	9	1
5	3	1	8	6	4	2
7	2	6	9	5	3	4
9	4	8	1	2	7	3

Extreme 75

9	1	3	2	7	4	8	5	6
7	4	6	5	3	8	9	1	2
5	8	2	6	9	1	3	4	7
6	9	4	7	8	3	1	2	5
3	7	5	9	1	2	4	6	8
8	2	1	4	5	6	7	9	3
1	5	8	3	6	9	2	7	4
2	6	9	8	4	7	5	3	1
4	3	7	1	2	5	6	8	9

Extreme 76

3	7	1	5	2	8	4	6	9
8	4	5	6	1	9	7	2	3
6	9	2	3	4	7	5	8	1
7	5	3	8	9	2	6	1	4
4	1	6	7	3	5	8	9	2
9	2	8	1	6	4	3	5	7
5	3	9	4	8	1	2	7	6
1	6	7	2	5	3	9	4	8
2	8	4	9	7	6	1	3	5

Extreme 77

7	3	4	9	2	5
8	6	5	1	3	4
1	9	2	6	7	8
9	7	1	4	6	2
2	4	3	5	8	7
5	8	6	3	1	9
3	5	9	7	4	6
6	2	7	8	5	1
4	1	8	2	9	3

xtreme 78

8	7	4	3	1	5	9	2	6
5	3	9	8	6	2	1	7	4
1	2	6	7	4	9	5	3	8
3	1	2	4	7	8	6	5	9
9	4	7	5	2	6	8	1	3
6	5	8	9	3	1	7	4	2
4	8	1	6	5	3	2	9	7
7	6	5	2	9	4	3	8	1
2	9	3	1	8	7	4	6	5

Extreme 79

8	4	1	9	3	5	6	7	2
2	6	3	4	7	8	9	1	5
5	9	7	1	6	2	3	4	8
9	1	2	6	5	3	7	8	4
3	8	4	7	2	1	5	6	9
6	7	5	8	9	4	1	2	3
4	3	6	2	1	9	8	5	7
1	5	8	3	4	7	2	9	6
7	2	9	5	8	6	4	3	1

Extreme 80

5	9	3	7	1	4
1	2	8	6	3	5
4	7	6	8	9	2
7	8	9	3	5	1
6	1	4	9	2	8
2	3	5	4	6	7
8	4	2	1	7	3
9	5	7	2	8	6
3	6	1	5	4	9

:xtreme 81

8	7	2	6	1	5	9	4	3
9	4	5	3	7	2	8	6	1
1	3	6	4	8	9	2	5	7
2	9	7	8	5	3	4	1	6
3	6	4	2	9	1	5	7	8
5	1	8	7	4	6	3	9	2
7	8	3	5	6	4	1	2	9
4	2	9	1	3	7	6	8	5
6	5	1	9	2	8	7	3	4

Extreme 82

1	5	4	9	2	8	6	3	7
6	3	8	7	4	1	2	5	9
7	9	2	3	5	6	4	8	1
5	8	3	6	9	2	7	1	4
9	7	6	4	1	5	8	2	3
2	4	1	8	3	7	9	6	5
8	1	7	5	6	9	3	4	2
3	2	9	1	8	4	5	7	6
4	6	5	2	7	3	1	9	8

Extreme 83

8	9	3	4	2	6
4	2	7	5	8	1
5	6	1	9	3	7
2	4	8	1	7	9
9	3	5	2	6	8
7	1	6	3	4	5
6	8	2	7	9	4
3	5	9	6	1	2
1	7	4	8	5	3

:xtreme 84

8	7	3	6	2	4	1	9	5
9	1	4	5	7	3	2	8	6
2	5	6	8	9	1	3	4	7
6	3	8	2	4	9	7	5	1
1	2	9	3	5	7	8	6	4
7	4	5	1	8	6	9	2	3
3	8	2	7	6	5	4	1	9
4	6	7	9	1	2	5	3	8
5	9	1	4	3	8	6	7	2

Extreme 85

4	8	2	5	6	1	7	9	3
9	5	7	2	8	3	1	4	6
6	1	3	9	4	7	8	2	5
5	2	4	6	7	8	9	3	1
7	3	1	4	9	5	2	6	8
8	9	6	1	3	2	4	5	7
1	6	5	7	2	4	3	8	9
3	4	9	8	1	6	5	7	2
2	7	8	3	5	9	6	1	4

Extreme 86

9	8	4	1	2	7	5	6	3
1	2	6	5	3	8	4	9	7
3	5	7	6	9	4	8	1	2
6	3	8	2	4	9	7	5	1
7	9	1	3	5	6	2	8	4
2	4	5	7	8	1	6	3	9
8	7	2	9	1	5	3	4	6
4	1	3	8	6	2	9	7	5
5	6	9	4	7	3	1	2	8

Extreme 87

1	5	4	8	2	6	3	9	7
2	6	7	9	3	4	1	5	8
8	3	9	5	7	1	2	6	4
3	1	8	2	6	5	7	4	9
7	2	6	3	4	9	5	8	1
9	4	5	7	1	8	6	2	3
4	9	2	1	5	3	8	7	6
5	8	1	6	9	7	4	3	2
6	7	3	4	8	2	9	1	5

Extreme 88

1	2	3	7	8	9	5	6	4
8	4	6	3	5	1	9	7	2
5	7	9	4	6	2	3	1	8
2	3	7	5	9	8	1	4	6
4	1	8	6	2	3	7	9	5
6	9	5	1	4	7	8	2	3
7	5	1	2	3	6	4	8	9
9	6	4	8	7	5	2	3	1
3	8	2	9	1	4	6	5	7

Extreme 89

9	7	8	1	2	5	6	3	4
4	2	1	9	3	6	7	5	8
6	3	5	7	8	4	1	9	2
1	6	4	2	9	8	3	7	5
8	9	3	5	6	7	4	2	1
7	5	2	3	4	1	8	6	9
2	8	7	6	1	9	5	4	3
3	4	6	8	5	2	9	1	7
5	1	9	4	7	3	2	8	6

Extreme 90

9	2	8	1	6	4
6	7	5	9	3	8
4	1	3	2	7	5
5	9	6	3	4	1
7	8	1	5	2	6
2	3	4	7	8	9
8	5	7	4	9	3
1	4	2	6	5	7
3	6	9	8	1	2

Extreme 9

6	3	5	4	1	7	9	2	8
7	8	9	5	3	2	1	4	6
1	2	4	8	6	9	5	7	3
3	9	1	2	4	5	6	8	7
8	4	6	1	7	3	2	5	9
2	5	7	6	9	8	3	1	4
9	7	8	3	2	1	4	6	5
4	1	3	7	5	6	8	9	2
5	6	2	9	8	4	7	3	1

Extreme 92

3	5	7	4	6	1	9	8	2
9	6	2	8	7	5	1	3	4
1	4	8	2	9	3	5	6	7
8	9	3	7	1	4	6	2	5
2	1	5	3	8	6	7	4	9
4	7	6	5	2	9	8	1	3
5	3	1	6	4	7	2	9	8
6	8	4	9	5	2	3	7	1
7	2	9	1	3	8	4	5	6

Extreme 93

2	7	5	1	8	6
8	9	6	3	4	7
3	1	4	2	9	5
1	2	7	6	3	8
9	4	8	5	1	2
5	6	3	4	7	9
4	8	2	7	6	3
6	3	1	9	5	4
7	5	9	8	2	1

Extreme 94

9	4	7	2	5	8	3	6	1
6	1	2	7	3	4	8	9	5
3	5	8	1	6	9	7	4	2
5	2	9	3	4	1	6	7	8
7	6	1	9	8	5	4	2	3
4	8	3	6	2	7	1	5	9
1	7	5	8	9	6	2	3	4
2	9	6	4	1	3	5	8	7
8	3	4	5	7	2	9	1	6

Extreme 95

3	4	9	2	6	7	5	8	1
6	1	5	3	4	8	9	2	7
7	2	8	1	9	5	4	3	6
4	6	2	5	1	3	7	9	8
8	5	3	9	7	6	1	4	2
9	7	1	8	2	4	3	6	5
1	8	6	4	5	9	2	7	3
5	9	7	6	3	2	8	1	4
2	3	4	7	8	1	6	5	9

Extreme 96

1	7	5	2	8	9
8	4	2	3	5	6
6	9	3	4	7	1
7	8	6	1	9	3
9	2	1	5	4	7
3	5	4	6	2	8
2	6	7	9	3	4
4	1	8	7	6	5
5	3	9	8	1	2

Extreme 97

4	9	1	6	7	2	3	8	5
6	3	5	8	4	9	2	7	1
7	8	2	1	3	5	4	9	6
8	1	6	7	2	3	9	5	4
9	2	3	4	5	6	8	1	7
5	4	7	9	1	8	6	2	3
2	5	8	3	6	7	1	4	9
1	6	9	5	8	4	7	3	2
3	7	4	2	9	1	5	6	8

Extreme 98

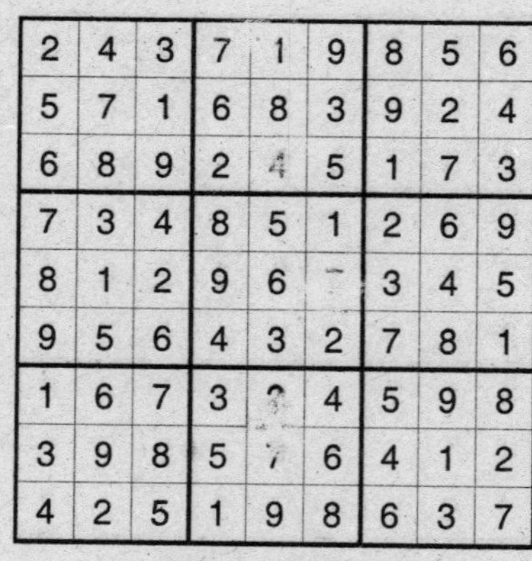

2	4	3	7	1	9	8	5	6
5	7	1	6	8	3	9	2	4
6	8	9	2	4	5	1	7	3
7	3	4	8	5	1	2	6	9
8	1	2	9	6	7	3	4	5
9	5	6	4	3	2	7	8	1
1	6	7	3	2	4	5	9	8
3	9	8	5	7	6	4	1	2
4	2	5	1	9	8	6	3	7

Extreme 99

8	5	2	1	4	6
1	9	6	7	2	3
3	4	7	5	8	9
9	6	4	3	5	7
7	2	1	8	6	4
5	8	3	2	9	1
6	7	5	9	3	2
4	3	8	6	1	5
2	1	9	4	7	8

xtreme 100

7	2	6	4	9	1	5	8	3
8	1	3	5	2	6	9	4	7
4	9	5	7	8	3	6	1	2
1	5	9	3	4	7	2	6	8
6	3	4	8	1	2	7	9	5
2	7	8	6	5	9	1	3	4
9	4	2	1	3	5	8	7	6
3	6	1	2	7	8	4	5	9
5	8	7	9	6	4	3	2	1

Extreme 101

8	2	1	3	9	6	4	5	7
4	3	7	2	5	1	8	9	6
6	5	9	4	7	8	2	1	3
3	6	8	5	2	7	9	4	1
7	9	2	8	1	4	3	6	5
1	4	5	6	3	9	7	8	2
5	1	3	9	8	2	6	7	4
9	7	6	1	4	3	5	2	8
2	8	4	7	6	5	1	3	9

Extreme 102

4	1	3	8	5	6
2	7	5	9	3	1
8	6	9	7	2	4
6	5	4	1	7	3
3	2	7	4	8	9
9	8	1	2	6	5
1	3	8	5	4	2
5	4	6	3	9	7
7	9	2	6	1	8

xtreme 103

7	8	3	1	6	5	4	2	9
4	9	6	2	3	7	1	5	8
2	5	1	8	4	9	6	3	7
5	6	9	4	7	1	3	8	2
8	1	4	9	2	3	7	6	5
3	2	7	5	8	6	9	1	4
6	3	8	7	9	2	5	4	1
9	4	5	6	1	8	2	7	3
1	7	2	3	5	4	8	9	6

Extreme 104

4	3	8	5	6	1	2	7	9
7	5	9	3	2	8	4	6	1
1	2	6	7	9	4	5	3	8
8	1	2	9	4	3	7	5	6
5	9	3	2	7	6	8	1	4
6	4	7	8	1	5	9	2	3
2	6	4	1	5	9	3	8	7
9	8	5	6	3	7	1	4	2
3	7	1	4	8	2	6	9	5

Extreme 105

4	3	7	2	5	9
5	2	9	6	8	1
6	8	1	3	4	7
7	1	4	9	2	8
2	5	8	1	6	3
9	6	3	4	7	5
1	9	5	8	3	4
3	7	6	5	9	2
8	4	2	7	1	6

xtreme 106

6	7	4	1	2	5	9	3	8
1	9	2	8	3	6	5	4	7
5	8	3	7	9	4	2	1	6
7	4	9	3	5	8	1	6	2
2	6	8	9	7	1	3	5	4
3	5	1	4	6	2	7	8	9
8	2	6	5	1	9	4	7	3
9	3	5	6	4	7	8	2	1
4	1	7	2	8	3	6	9	5

Extreme 107

1	5	4	8	3	6	7	2	9
6	7	9	1	5	2	4	8	3
8	3	2	4	7	9	1	5	6
9	1	3	2	4	7	5	6	8
2	8	5	3	6	1	9	4	7
7	4	6	9	8	5	2	3	1
3	9	1	6	2	4	8	7	5
4	6	7	5	9	8	3	1	2
5	2	8	7	1	3	6	9	4

Extreme 108

6	3	2	7	8	1	9	5	4
4	1	8	2	5	9	7	3	6
5	7	9	3	4	6	1	8	2
3	8	4	9	6	2	5	1	7
7	6	1	5	3	4	2	9	8
9	2	5	8	1	7	4	6	3
1	9	3	4	2	8	6	7	5
8	4	7	6	9	5	3	2	1
2	5	6	1	7	3	8	4	9

Extreme 109

4	8	5	7	9	6	3	1	2
9	7	2	1	4	3	5	6	8
1	6	3	5	2	8	7	9	4
6	5	9	3	7	4	8	2	1
7	2	4	8	5	1	9	3	6
8	3	1	9	6	2	4	5	7
2	9	8	4	1	5	6	7	3
3	1	7	6	8	9	2	4	5
5	4	6	2	3	7	1	8	9

Extreme 110

7	9	2	1	5	3	4	8	6
8	6	5	9	4	7	2	1	3
1	3	4	2	6	8	5	7	9
9	7	1	3	8	4	6	2	5
2	8	6	5	9	1	7	3	4
4	5	3	7	2	6	8	9	1
3	4	7	6	1	2	9	5	8
5	2	8	4	3	9	1	6	7
6	1	9	8	7	5	3	4	2

Extreme 111

2	9	4	7	5	1	8	3	6
7	6	3	8	2	4	9	1	5
1	8	5	3	9	6	2	7	4
8	2	6	9	3	5	1	4	7
9	4	7	1	6	2	3	5	8
5	3	1	4	7	8	6	2	9
3	5	2	6	8	7	4	9	1
4	7	8	2	1	9	5	6	3
6	1	9	5	4	3	7	8	2

Extreme 112

5	9	2	7	1	3
6	4	3	8	5	2
7	8	1	4	9	6
9	7	6	5	2	1
8	1	5	3	4	9
2	3	4	6	7	8
1	2	7	9	3	4
3	6	9	2	8	5
4	5	8	1	6	7

Extreme 11

7	1	5	8	4	3	9	2	6
6	8	2	5	9	1	7	3	4
9	3	4	2	6	7	5	8	1
2	9	1	7	8	6	4	5	3
3	5	8	4	2	9	1	6	7
4	6	7	3	1	5	2	9	8
1	2	6	9	7	8	3	4	5
5	7	9	6	3	4	8	1	2
8	4	3	1	5	2	6	7	9

Extreme 114

5	7	8	6	3	9	4	1	2
4	3	9	5	2	1	6	7	8
6	1	2	7	4	8	3	9	5
9	4	7	8	6	3	5	2	1
3	5	1	2	9	4	7	8	6
2	8	6	1	7	5	9	3	4
1	6	3	9	5	2	8	4	7
8	9	5	4	1	7	2	6	3
7	2	4	3	8	6	1	5	9

Extreme 115

3	6	9	4	7	1
4	5	1	8	3	2
7	2	8	6	9	5
5	8	3	7	6	4
9	7	6	2	1	3
1	4	2	5	8	9
6	1	5	9	2	7
8	9	4	3	5	6
2	3	7	1	4	8

Extreme 11

5	4	7	2	6	8	3	9	1
1	2	6	5	9	3	7	4	8
8	3	9	7	4	1	2	5	6
6	5	3	8	2	9	1	7	4
9	1	8	3	7	4	5	6	2
2	7	4	6	1	5	8	3	9
3	9	2	1	5	6	4	8	7
7	6	5	4	8	2	9	1	3
4	8	1	9	3	7	6	2	5

Extreme 117

8	1	4	6	3	5	9	2	7
2	5	9	1	7	8	4	3	6
3	6	7	2	9	4	1	8	5
1	2	3	7	8	9	5	6	4
5	9	6	3	4	2	7	1	8
4	7	8	5	1	6	2	9	3
9	4	5	8	6	1	3	7	2
6	3	2	9	5	7	8	4	1
7	8	1	4	2	3	6	5	9

Extreme 118

7	9	4	5	1	6
8	5	6	7	2	3
1	2	3	4	8	9
2	3	9	6	7	4
4	1	7	8	5	2
5	6	8	9	3	1
9	7	1	2	4	5
3	4	2	1	6	8
6	8	5	3	9	7

Extreme 11

5	2	8	3	7	4	6	9	1
9	6	7	5	8	1	2	4	3
1	3	4	2	6	9	5	7	8
8	9	5	4	3	6	1	2	7
2	1	3	7	9	5	8	6	4
4	7	6	8	1	2	3	5	9
3	8	2	9	5	7	4	1	6
6	4	9	1	2	3	7	8	5
7	5	1	6	4	8	9	3	2

Extreme 120

2	3	1	7	9	5	8	4	6
5	9	4	2	8	6	1	3	7
6	7	8	3	1	4	2	5	9
4	8	3	1	2	7	9	6	5
7	2	6	4	5	9	3	8	1
9	1	5	6	3	8	4	7	2
8	4	7	9	6	2	5	1	3
3	6	2	5	4	1	7	9	8
1	5	9	8	7	3	6	2	4

Extreme 121

2	6	9	3	5	7
1	3	8	9	4	6
4	5	7	8	1	2
3	9	5	2	7	8
6	8	2	4	9	1
7	4	1	6	3	5
8	2	4	1	6	9
5	1	3	7	2	4
9	7	6	5	8	3

xtreme 122

8	3	4	9	6	2	1	5	7
5	6	9	1	7	4	2	3	8
7	1	2	5	8	3	9	4	6
6	4	1	7	9	5	3	8	2
9	5	3	2	1	8	6	7	4
2	7	8	3	4	6	5	9	1
1	9	5	8	2	7	4	6	3
3	8	6	4	5	1	7	2	9
4	2	7	6	3	9	8	1	5

Extreme 123

8	7	4	9	2	3	1	5	6
2	6	9	4	5	1	3	7	8
5	1	3	7	8	6	9	2	4
6	9	5	8	3	4	2	1	7
7	2	8	1	6	5	4	9	3
3	4	1	2	7	9	6	8	5
4	8	7	3	9	2	5	6	1
9	3	6	5	1	8	7	4	2
1	5	2	6	4	7	8	3	9

Extreme 124

5	1	3	8	7	4
2	4	8	9	5	6
7	9	6	1	2	3
6	7	1	4	3	9
8	5	4	2	6	1
9	3	2	7	8	5
1	6	7	5	9	2
3	8	9	6	4	7
4	2	5	3	1	8

:xtreme 125

6	7	9	1	8	2	4	5	3
8	2	3	6	5	4	1	7	9
1	4	5	3	9	7	6	2	8
2	1	8	4	6	9	7	3	5
3	6	4	5	7	8	2	9	1
5	9	7	2	1	3	8	4	6
4	5	1	9	2	6	3	8	7
7	3	6	8	4	5	9	1	2
9	8	2	7	3	1	5	6	4

Extreme 126

7	2	4	8	9	3	6	1	5
5	3	6	7	1	2	8	9	4
8	9	1	4	5	6	7	2	3
9	4	3	1	2	7	5	6	8
1	6	8	5	3	4	2	7	9
2	5	7	6	8	9	3	4	1
3	7	5	9	6	1	4	8	2
4	8	9	2	7	5	1	3	6
6	1	2	3	4	8	9	5	7

Extreme 127

1	6	7	9	2	4
8	9	4	5	6	3
5	3	2	7	8	1
3	4	9	1	5	2
6	2	8	4	3	7
7	1	5	6	9	8
9	8	6	3	1	5
4	5	1	2	7	9
2	7	3	8	4	6

:xtreme 128

7	2	6	3	4	1	8	5	9
5	3	4	9	8	2	1	6	7
8	9	1	5	6	7	2	3	4
2	7	9	6	1	4	3	8	5
4	5	3	8	2	9	6	7	1
1	6	8	7	3	5	9	4	2
9	8	7	1	5	3	4	2	6
6	4	5	2	9	8	7	1	3
3	1	2	4	7	6	5	9	8

Extreme 129

7	2	3	1	9	6	4	8	5
8	9	1	5	7	4	2	6	3
6	4	5	2	8	3	9	7	1
9	5	6	3	4	7	1	2	8
1	3	8	6	2	5	7	9	4
2	7	4	8	1	9	5	3	6
3	8	7	4	5	2	6	1	9
4	1	9	7	6	8	3	5	2
5	6	2	9	3	1	8	4	7

Extreme 130

9	1	5	7	3	6	2	4	8
7	2	3	8	4	1	6	9	5
8	4	6	9	2	5	3	7	1
1	6	9	3	5	2	7	8	4
2	7	4	1	6	8	5	3	9
5	3	8	4	7	9	1	6	2
3	5	7	2	9	4	8	1	6
4	8	2	6	1	3	9	5	7
6	9	1	5	8	7	4	2	3

Extreme 131

3	4	1	9	7	6	2	5	8
6	2	9	8	3	5	1	4	7
7	8	5	1	2	4	6	9	3
9	1	4	7	6	2	3	8	5
8	3	6	4	5	9	7	2	1
2	5	7	3	1	8	9	6	4
1	9	2	5	8	7	4	3	6
4	7	8	6	9	3	5	1	2
5	6	3	2	4	1	8	7	9

Extreme 132

1	3	4	2	8	5	7	9	6
5	2	7	3	6	9	8	1	4
6	8	9	4	7	1	5	2	3
7	1	8	6	3	2	9	4	5
9	4	2	5	1	7	3	6	8
3	5	6	8	9	4	2	7	1
2	6	5	9	4	3	1	8	7
4	9	1	7	5	8	6	3	2
8	7	3	1	2	6	4	5	9

Extreme 133

4	7	5	8	9	6	1	2	3
1	9	6	2	3	5	4	7	8
8	2	3	7	1	4	5	6	9
2	6	7	9	4	8	3	1	5
9	8	1	5	6	3	2	4	7
3	5	4	1	2	7	9	8	6
5	4	8	3	7	1	6	9	2
6	3	9	4	8	2	7	5	1
7	1	2	6	5	9	8	3	4

Extreme 134

9	2	5	3	7	4
8	7	1	5	6	2
3	4	6	8	9	1
1	3	7	9	2	8
4	5	9	6	1	7
6	8	2	4	3	5
5	9	4	7	8	3
2	6	3	1	4	9
7	1	8	2	5	6

Extreme 13

9	2	4	1	6	7	3	5	8
5	1	6	8	2	3	4	9	7
7	8	3	9	4	5	6	1	2
2	9	5	3	8	4	7	6	1
8	3	1	2	7	6	9	4	5
6	4	7	5	9	1	8	2	3
1	5	8	6	3	9	2	7	4
3	7	9	4	1	2	5	8	6
4	6	2	7	5	8	1	3	9

Extreme 136

4	6	9	7	3	1	5	8	2
5	7	2	8	6	4	9	1	3
8	3	1	2	9	5	4	6	7
9	4	8	3	5	2	6	7	1
1	2	3	6	4	7	8	9	5
6	5	7	9	1	8	2	3	4
3	1	6	4	2	9	7	5	8
2	8	5	1	7	6	3	4	9
7	9	4	5	8	3	1	2	6

Extreme 137

3	5	9	7	6	1
7	6	2	8	9	4
1	4	8	2	3	5
5	8	3	6	1	9
9	7	1	3	4	2
4	2	6	5	7	8
8	3	5	9	2	6
2	9	4	1	5	7
6	1	7	4	8	3

Extreme 13

4	6	9	3	5	1	8	7	2
7	1	8	6	4	2	3	5	9
2	3	5	7	8	9	4	6	1
8	4	6	2	3	5	9	1	7
9	7	2	1	6	4	5	8	3
1	5	3	8	9	7	6	2	4
3	8	1	4	2	6	7	9	5
5	2	4	9	7	8	1	3	6
6	9	7	5	1	3	2	4	8

Extreme 139

3	6	9	5	1	4	7	8	2
1	2	4	6	7	8	9	3	5
5	7	8	2	9	3	4	6	1
2	5	6	8	4	7	3	1	9
9	3	7	1	5	6	2	4	8
8	4	1	9	3	2	5	7	6
4	9	5	7	6	1	8	2	3
7	1	2	3	8	9	6	5	4
6	8	3	4	2	5	1	9	7

Extreme 140

8	6	1	4	7	2
9	4	2	1	5	3
3	5	7	8	6	9
7	9	3	2	8	5
2	8	6	7	4	1
4	1	5	9	3	6
5	3	9	6	2	7
1	2	8	5	9	4
6	7	4	3	1	8

Extreme 14

2	7	5	4	1	6	8	9	3
4	8	3	9	7	5	2	1	6
1	6	9	2	8	3	7	4	5
5	2	6	1	3	4	9	7	8
7	4	8	5	9	2	3	6	1
9	3	1	7	6	8	4	5	2
3	9	4	6	2	1	5	8	7
6	5	2	8	4	7	1	3	9
8	1	7	3	5	9	6	2	4

Extreme 142

7	5	8	2	3	9	4	6	1
2	9	4	1	8	6	7	3	5
1	6	3	4	5	7	9	2	8
6	4	1	5	2	8	3	7	9
3	7	2	6	9	1	5	8	4
5	8	9	3	7	4	6	1	2
4	1	5	7	6	2	8	9	3
8	2	6	9	4	3	1	5	7
9	3	7	8	1	5	2	4	6

Extreme 143

6	7	4	1	3	9
5	9	8	4	2	6
2	3	1	8	5	7
8	4	9	2	6	3
3	6	7	5	1	4
1	2	5	7	9	8
4	1	6	9	7	2
7	5	3	6	8	1
9	8	2	3	4	5

xtreme 144

8	4	3	5	1	7	9	2	6
9	2	5	8	3	6	1	4	7
6	7	1	9	2	4	8	3	5
7	3	8	4	6	9	2	5	1
1	5	9	7	8	2	3	6	4
2	6	4	1	5	3	7	9	8
3	8	6	2	7	5	4	1	9
4	1	2	6	9	8	5	7	3
5	9	7	3	4	1	6	8	2

Extreme 145

1	9	3	8	7	4	6	2	5
5	2	7	9	1	6	8	3	4
6	4	8	2	3	5	7	9	1
7	5	2	1	8	3	9	4	6
8	3	1	4	6	9	5	7	2
4	6	9	5	2	7	1	8	3
9	7	6	3	5	2	4	1	8
3	8	4	6	9	1	2	5	7
2	1	5	7	4	8	3	6	9

Extreme 146

5	9	7	2	6	8
2	4	8	9	1	3
6	1	3	7	4	5
7	2	4	3	8	6
8	3	5	4	9	1
9	6	1	5	2	7
3	8	2	1	7	4
4	5	9	6	3	2
1	7	6	8	5	9

xtreme 147

5	2	9	4	7	3	6	8	1
1	3	8	5	6	2	4	7	9
4	6	7	1	8	9	2	5	3
9	7	4	6	2	8	1	3	5
6	5	3	9	1	4	8	2	7
2	8	1	3	5	7	9	4	6
3	4	5	2	9	6	7	1	8
7	9	2	8	3	1	5	6	4
8	1	6	7	4	5	3	9	2

Extreme 148

3	8	1	6	7	2	4	9	5
7	9	4	1	3	5	8	2	6
2	5	6	8	9	4	1	7	3
6	4	7	5	8	3	9	1	2
9	1	2	7	4	6	3	5	8
5	3	8	2	1	9	6	4	7
1	2	9	3	6	7	5	8	4
8	7	3	4	5	1	2	6	9
4	6	5	9	2	8	7	3	1

Extreme 149

9	7	2	5	6	3
1	6	4	8	7	9
3	5	8	1	4	2
4	8	7	6	2	1
6	2	9	4	3	5
5	1	3	9	8	7
8	3	5	2	1	4
2	4	6	7	9	8
7	9	1	3	5	6

xtreme 150

2	4	6	1	3	8	9	5	7
9	5	1	2	4	7	6	8	3
8	3	7	5	9	6	2	4	1
6	2	3	9	5	4	7	1	8
1	7	4	8	6	2	3	9	5
5	8	9	7	1	3	4	2	6
3	6	8	4	2	5	1	7	9
4	9	5	3	7	1	8	6	2
7	1	2	6	8	9	5	3	4

Extreme 151

6	8	3	9	2	4	7	1	5
1	2	5	8	3	7	4	6	9
4	7	9	1	5	6	8	2	3
2	4	7	3	6	9	1	5	8
5	6	8	2	4	1	3	9	7
9	3	1	5	7	8	6	4	2
8	5	2	4	1	3	9	7	6
3	1	6	7	9	5	2	8	4
7	9	4	6	8	2	5	3	1

Extreme 152

9	3	8	5	2	4	6	7	1
2	6	4	7	8	1	5	9	3
5	1	7	3	6	9	8	2	4
6	8	5	9	7	3	1	4	2
3	4	2	6	1	5	7	8	9
1	7	9	8	4	2	3	5	6
4	2	6	1	5	7	9	3	8
7	9	1	4	3	8	2	6	5
8	5	3	2	9	6	4	1	7

Extreme 153

9	3	5	1	4	6	8	2	7
7	1	6	8	5	2	9	4	3
8	2	4	9	7	3	5	6	1
4	9	8	2	3	5	1	7	6
2	5	7	4	6	1	3	8	9
1	6	3	7	8	9	2	5	4
3	7	2	5	9	4	6	1	8
5	8	9	6	1	7	4	3	2
6	4	1	3	2	8	7	9	5

Extreme 154

5	7	8	6	2	9	1	4	3
2	3	9	7	4	1	5	6	8
4	1	6	5	3	8	7	9	2
6	8	5	4	7	3	2	1	9
7	9	2	8	1	5	6	3	4
1	4	3	9	6	2	8	5	7
3	2	4	1	5	7	9	8	6
8	6	1	2	9	4	3	7	5
9	5	7	3	8	6	4	2	1

Extreme 155

9	5	8	6	7	2	1	4	3
1	7	6	4	3	5	2	8	9
2	3	4	8	1	9	5	6	7
4	1	7	9	6	3	8	2	5
8	2	3	1	5	4	7	9	6
5	6	9	7	2	8	3	1	4
3	9	2	5	4	1	6	7	8
6	8	1	3	9	7	4	5	2
7	4	5	2	8	6	9	3	1

Extreme 156

6	4	3	2	5	9
7	8	2	4	1	6
9	5	1	7	8	3
1	7	9	6	4	8
2	3	5	9	7	1
8	6	4	3	2	5
3	9	8	5	6	2
4	2	6	1	9	7
5	1	7	8	3	4

Extreme 15

2	3	5	1	8	6	9	4	7
6	8	4	7	2	9	1	3	5
7	9	1	3	4	5	2	8	6
4	7	8	5	9	2	6	1	3
1	6	2	4	7	3	5	9	8
3	5	9	6	1	8	4	7	2
5	1	6	9	3	7	8	2	4
8	4	3	2	5	1	7	6	9
9	2	7	8	6	4	3	5	1

Extreme 158

2	9	3	8	4	5	7	1	6
7	4	1	2	6	9	3	8	5
5	6	8	7	1	3	9	2	4
3	2	7	4	5	8	1	6	9
4	5	9	6	7	1	8	3	2
8	1	6	3	9	2	4	5	7
1	7	4	5	8	6	2	9	3
9	3	5	1	2	7	6	4	8
6	8	2	9	3	4	5	7	1

Extreme 159

4	9	3	7	1	6
8	7	1	3	2	5
6	2	5	8	9	4
5	3	8	6	4	9
1	4	9	2	3	7
7	6	2	1	5	8
9	5	7	4	8	2
2	1	6	5	7	3
3	8	4	9	6	1

Extreme 16

7	3	4	5	1	6	9	2	8
5	9	6	2	3	8	1	4	7
8	1	2	7	9	4	3	6	5
4	5	9	3	2	1	7	8	6
2	6	8	4	7	9	5	1	3
1	7	3	6	8	5	2	9	4
6	2	5	9	4	7	8	3	1
3	4	1	8	5	2	6	7	9
9	8	7	1	6	3	4	5	2

Extreme 161

5	3	4	7	2	8	6	9	1
8	9	6	4	1	5	2	3	7
2	7	1	9	3	6	5	4	8
7	1	8	3	4	2	9	5	6
9	2	5	8	6	1	4	7	3
4	6	3	5	9	7	8	1	2
1	8	7	6	5	4	3	2	9
3	4	2	1	8	9	7	6	5
6	5	9	2	7	3	1	8	4

Extreme 162

5	8	2	9	6	3
6	1	4	8	5	7
9	3	7	1	4	2
7	9	3	2	8	4
8	4	5	3	1	6
1	2	6	5	7	9
2	6	8	4	3	1
3	7	9	6	2	5
4	5	1	7	9	8

Extreme 16

4	8	1	7	3	5	2	9	6
2	5	6	8	4	9	3	7	1
9	7	3	1	6	2	8	4	5
3	1	8	2	7	6	4	5	9
5	9	7	4	1	8	6	2	3
6	4	2	9	5	3	1	8	7
7	6	5	3	8	4	9	1	2
8	3	9	5	2	1	7	6	4
1	2	4	6	9	7	5	3	8

Extreme 164

4	6	2	5	9	7	8	1	3
1	8	5	3	2	4	7	9	6
7	3	9	6	1	8	2	4	5
5	2	8	1	3	9	6	7	4
6	9	1	7	4	2	5	3	8
3	4	7	8	5	6	9	2	1
2	5	4	9	6	3	1	8	7
8	1	3	2	7	5	4	6	9
9	7	6	4	8	1	3	5	2

Extreme 165

6	8	5	7	9	1	3
1	9	4	3	2	7	6
9	1	2	6	8	4	5
5	2	9	1	3	6	8
2	4	3	5	7	9	1
3	6	7	8	4	5	2
4	3	8	9	5	2	7
8	7	1	2	6	3	4
7	5	6	4	1	8	9

Extreme 166

7	6	9	4	8	5	2	3	1
1	8	5	2	3	6	9	4	7
2	3	4	7	9	1	8	5	6
6	2	3	9	4	8	1	7	5
4	5	8	1	7	2	3	6	9
9	7	1	5	6	3	4	8	2
8	4	7	6	1	9	5	2	3
3	9	2	8	5	7	6	1	4
5	1	6	3	2	4	7	9	8

Extreme 167

3	5	8	4	6	1	7	2	9
6	4	9	7	2	3	8	1	5
7	2	1	8	5	9	4	6	3
5	8	4	9	3	6	1	7	2
9	6	7	2	1	8	3	5	4
1	3	2	5	4	7	9	8	6
8	9	6	3	7	5	2	4	1
2	1	3	6	8	4	5	9	7
4	7	5	1	9	2	6	3	8

Extreme 168

5	3	7	9	8	6	1
7	1	2	6	9	4	5
1	4	5	8	2	3	7
6	2	4	5	3	8	9
9	6	8	3	7	1	4
4	7	9	1	5	2	6
2	5	3	7	1	9	8
3	8	1	4	6	7	2
8	9	6	2	4	5	3

Extreme 169

8	4	1	3	6	7	2	5	9
7	5	9	4	8	2	6	1	3
2	6	3	9	1	5	7	4	8
4	9	6	5	2	1	8	3	7
1	3	8	6	7	4	9	2	5
5	2	7	8	3	9	4	6	1
9	8	2	1	4	3	5	7	6
3	7	5	2	9	6	1	8	4
6	1	4	7	5	8	3	9	2

Extreme 170

6	9	1	5	2	3	7	8	4
8	7	2	9	1	4	5	6	3
3	5	4	6	7	8	9	1	2
2	4	6	1	5	9	3	7	8
9	8	5	3	4	7	6	2	1
7	1	3	8	6	2	4	5	9
1	3	7	2	9	5	8	4	6
4	2	8	7	3	6	1	9	5
5	6	9	4	8	1	2	3	7

Extreme 171

5	6	2	9	7	8	1
7	1	5	8	9	3	4
1	7	3	4	6	5	2
2	3	6	1	5	9	8
3	2	4	5	1	6	7
6	8	9	7	2	4	3
9	4	1	6	8	2	5
4	9	8	2	3	7	6
8	5	7	3	4	1	9

Extreme 172

9	2	5	3	4	1	6	7	8
6	7	4	9	8	2	3	1	5
3	8	1	6	5	7	9	2	4
7	9	3	8	2	5	1	4	6
1	6	2	4	7	3	5	8	9
4	5	8	1	6	9	7	3	2
5	4	9	7	3	8	2	6	1
8	1	7	2	9	6	4	5	3
2	3	6	5	1	4	8	9	7

Extreme 173

3	2	5	9	4	6	7	8	1
4	6	8	2	7	1	9	3	5
7	9	1	3	5	8	2	4	6
5	7	2	8	9	3	6	1	4
8	4	6	7	1	5	3	9	2
1	3	9	4	6	2	5	7	8
6	5	7	1	8	9	4	2	3
9	1	3	5	2	4	8	6	7
2	8	4	6	3	7	1	5	9

Extreme 174

3	2	6	1	4	9	8	5	7
8	4	9	5	2	7	6	3	1
5	7	1	6	3	8	9	4	2
9	1	7	4	5	3	2	6	8
2	3	4	7	8	6	1	9	5
6	5	8	2	9	1	3	7	4
4	8	2	3	6	5	7	1	9
1	9	3	8	7	4	5	2	6
7	6	5	9	1	2	4	8	3

Extreme 175

1	8	5	4	6	9	2	3	7
9	4	2	7	1	3	8	6	5
6	3	7	2	5	8	4	9	1
7	9	3	1	8	2	6	5	4
8	5	4	3	9	6	7	1	2
2	6	1	5	4	7	9	8	3
4	7	8	6	3	5	1	2	9
5	2	9	8	7	1	3	4	6
3	1	6	9	2	4	5	7	8

Extreme 176

3	1	9	7	4	8	6	5	2
6	8	4	2	1	5	3	7	9
7	2	5	3	6	9	1	8	4
8	9	2	4	5	3	7	1	6
1	3	6	9	7	2	8	4	5
4	5	7	1	8	6	9	2	3
9	4	8	5	3	1	2	6	7
5	6	3	8	2	7	4	9	1
2	7	1	6	9	4	5	3	8

Extreme 177

2	3	6	5	1	7	9	4	8
9	1	4	3	2	8	5	6	7
7	5	8	4	9	6	1	2	3
8	7	2	9	3	4	6	1	5
1	6	9	2	7	5	3	8	4
3	4	5	6	8	1	7	9	2
6	8	7	1	4	3	2	5	9
4	2	1	7	5	9	8	3	6
5	9	3	8	6	2	4	7	1

Extreme 178

5	8	1	6	9	2	7
6	7	2	4	3	8	1
9	4	3	5	7	1	6
1	3	9	2	4	6	8
8	2	4	1	5	7	9
7	5	6	9	8	3	2
3	6	8	7	1	5	4
2	9	5	8	6	4	3
4	1	7	3	2	9	5

Extreme 179

8	3	1	6	7	4	2	5	9
9	2	6	8	3	5	1	4	7
4	5	7	9	1	2	3	6	8
6	9	4	3	2	8	5	7	1
1	7	2	4	5	9	6	8	3
3	8	5	7	6	1	4	9	2
5	4	9	1	8	3	7	2	6
7	1	8	2	4	6	9	3	5
2	6	3	5	9	7	8	1	4

Extreme 180

1	5	3	4	7	8	6	2	9
6	8	2	3	9	5	7	1	4
4	9	7	1	6	2	8	5	3
9	6	8	5	2	3	1	4	7
2	3	4	6	1	7	9	8	5
5	7	1	9	8	4	2	3	6
3	1	6	8	5	9	4	7	2
7	4	9	2	3	1	5	6	8
8	2	5	7	4	6	3	9	1

Extreme 181

4	6	7	8	5	9	1
8	5	2	7	1	3	4
9	1	3	2	6	4	5
1	8	4	5	9	6	2
5	7	9	1	3	2	8
2	3	6	4	7	8	9
3	9	1	6	2	5	7
6	4	5	9	8	7	3
7	2	8	3	4	1	6

Extreme 182

8	5	1	9	6	2	4	7	3
6	2	3	1	7	4	5	8	9
7	4	9	3	5	8	1	2	6
5	6	7	2	3	1	9	4	8
9	1	2	4	8	6	3	5	7
3	8	4	5	9	7	6	1	2
4	9	6	7	2	5	8	3	1
1	7	8	6	4	3	2	9	5
2	3	5	8	1	9	7	6	4

Extreme 183

3	2	7	6	4	8	1	5	9
4	9	5	3	1	2	8	6	7
6	1	8	5	7	9	2	3	4
5	4	2	9	6	7	3	1	8
1	7	3	2	8	4	6	9	5
8	6	9	1	3	5	4	7	2
7	3	4	8	9	6	5	2	1
2	8	1	7	5	3	9	4	6
9	5	6	4	2	1	7	8	3

Extreme 184

8	9	1	3	6	5	4
2	3	5	4	1	7	8
6	4	7	2	8	9	1
1	6	4	7	3	2	5
5	8	3	6	9	1	2
7	2	9	5	4	8	3
9	5	2	8	7	4	6
3	1	8	9	5	6	7
4	7	6	1	2	3	9

Extreme 185

1	2	4	9	5	7	8	3	6
5	6	7	3	4	8	9	2	1
8	9	3	1	2	6	4	5	7
7	3	9	8	6	2	1	4	5
6	5	8	4	3	1	2	7	9
4	1	2	5	7	9	6	8	3
3	7	1	2	9	4	5	6	8
9	4	5	6	8	3	7	1	2
2	8	6	7	1	5	3	9	4

Extreme 186

7	3	6	1	5	8	4	2	9
4	9	8	7	6	2	1	5	3
5	1	2	9	3	4	6	7	8
3	2	7	6	8	1	9	4	5
6	4	5	2	7	9	8	3	1
9	8	1	3	4	5	7	6	2
8	5	9	4	2	6	3	1	7
2	6	3	8	1	7	5	9	4
1	7	4	5	9	3	2	8	6

Extreme 187

1	7	9	4	6	8	5
6	1	2	8	7	9	3
9	5	6	3	2	1	4
2	3	8	7	4	5	9
5	6	4	9	1	3	2
4	2	1	5	8	6	7
3	8	5	6	9	7	1
8	4	7	1	3	2	6
7	9	3	2	5	4	8

Extreme 188

8	2	3	1	9	6	4	5	7
4	9	1	5	7	2	3	8	6
7	5	6	3	4	8	9	1	2
9	1	7	6	2	4	5	3	8
3	4	5	8	1	7	6	2	9
2	6	8	9	3	5	7	4	1
5	3	2	7	6	1	8	9	4
1	7	9	4	8	3	2	6	5
6	8	4	2	5	9	1	7	3

Extreme 189

5	4	9	7	8	1	3	6	2
3	7	2	6	9	4	8	1	5
6	8	1	5	2	3	4	9	7
2	5	4	8	3	6	9	7	1
7	3	6	4	1	9	5	2	8
9	1	8	2	5	7	6	3	4
8	6	5	9	7	2	1	4	3
1	9	7	3	4	8	2	5	6
4	2	3	1	6	5	7	8	9

Extreme 190

7	2	1	5	9	3	8
1	7	4	9	6	5	2
5	6	8	3	7	1	4
3	9	5	1	8	4	6
4	8	6	7	1	2	3
6	3	2	4	5	7	9
9	1	7	2	3	8	5
8	4	3	6	2	9	1
2	5	9	8	4	6	7

Extreme 191

3	5	7	6	8	2	1	9	4
6	9	2	4	1	5	8	3	7
8	4	1	7	9	3	5	2	6
7	6	3	9	2	8	4	1	5
9	8	4	5	6	1	2	7	3
1	2	5	3	4	7	6	8	9
2	3	6	8	5	9	7	4	1
5	1	9	2	7	4	3	6	8
4	7	8	1	3	6	9	5	2

Extreme 192

8	9	4	1	3	6	2	5	7
6	2	5	9	4	7	1	8	3
1	3	7	5	8	2	6	9	4
9	5	6	4	1	8	3	7	2
3	7	8	2	6	5	9	4	1
4	1	2	3	7	9	8	6	5
2	8	3	6	5	4	7	1	9
5	6	9	7	2	1	4	3	8
7	4	1	8	9	3	5	2	6

Extreme 193

3	5	6	8	1	7	9
1	2	3	7	8	4	6
7	9	1	4	2	3	5
6	8	2	1	4	5	3
8	4	5	9	6	2	7
5	3	7	6	9	8	1
9	6	4	5	3	1	2
4	7	9	2	5	6	8
2	1	8	3	7	9	4

Extreme 194

9	3	8	1	7	4	5	6	2
7	1	6	5	8	2	3	9	4
2	4	5	9	6	3	7	8	1
5	8	2	4	9	7	6	1	3
4	6	3	2	1	5	8	7	9
1	7	9	6	3	8	2	4	5
8	5	4	7	2	1	9	3	6
3	9	1	8	5	6	4	2	7
6	2	7	3	4	9	1	5	8

Extreme 195

8	3	4	2	9	5	7	1	6
6	5	7	8	3	1	9	2	4
9	1	2	4	6	7	3	5	8
3	2	6	5	4	9	8	7	1
7	8	9	6	1	3	2	4	5
5	4	1	7	8	2	6	9	3
1	6	5	9	7	8	4	3	2
4	7	3	1	2	6	5	8	9
2	9	8	3	5	4	1	6	7

Extreme 196

3	1	6	4	5	8	9	7	2
9	7	4	6	2	3	1	8	5
2	8	5	7	9	1	4	6	3
4	9	7	5	1	6	2	3	8
5	2	3	9	8	7	6	4	1
1	6	8	2	3	4	5	9	7
6	4	1	8	7	2	3	5	9
7	5	2	3	4	9	8	1	6
8	3	9	1	6	5	7	2	4

Extreme 197

1	2	6	3	4	8	9	5	7
8	7	5	1	9	6	3	4	2
9	3	4	5	7	2	6	8	1
4	9	2	6	1	3	8	7	5
3	1	8	4	5	7	2	6	9
6	5	7	2	8	9	1	3	4
7	6	1	8	2	5	4	9	3
2	8	9	7	3	4	5	1	6
5	4	3	9	6	1	7	2	8

Extreme 198

1	3	7	9	4	6	2	8	5
4	2	6	1	5	8	9	3	7
8	5	9	7	2	3	1	6	4
9	4	8	2	1	7	3	5	6
5	6	2	4	3	9	7	1	8
7	1	3	6	8	5	4	9	2
6	7	4	5	9	1	8	2	3
2	8	1	3	6	4	5	7	9
3	9	5	8	7	2	6	4	1

Extreme 199

6	8	1	7	9	2	5	3	4
2	7	4	1	3	5	6	8	9
3	9	5	6	4	8	1	7	2
4	3	7	2	5	9	8	6	1
5	6	2	3	8	1	4	9	7
9	1	8	4	7	6	2	5	3
7	2	3	5	6	4	9	1	8
8	4	6	9	1	3	7	2	5
1	5	9	8	2	7	3	4	6

Extreme 200

4	8	1	7	9	2	5
5	2	3	1	4	6	8
6	7	9	8	3	5	1
3	5	6	2	7	9	4
7	1	4	6	8	3	9
2	9	8	4	5	1	6
8	6	2	3	1	4	7
9	4	7	5	2	8	3
1	3	5	9	6	7	2

Extreme 201

5	3	1	6	8	2	7	9	4
6	7	2	9	3	4	1	8	5
4	8	9	7	5	1	6	2	3
9	1	7	3	2	8	5	4	6
8	4	3	1	6	5	2	7	9
2	5	6	4	7	9	8	3	1
3	2	4	8	1	6	9	5	7
1	9	5	2	4	7	3	6	8
7	6	8	5	9	3	4	1	2

Extreme 202

4	3	6	2	8	7	9	5	1
9	7	2	5	1	3	8	6	4
5	8	1	9	4	6	7	2	3
7	2	3	6	9	1	5	4	8
6	4	9	8	5	2	3	1	7
8	1	5	7	3	4	2	9	6
2	5	4	3	6	8	1	7	9
1	9	8	4	7	5	6	3	2
3	6	7	1	2	9	4	8	5

Extreme 203

7	2	8	5	1	4	9
6	9	4	2	7	3	8
1	3	5	9	6	8	4
2	4	6	1	8	7	5
3	5	9	6	4	2	7
8	1	7	3	5	9	2
4	8	3	7	9	6	1
9	6	1	4	2	5	3
5	7	2	8	3	1	6

Extreme 204

1	3	9	2	4	7	5	6	8
6	8	4	5	9	1	3	2	7
2	5	7	6	3	8	9	4	1
4	2	8	9	5	3	7	1	6
7	6	3	1	8	4	2	5	9
9	1	5	7	2	6	4	8	3
3	7	1	4	6	2	8	9	5
8	9	2	3	1	5	6	7	4
5	4	6	8	7	9	1	3	2

Extreme 205

2	5	8	7	6	9	4	3	1
6	3	4	1	5	2	8	7	9
9	7	1	4	8	3	5	2	6
7	2	3	5	9	6	1	8	4
4	6	9	3	1	8	2	5	7
8	1	5	2	4	7	6	9	3
1	9	7	6	2	5	3	4	8
3	4	2	8	7	1	9	6	5
5	8	6	9	3	4	7	1	2

Extreme 206

3	8	9	6	1	7	5
7	2	5	9	4	8	3
4	1	6	2	3	5	7
9	6	1	3	8	2	4
5	7	4	1	6	9	2
8	3	2	5	7	4	6
2	5	8	4	9	6	1
1	4	7	8	2	3	9
6	9	3	7	5	1	8

Extreme 207

8	4	9	1	7	3	6	2	5
5	1	6	4	9	2	8	7	3
3	2	7	8	5	6	9	1	4
2	8	4	5	1	9	7	3	6
1	6	5	3	4	7	2	8	9
7	9	3	2	6	8	4	5	1
9	3	2	6	8	5	1	4	7
4	7	8	9	3	1	5	6	2
6	5	1	7	2	4	3	9	8

Extreme 208

5	9	8	6	3	1	2	4	7
1	3	2	4	7	9	5	6	8
7	4	6	5	8	2	9	1	3
4	7	5	1	2	6	3	8	9
9	2	3	7	4	8	1	5	6
6	8	1	3	9	5	4	7	2
8	5	7	9	1	3	6	2	4
2	6	9	8	5	4	7	3	1
3	1	4	2	6	7	8	9	5

Extreme 209

5	9	7	3	1	6	4
6	2	4	8	5	9	7
4	1	5	6	2	8	3
8	3	2	9	4	7	6
7	4	6	5	3	1	8
3	7	8	1	9	2	5
9	6	1	4	7	3	2
2	5	9	7	8	4	1
1	8	3	2	6	5	9

Extreme 210

9	2	5	8	3	6	1	4	7
1	4	6	2	7	9	5	3	8
3	7	8	4	5	1	6	9	2
4	1	7	5	2	8	9	6	3
2	5	9	7	6	3	8	1	4
6	8	3	9	1	4	2	7	5
5	6	1	3	4	2	7	8	9
7	9	4	1	8	5	3	2	6
8	3	2	6	9	7	4	5	1

Extreme 211

3	8	5	9	4	1	6	7	2
6	2	9	3	5	7	4	8	1
1	7	4	2	6	8	9	3	5
7	9	6	1	3	5	2	4	8
8	3	2	4	7	6	1	5	9
4	5	1	8	9	2	3	6	7
5	1	8	6	2	3	7	9	4
2	4	3	7	8	9	5	1	6
9	6	7	5	1	4	8	2	3

Extreme 212

4	7	9	5	8	2	6
9	8	3	6	1	7	4
8	4	1	2	9	5	3
3	9	2	4	6	1	5
6	1	5	3	7	8	2
1	6	7	8	3	4	9
7	5	4	1	2	9	8
5	2	6	7	4	3	1
2	3	8	9	5	6	7

Extreme 213

6	2	4	5	8	7	3	9	1
7	3	8	6	9	1	2	5	4
9	1	5	2	3	4	6	7	8
8	4	1	7	5	2	9	6	3
2	9	3	8	1	6	7	4	5
5	6	7	9	4	3	8	1	2
1	5	9	3	6	8	4	2	7
3	7	6	4	2	5	1	8	9
4	8	2	1	7	9	5	3	6

Extreme 214

4	7	8	6	3	1	9	5	2
5	9	1	2	4	8	6	7	3
3	6	2	5	7	9	4	8	1
6	4	3	7	8	2	1	9	5
8	2	5	9	1	6	7	3	4
7	1	9	4	5	3	8	2	6
9	8	4	3	6	5	2	1	7
1	3	6	8	2	7	5	4	9
2	5	7	1	9	4	3	6	8

Extreme 215

1	9	6	2	8	7	3
3	7	4	1	9	5	6
7	8	3	5	1	4	2
2	6	9	3	4	1	8
8	4	2	7	5	6	9
9	5	1	8	2	3	7
5	3	7	4	6	9	1
4	1	8	6	7	2	5
6	2	5	9	3	8	4

Extreme 216

6	1	4	9	3	2	7	5	8
9	7	8	1	4	5	6	2	3
2	3	5	6	7	8	4	9	1
7	9	1	2	6	3	5	8	4
8	2	3	7	5	4	9	1	6
4	5	6	8	1	9	2	3	7
1	4	9	3	2	7	8	6	5
5	6	2	4	8	1	3	7	9
3	8	7	5	9	6	1	4	2

Extreme 217

4	9	3	1	8	6	5	2	7
5	6	1	7	4	2	3	8	9
2	8	7	5	3	9	1	4	6
3	5	8	2	9	7	4	6	1
6	1	2	8	5	4	7	9	3
7	4	9	3	6	1	8	5	2
8	7	4	9	2	3	6	1	5
1	2	5	6	7	8	9	3	4
9	3	6	4	1	5	2	7	8

Extreme 218

1	5	7	3	8	2	9	6	4
8	9	2	4	6	7	5	1	3
4	3	6	5	9	1	2	7	8
2	4	1	6	7	8	3	9	5
5	6	8	9	4	3	1	2	7
3	7	9	1	2	5	4	8	6
6	8	5	2	3	9	7	4	1
7	2	3	8	1	4	6	5	9
9	1	4	7	5	6	8	3	2

Extreme 219

7	2	9	6	5	3	1	8	4
3	1	5	4	8	2	7	9	6
4	6	8	7	9	1	5	2	3
8	4	7	3	6	5	9	1	2
9	3	1	2	7	8	6	4	5
2	5	6	9	1	4	3	7	8
5	7	4	8	3	9	2	6	1
6	8	3	1	2	7	4	5	9
1	9	2	5	4	6	8	3	7

Extreme 220

8	3	4	9	7	1	2	5	6
6	1	5	8	3	2	9	4	7
7	2	9	4	5	6	8	1	3
1	4	3	2	9	8	7	6	5
5	8	2	6	1	7	3	9	4
9	6	7	5	4	3	1	8	2
2	7	8	1	6	4	5	3	9
3	9	6	7	8	5	4	2	1
4	5	1	3	2	9	6	7	8

Extreme 221

9	8	2	6	5	4	3	1	7
1	3	5	2	7	9	8	4	6
4	6	7	8	1	3	5	9	2
2	9	1	7	8	5	6	3	4
3	4	8	1	9	6	2	7	5
5	7	6	3	4	2	9	8	1
6	1	3	9	2	7	4	5	8
7	5	9	4	6	8	1	2	3
8	2	4	5	3	1	7	6	9

Extreme 222

3	4	1	6	8	2	7
2	5	8	4	7	9	3
6	7	9	1	3	5	4
5	6	7	2	4	1	9
4	8	2	5	9	3	6
9	1	3	7	6	8	2
1	3	4	8	2	6	5
7	9	5	3	1	4	8
8	2	6	9	5	7	1

Extreme 223

7	8	5	2	4	1	6	9	3
9	6	1	3	5	8	4	7	2
2	3	4	9	6	7	5	8	1
1	5	7	4	3	9	2	6	8
3	2	8	6	7	5	9	1	4
4	9	6	8	1	2	7	3	5
5	7	9	1	8	4	3	2	6
8	4	3	7	2	6	1	5	9
6	1	2	5	9	3	8	4	7

Extreme 224

8	3	4	2	5	6	9	1	7
9	2	6	3	1	7	4	5	8
5	7	1	9	4	8	2	3	6
1	5	9	4	8	2	7	6	3
6	4	7	1	3	9	5	8	2
2	8	3	6	7	5	1	9	4
7	6	5	8	9	4	3	2	1
3	9	2	7	6	1	8	4	5
4	1	8	5	2	3	6	7	9

Extreme 225

8	2	1	6	4	5	9
6	3	5	1	9	7	4
4	9	7	2	8	3	1
2	4	8	5	1	9	7
7	6	3	8	2	4	5
1	5	9	7	3	6	8
9	7	6	3	5	1	2
3	1	2	4	7	8	6
5	8	4	9	6	2	3

Extreme 226

3	9	6	8	1	2	4	5	7
2	7	1	9	4	5	3	6	8
4	8	5	3	6	7	9	1	2
5	1	2	7	8	3	6	9	4
6	3	9	1	2	4	8	7	5
7	4	8	5	9	6	1	2	3
8	2	7	6	3	9	5	4	1
9	5	3	4	7	1	2	8	6
1	6	4	2	5	8	7	3	9

Extreme 227

7	8	2	3	5	1	4	9	6
3	1	4	9	6	8	7	5	2
6	9	5	7	2	4	1	3	8
9	3	6	1	7	2	8	4	5
5	7	1	4	8	3	2	6	9
4	2	8	5	9	6	3	7	1
8	4	3	6	1	5	9	2	7
1	6	9	2	3	7	5	8	4
2	5	7	8	4	9	6	1	3

Extreme 228

1	7	2	9	6	3	5
5	9	8	1	2	4	3
4	6	3	5	7	8	9
6	5	4	7	9	1	8
2	3	7	8	5	6	4
8	1	9	3	4	2	6
7	8	5	2	3	9	1
9	2	6	4	1	5	7
3	4	1	6	8	7	2

Extreme 229

1	4	5	3	8	7	6	2	9
7	6	3	9	2	4	1	5	8
2	8	9	5	1	6	7	3	4
4	2	1	6	5	9	8	7	3
8	9	7	1	3	2	4	6	5
3	5	6	4	7	8	9	1	2
5	1	4	8	6	3	2	9	7
6	7	8	2	9	5	3	4	1
9	3	2	7	4	1	5	8	6

Extreme 230

9	8	3	2	7	4	6	1	5
5	1	4	8	6	9	2	3	7
2	6	7	1	5	3	8	4	9
4	7	6	9	2	8	1	5	3
8	9	5	6	3	1	7	2	4
1	3	2	7	4	5	9	6	8
6	5	9	3	8	2	4	7	1
3	2	1	4	9	7	5	8	6
7	4	8	5	1	6	3	9	2

Extreme 231

5	3	8	4	6	2
9	4	1	5	7	8
2	6	7	3	9	1
4	5	2	1	3	7
6	7	3	9	8	4
1	8	9	2	5	6
8	1	4	7	2	5
3	2	6	8	1	9
7	9	5	6	4	3

Extreme 232

7	3	8	4	6	2	5	1	9
2	4	9	1	5	8	6	7	3
6	5	1	3	7	9	4	8	2
8	1	3	7	2	4	9	5	6
9	2	4	6	8	5	7	3	1
5	7	6	9	1	3	8	2	4
4	8	2	5	3	6	1	9	7
3	9	7	8	4	1	2	6	5
1	6	5	2	9	7	3	4	8

Extreme 233

4	2	9	3	8	1	5	7	6
6	5	1	2	4	7	8	9	3
3	7	8	9	5	6	1	4	2
5	4	3	6	9	2	7	1	8
7	8	2	5	1	4	6	3	9
9	1	6	7	3	8	2	5	4
8	6	5	4	7	9	3	2	1
1	3	4	8	2	5	9	6	7
2	9	7	1	6	3	4	8	5

Extreme 234

4	2	9	6	7	1
1	5	8	3	9	2
7	3	6	4	8	5
2	8	5	7	1	4
6	7	3	2	5	9
9	4	1	8	3	6
3	9	4	5	2	7
5	1	7	9	6	8
8	6	2	1	4	3

Extreme 235

6	4	9	3	5	1	7	8	2
1	3	2	7	8	4	6	9	5
5	7	8	9	6	2	1	3	4
2	8	1	6	7	3	5	4	9
7	5	3	4	1	9	8	2	6
9	6	4	5	2	8	3	1	7
8	2	7	1	4	6	9	5	3
3	1	5	2	9	7	4	6	8
4	9	6	8	3	5	2	7	1

Extreme 236

4	7	3	8	1	5	9	2	6
5	2	8	6	9	4	1	3	7
1	6	9	7	2	3	8	4	5
8	4	1	9	5	7	3	6	2
2	3	5	1	8	6	7	9	4
6	9	7	3	4	2	5	8	1
9	8	4	2	7	1	6	5	3
7	5	6	4	3	9	2	1	8
3	1	2	5	6	8	4	7	9

Extreme 237

8	2	4	9	7	5
1	9	3	2	6	8
6	5	7	1	3	4
9	6	5	4	1	7
3	7	1	5	8	2
2	4	8	6	9	3
4	1	2	3	5	6
5	8	6	7	2	9
7	3	9	8	4	1

Extreme 238

1	5	8	7	2	9	6	3	4
2	3	6	8	1	4	5	7	9
9	4	7	5	3	6	8	1	2
3	1	4	2	8	5	7	9	6
5	6	2	9	4	7	1	8	3
7	8	9	3	6	1	2	4	5
4	7	5	1	9	2	3	6	8
6	2	3	4	7	8	9	5	1
8	9	1	6	5	3	4	2	7

Extreme 239

6	8	2	5	9	3	1	7	4
3	7	4	8	2	1	9	5	6
5	9	1	6	4	7	8	2	3
9	6	7	4	1	8	5	3	2
8	1	5	2	3	6	4	9	7
4	2	3	7	5	9	6	8	1
7	3	8	9	6	4	2	1	5
1	5	6	3	8	2	7	4	9
2	4	9	1	7	5	3	6	8

Extreme 240

4	9	1	5	8	3	6	7	2
2	3	7	4	6	9	8	5	1
8	5	6	1	2	7	9	3	4
3	2	4	8	9	5	1	6	7
5	1	8	2	7	6	3	4	9
6	7	9	3	1	4	5	2	8
1	4	2	6	3	8	7	9	5
7	6	5	9	4	1	2	8	3
9	8	3	7	5	2	4	1	6

Extreme 241

3	5	8	2	4	9	7	6	1
6	9	1	7	5	3	2	8	4
7	2	4	6	8	1	9	3	5
4	3	7	8	6	2	5	1	9
1	8	2	5	9	7	6	4	3
5	6	9	3	1	4	8	2	7
8	4	3	9	2	5	1	7	6
2	7	5	1	3	6	4	9	8
9	1	6	4	7	8	3	5	2

Extreme 242

7	9	4	1	2	6	8	3	5
5	6	8	3	7	9	4	2	1
1	2	3	8	4	5	6	7	9
3	1	2	4	8	7	5	9	6
4	7	5	6	9	2	1	8	3
9	8	6	5	1	3	2	4	7
6	4	9	7	5	8	3	1	2
8	5	7	2	3	1	9	6	4
2	3	1	9	6	4	7	5	8

Extreme 243

7	9	8	2	6	1	3	4	5
6	2	5	3	4	9	7	8	1
1	3	4	5	7	8	9	2	6
4	7	1	6	8	2	5	3	9
5	6	3	9	1	4	2	7	8
9	8	2	7	3	5	1	6	4
8	5	7	1	2	6	4	9	3
2	1	6	4	9	3	8	5	7
3	4	9	8	5	7	6	1	2

Extreme 244

6	4	3	7	1	8	5
8	5	9	4	6	2	1
7	1	2	5	3	9	8
9	8	1	6	2	3	7
5	6	7	1	8	4	2
2	3	4	9	5	7	6
1	9	5	2	4	6	3
3	7	6	8	9	5	4
4	2	8	3	7	1	9

Extreme 245

1	9	8	6	2	5	7	3	4
3	4	5	7	8	9	1	2	6
2	6	7	1	3	4	5	8	9
4	7	9	3	5	1	8	6	2
5	1	2	8	9	6	4	7	3
8	3	6	2	4	7	9	5	1
7	5	4	9	6	3	2	1	8
9	8	3	5	1	2	6	4	7
6	2	1	4	7	8	3	9	5

Extreme 246

3	6	7	1	2	9	5	8	4
1	2	4	8	3	5	9	6	7
5	8	9	6	7	4	1	2	3
2	3	5	9	4	6	7	1	8
7	4	1	2	5	8	3	9	6
6	9	8	3	1	7	4	5	2
8	5	3	7	6	1	2	4	9
9	1	2	4	8	3	6	7	5
4	7	6	5	9	2	8	3	1

Extreme 247

8	7	1	2	4	5	3
5	9	2	6	8	3	7
3	4	6	9	1	7	8
6	8	9	5	3	4	2
1	5	4	7	9	2	6
7	2	3	8	6	1	5
9	1	8	3	7	6	4
2	6	7	4	5	9	1
4	3	5	1	2	8	9

Extreme 248

4	6	7	5	1	8	2	3	9
5	2	1	9	3	7	8	6	4
3	8	9	2	6	4	5	7	1
2	9	8	6	4	1	7	5	3
7	5	4	3	8	9	6	1	2
6	1	3	7	5	2	9	4	8
9	4	6	8	7	3	1	2	5
8	3	5	1	2	6	4	9	7
1	7	2	4	9	5	3	8	6

Extreme 249

8	9	4	6	1	5	2	3	7
3	1	5	9	7	2	8	4	6
6	7	2	3	8	4	9	5	1
2	8	3	7	4	9	1	6	5
5	4	1	8	6	3	7	9	2
7	6	9	2	5	1	3	8	4
4	3	8	1	2	6	5	7	9
9	2	6	5	3	7	4	1	8
1	5	7	4	9	8	6	2	3

Extreme 250

7	5	4	1	9	2	6
8	6	1	3	4	5	7
2	9	3	6	7	8	5
9	1	6	4	2	3	8
3	7	5	8	1	9	4
4	8	2	5	6	7	9
5	2	9	7	3	4	1
1	3	7	9	8	6	2
6	4	8	2	5	1	3

Extreme 251

7	8	6	4	2	9	3	5	1
4	5	9	7	3	1	6	2	8
1	2	3	5	6	8	4	7	9
8	3	5	9	4	6	2	1	7
9	4	2	1	7	3	5	8	6
6	7	1	8	5	2	9	3	4
2	9	8	3	1	4	7	6	5
3	1	7	6	9	5	8	4	2
5	6	4	2	8	7	1	9	3

Extreme 252